wissen & praxis 64

Gerd Koch (Hrsg.)

Literarisches Leben, Exil und Nationalsozialismus

D1673254

Es geht in diesem Buch um Fragmente einer Vergangenheit, die so vergangen noch nicht ist.

Ein Zeitdokument ist der Lebensbericht von *Marlene de Man-Flechtheim*. Er stellt den Versuch dar, das eigene Leben beginnend in Berlin 1915 bis in die Zeit in Belgien unter der deutschen Besatzung und in den Nachkriegsjahren als Selbstverständigung über ein ereignisreiches, eigensinniges und widersprüchliches Leben aufzuzeichnen.

In *Ulrike Erhards* Beitrag werden die Zeitumstände und Lebensbedingungen exilierter deutschsprachiger Schriftsteller wie Lion Feuchtwanger, René Schickele, Ludwig Marcuse, Franz Hessel u.a. nachgezeichnet, die in den dreißiger und frühen vierziger Jahren nach Sanary-sur-Mer in Südfrankreich geflohen waren – als Zwischenstation zu erneuter Flucht vor Verfolgung.

Eine andere Form literarischen Zusammenhalts untersucht *Gerd Koch*: die ab 1934 veranstalteten Dichtertage in Lippoldsberg an der Weser. Dort traf sich bis 1939 (und erneut in der Nachkriegszeit) ein Kreis konservativer Schriftsteller, die sich selbst als nicht an den Nationalsozialismus angepaßt verstanden. Initiiert wurde diese wertkonservative »Subkultur« von Hans Grimm, Autor des Buches *Volk ohne Raum*.

Gesa Koch-Wagner fragt nach dem politisch-kulturellen Raum, in dem der Nationalsozialismus entstehen konnte. Ein subjektwissenschaftlicher Versuch, der das Biographische in historischen Phänomenen systematisch einbezieht.

Gerd Koch (Hrsg.)

Literarisches Leben, Exil und Nationalsozialismus

Berlin – Antwerpen –
Sanary-sur-Mer – Lippoldsberg

Mit Beiträgen von
Marlene de Man-Flechtheim,
Ulrike Erhard, Gesa Koch-Wagner,
Gerd Koch

Brandes & Apsel

Auf Wunsch informieren wir regelmäßig über das Verlagsprogramm.
Eine Postkarte an den Brandes & Apsel Verlag,
Zeilweg 20, D–60439 Frankfurt a. M., genügt.

Die Deutsche Bibliothek – CIP-Einheitsaufnahme:

Literarisches Leben, Exil und Nationalsozialismus : Berlin –
Antwerpen – Sanary-sur-Mer – Lippoldsberg / Gerd Koch. Mit
Beitr. von Marlene de Man-Flechtheim ... – 1. Aufl. –
Frankfurt a.M. : Brandes und Apsel, 1996
(Wissen & Praxis ; 64)
ISBN 3-86099-264-3
NE: Koch, Gerd; GT

wissen & praxis 64

1. Auflage 1996
© Brandes & Apsel Verlag GmbH, Frankfurt a.M.
Lektorat: Volkhard Brandes
Umschlagabbildung: Heiner Studt, »Tollerort«, Öl auf Leinwand, 1987
DTP: Elke Daniel
Druck und Verarbeitung: FM Druck GmbH, Karben
Gedruckt auf säurefreiem, alterungsbeständigem und chlorfrei
gebleichtem Papier

ISBN 3-86099-264-3

Inhalt

Gerd Koch
Vorwort

Die in diesem Band versammelten Beiträge kreisen um Epoche und Problemstellungen des Nationalsozialismus/Faschismus.

In zeitdokumentarischer Absicht wurde der Lebensbericht von *Marlene de Man-Flechtheim* (früher Berlin, jetzt Antwerpen) verfaßt. Zuerst (nur) für den Familienkreis geschrieben, um die Komplexität eines Lebens zu vermitteln, liegt der Beitrag hier nun vor, um einen Blick auf eine weite Zeitspanne und auf unterschiedliche Lebensphasen im 20. Jahrhundert zu werfen: Zwei Weltkriege bestimmen den Rhythmus dieses Lebens – aber nicht allein. Ein selbstbewußtes, sehr eigensinniges Leben wird sichtbar. Es umfaßt die Zeitspanne von der Geburt in Berlin (1915) bis in die sechziger Jahre in Belgien. Dazwischen liegt eine Ehe mit dem Sohn des sozialistischen Theoretikers und Praktikers Hendrik de Man, der mit dem »Odium der Kollaboration« (Heinz-Dietrich Ortlieb) belastet wurde; der Haftaufenthalt des Mannes; das Studium der Sozialpädagogik; die Erziehung von zwei Söhnen; die Emigration des jüdischen Vaters; der Mut der Mutter; neue Lebensanfänge...

Der Beitrag von *Gesa Koch-Wagner* fragt nach dem historischen und kulturellen Raum, in dem der Nationalsozialismus entstehen konnte und in dem auch seine Verarbeitung stattfinden muß. Wir Menschen machen unsere Geschichte zwar selbst, doch unter vorgefundenen Bedingungen – und manches findet auch hinter unserem Rücken statt. Die Autorin geht systematisch und anschaulich zugleich vor. Faschismus ist ihr – und da folgt sie dem ethnopsychoanalytischen Ansatz von Paul Parin – auch eine sinnliche Erfahrung. Der ethnopsychoanalytische Blick leistet zumindest zweierlei: Er verbindet den Nah-Blick mit dem Fern-Blick, und er reflektiert das um Erkenntnis bemühte Subjekt in seiner Eigenheit (und Einmischung in den Erkenntnisprozeß) mit. Ein entfalteter subjektwissenschaftlicher Ansatz, der das Biographische in historischen und kulturellen Phänomenen nicht außer acht läßt, z.B. indem er das Erstaunen (»Wie konnte das passieren?«) immer wieder aufs neue wachhält.

Innerhalb des Nationalsozialismus gab es bei aller Totalität auch »Subkulturen«, z.B. in der literarischen Geselligkeit, die sich zumindest in ihrem Selbstverständnis (das häufig genug auch ein Selbst-Mißverständnis war) als nicht angepaßt verstanden, die sich dem »eigentlichen«, dem national- oder wertkonservativen Deutschland verpflichtet fühlten. Kulturell und sozial stammten solche Kreise aus den kulturellen Räumen eines konservativen Kulturpessimismus, einer romantischen Erneuerungsbewegung, einer rechten Jugendbewegung – oder es war das Gemeinschaftserleben in der sog. Kameradschaft des Ersten Weltkrieges, das sie einte...

Damit ist ungefähr der Interessentenkreis (und der organisatorische Antrieb) beschrieben, der sich seit 1934 beim Dichter Hans Grimm (Autor des Romans *Volk ohne Raum*) in Lippoldsberg an der Weser im Sommer zum Dichtertag oder Dichtertreffen versammelt. Eine öffentliche Veranstaltung, bei der Hans Carossa, Rudolf G. Binding, Rudolf Alexander Schröder, Edwin Erich Dwinger, Börries Freiherr von Münchhausen und andere Autoren als Vorleser ihrer Werke auftreten. Begleitet und umrahmt werden die Dichtertage von der Akademischen Orchester-Vereinigung aus der nahen Universitätsstadt Göttingen. Die Orchester-Vereinigung bzw. ihr Leiter Willi Rehkopf sind auch organisatorisch am Gelingen der Dichtertage beteiligt. Einmal im Jahr (bis 1939 und dann wieder ab 1949) treffen sich tausende Zuhörer nicht nur aus Norddeutschland, obwohl hier – aus verkehrstechnischen Gründen – der Schwerpunkt liegt, zur Pflege literarischer Geselligkeit. Einen internationalen Anstrich bekommen die Treffen dadurch, daß der Hausherr Hans Grimm seine Idee zum Dichtertag auf einer Reise nach England entwickelte und versuchte, englische Gäste dabei zu haben (Hans Grimm war an einem guten Verhältnis der beiden »Nordländer« England und Deutschland gelegen). Der Beitrag von *Gerd Koch* dokumentiert die Dichtertage und zeigt die Mitwirkung der Akademischen Orchester-Vereinigung.

Eine andere Form – erzwungener – literarischer Geselligkeit (im Exil) stellt das Literaten-Leben im südfranzösischen Küstenort Sanary-sur-Mer während der dreißiger und vierziger Jahre dieses Jahrhunderts dar. Darüber berichtet *Ulrike Erhard*. Sie hat Selbstzeugnisse und biographische Passagen aus literarischen Werken von vertriebenen, exilierten AutorInnen und eigene Recherchen versammelt, um ein Porträt der »geheimen Hauptstadt deutscher Literatur« – wie Sanary-sur-Mer häufig genannt wurde – zu zeichnen. Wer traf sich nicht alles in Sanary? Lion Feuchtwanger, Franz Werfel, René Schickele, Thomas Mann, Alfred Kantorowicz, Ludwig Marcuse und der jetzt erst wieder entdeckte Franz Hessel aus Berlin. Erika und Klaus Mann kannten und beschrieben die Gegend. Klaus Mann beendete dort seinen Roman *Mephisto*. Auch Maler und Wissenschaftler lebten in Sanary – mal länger, mal kürzer. Sie wurden in französischen Lagern zeitweilig interniert, und sie versuchten – als letzten Ausweg – über die Hafenstadt Marseille (etwa siebzig Kilometer von Sanary entfernt) ein Schiff für die Flucht aus dem »unholden Frankreich« (Feuchtwanger) und dem hitlerischen Europa zu finden. Anna Seghers Roman *Transit* zeichnet ein realistisches Bild dieser Lage. Das Leben (und Warten) in Sanary-sur-Mer wird von Ulrike Erhard ausführlich dargestellt – gewissermaßen die unmittelbare Vorgeschichte zu Flucht und Transit – oder wie im Falle von Franz Hessel: Der Ort, an dem sein Leben zu Ende geht.

Methodisch zeigen alle Beiträge die jeweils eigene Handschrift der AutorInnen. Die Beiträge sind unabhängig voneinander erstellt worden. Sie mußten gekürzt werden, um den Umfang des Buches nicht unbillig zu erhöhen.

Die AutorInnen stehen in gemeinsamen Diskussionszusammenhängen über Generationen und Fachgrenzen hinweg.

Alle Beiträge entstanden zugleich aus persönlicher und fachlicher Neugier. Staunen, wissen wollen, erzählen und erkennen, auch die Vermittlung von Tatsachen (wozu Träume, Ideen und Werte gehören) waren Antriebe.

Die AutorInnen berichten von *Ungleichzeitigkeiten* (Ernst Bloch) in der einen Welt, in der wir leben. *Gebrochene Gegenwart* (Beat Dietschy) scheint auf, und Fragmente einer Vergangenheit, die so vergangen noch nicht ist, werden in Augenschein genommen.

Marlene de Man-Flechtheim
Geschichte meines Lebens
Ein Zeitdokument

Geschrieben für meine Kinder, um zu zeigen,
wie komplex alles war, daß schwarz oder weiß
nicht besteht, nur schwarz und weiß,
mit allen Zwischenstufen, daß alle Klassifizierungen
und Verallgemeinerungen falsch und gefährlich sind,
und daß in letzter Instanz nur die menschliche Haltung zählt!

Berlin-Südende 1915–1935

Ich bin geboren am 15. September 1915 in Berlin-Charlottenburg – genauer gesagt in Charlottenburg, denn »Groß-Berlin«, mit seinen 4 Millionen Einwohnern, 878 qkm, 1 Oberbürgermeister und 20 Bezirksbürgermeistern, entstand erst 1920, nach dem Ersten Weltkrieg, der bekanntlich vom 1. August 1914 bis 11. November 1918 stattfand.

Mein Vater, Dr. jur. Julius Flechtheim, geboren 1882 in Warburg in Westfalen, gestorben 1978 in München, entstammte einer Familie, die nachweislich seit dem Dreißigjährigen Krieg (also 1648) in Westfalen ansässig war. Sein Vater hatte eine kleine Bank in Warburg; später wurde er Prokurist in einer großen Bank in Berlin, wo er ungefähr 1925 gestorben ist. Als guter Deutscher hatte er sein gesamtes Vermögen in Kriegsanleihen angelegt, womit man nach dem Zusammenbruch 1918 sein Zimmer tapezieren konnte, so daß meine Großmutter im April 1938 in ärmlichen Verhältnissen in einem Altersheim starb.

Erst 1933, nach Hitlers Machtübernahme, erfuhr ich (d.h. wurde ich durch die Geschehnisse recht unsanft darauf hingewiesen), daß meine Großeltern und damit auch mein Vater »Nicht-Arier«, d.h. Juden waren – bis dahin hatte das überhaupt keine Rolle gespielt.

Mein Vater, der jüngste der drei Geschwister, ging in Warburg auf das Jesuiten-Gymnasium, wo er neun Jahre lang Griechisch und Latein lernte, aber kein Englisch. Nach dem Abitur studierte er Jura, zuerst in Göttingen, danach zwei Semester in Lausanne, um Französisch zu lernen, und dann in München, wo er in den damaligen Künstlerkreisen ein sehr munteres Leben geführt hat. Obwohl er ein »Preuße« war, wurde er von seinen bayrischen Kommilitonen gut akzeptiert. Zum Abschied schenkten sie ihm sogar ein Buch mit der Widmung: »Man gewöhnt sich an alles, sogar an einen Preussen.«

Während seiner Studienzeit schloß er mit zwei Männern, beide aus Lübeck, eine Freundschaft, die über 70 Jahre gedauert hat.

Der eine war Jürgen Fehling, der berühmteste und begabteste Theaterregisseur aus den Goldenen Zwanziger Jahren des Berliner Theaterlebens. Bis nach 1938 lud er meine Eltern zu allen Premieren ins Staatstheater ein, die immer ein Ereignis und oft ein Skandal waren. So habe ich selbst 1935, unter dem nationalsozialistischen Regime, seiner Inszenierung von Schillers »Don Carlos« beigewohnt. Er hatte das ganze Stück zugespitzt auf den Höhepunkt von Marquis Posa's Rede gegenüber Philipp II (der die Inquisition in den Niederlanden einführte): »Geben Sie Gedankenfreiheit!«

Das gesamte Publikum stand auf und klatschte und trampelte minutenlang Beifall – es rieselte mir kalt den Rücken hinunter. Aber die zur Kontrolle anwesende Gestapo konnte nichts machen – schließlich war Schiller seit 130 Jahren tot.

Fehling hat wie ein Löwe für jeden seiner jüdischen Schauspieler gekämpft und dafür mit der Faust auf den Tisch von Göring gehauen, der erstaunlicherweise die Staatstheater unter sich hatte (vielleicht weil seine Frau eine ehemalige Schauspielerin war). So hat Fehling noch viele retten und ihnen zu Emigration verhelfen könnnen.

Der andere Freund war Arnold Brecht (1884 – 1977). Er kam aus einer alten Patrizierfamilie in Lübeck mit fünf Kindern. Sein Bruder Gustav und seine Frau Norah, eine gebürtige Belgierin, haben in meinem Leben eine große Rolle gespielt – doch davon später. Bei seiner Schwester Gertrud hatte ich als 8-jähriges Kind Klavierstunde, zu der ich 1/2 Stunde mit dem Roller (trotinette) fuhr, den ich stolz neben den Fahrrädern parkte. Gertrud heiratete 1924 einen jüdischen Violonisten, mit dem sie 1939, als keine Hoffnung mehr auf Emigration bestand, Selbstmord beging, ganz klar und heiter.

Arnold selbst wurde Staatssekretär und später Vertreter Preußens im Reichsrat (Senat). Als solcher mußte er Hitler, nach seiner Ernennung zum Reichskanzler am 2. Februar 1933, bei seinem Eintritt in den Reichsrat begrüßen. Er ermahnte ihn, immer der Verfassung und den Gesetzen treu zu bleiben. Daraufhin wurde er einige Monate später entlassen. Er entzog sich der Festnahme, indem er nach New York ging. Hier bekam er eine Professur für Internationales Verfassungsrecht an der New School for Social Research, an der hauptsächlich emigrierte Professoren aus Deutschland und Österreich dozierten. Nach dem Krieg kam er als Berater der amerikanischen Militärverwaltung mit L. Clay nach Deutschland zurück.

Mein Vater meldete sich bei Ausbruch des Ersten Weltkrieges im August 1914 als Kriegsfreiwilliger und kam nach Bulgarien. Er schickte uns von dort Pakete mit Erbsen, die voller Maden waren, die wir in mühsamer Arbeit auspuhlten. Als Malariakranker kam er vor Ende des Krieges nach Berlin zurück. Er war froh, daß er niemals zu schießen brauchte.

Meine Mutter Helene Kohlstedt, geboren am 22. Juli 1882 in Hamburg, gestorben am 5. Oktober 1971 in München, entstammte einer alten Hamburger Familie. Ich besitze noch das Foto von einem Familienbild, gemalt 1821 von A. Macco (es hing in der Hamburger Kunsthalle bis zu ihrer Zerstörung im Zweiten Weltkrieg), das die Großmutter meiner Großmutter als junges Mädchen an der Harfe darstellt.

Mutters Vater war Exportkaufmann, wie sich das in Hamburg so gehört, und anscheinend eine, für damalige Verhältnisse, ziemlich abenteuerliche Natur. Ich besaß als Kind noch Stachelschweinborsten und Pfeile, die er aus Argentinien mitgebracht hatte, wo er den Paraná aufwärts gefahren war, wobei das Boot umschlug und er nur das nackte Leben retten konnte. Mit seinen vier Töchtern hatte er eine Rudermannschaft geformt, mit der er jeden Sonntag zum Picknick in die freie Natur in der Umgebung Hamburgs ruderte. Er starb 1908 an Magenkrebs nach der Geburt seines zweiten Enkels.

Meine Großmutter, die von 1856 bis 1935 lebte, war eine strenge kleine Frau, die ihren Töchtern Helene, Elisabeth, Anna und Gertrud, geboren 1882, 1883, 1885 und 1892, Pflichterfüllung, Ordnung und Selbstbeherrschung beibrachte. Von ihr habe ich gelernt: »Wenn du von zwei Dingen nicht weißt, welches du zuerst tun sollst, tue erst das Unangenehmere.« Noch heute wage ich nicht, vor Weihnachten von meinem Rumtopf zu essen, denn Großmama hat gesagt: »Das tut man nicht!« Daß »erst die Arbeit, dann das Vergnügen« kommt, war selbstverständlich. Als ich 1926 mit ihr in Hamburg spazieren ging, sagte sie: »Hier gehen wir nicht weiter, hier fängt Preußen an« – das tat eine Bürgerin der Freien Hansestadt Hamburg nicht, eher fuhr man nach England oder nach Übersee.

Die Kohlstedts waren Weltbürger und liberal und lachten über den Kaiser in Berlin, während die Flechtheims eher kaisertreu und deutsch-national waren.

Meine Mutter hätte nach der Mittelschule gerne studiert, um Lehrerin oder Landwirtin zu werden, aber das kam 1898 für ein Mädchen nicht in Frage – außerdem hatte der Vater wohl auch nicht das Geld dafür. Die beiden jüngeren Schwestern durften Gärtnerin und Bibliothekarin werden. Helene mußte als Älteste im Haushalt helfen. Um der bürgerlichen Familienatmosphäre zu entgehen, nahm sie eine Stellung als Gesellschaftsdame in Berlin an. Damit veränderte sich ihr ganzes Leben.

Sie kam in das Haus von Toni (die später meine Patentante wurde) und Ernst Cassirer, Professor der Philosophie und Schüler von Herrmann Cohen. Sein Vetter, Paul Cassirer, hatte eine Kunstgalerie, die als erste die Maler der Sezession und die Expressionisten in Berlin einführte. Er hatte einen Teilhaber, Georg Schwarz, geboren 1860, ursprünglich ein Landwirt aus Ostpreußen, der sich aber Zeit seines Lebens für Kunst interessiert hatte und mit 40 Jahren endlich seinen Traum verwirklichen konnte, als Kunsthändler nach

Berlin zu kommen. Hier traf er dann Helene Kohlstedt, ein stilles, sensibles und auffallend schönes Mädchen »aus der Provinz«. 1905 heirateten sie – sie, wohl fasziniert von dem neuen bunten Leben, das er ihr bieten konnte, und er wohl aus Freude an dem menschlichen Kunstwerk, das er als 22 Jahre älterer Mann zu neuen Formen bilden konnte.

Und so geschah es. Sie tauchte ein in das damalige Berliner Künstlermilieu mit all seinen Anregungen und Problemen. Viele der älteren Impressionisten und vor allem jüngere Expressionisten kamen zu ihnen ins Haus. So Liebermann und Slevogt, Leistikow und Lovis Corinth, die Bildhauer August Gaul und Fritz Klimsch, Gulbransson und Kubin, Pascin und Edvard Munch. Viele von ihnen wollten die schöne junge Frau malen; so hängt eine Skizze von Pascin über meinem Bücherschrank, und von Munch zwei Lithographien von meiner Mutter und meinem Bruder Andreas in unserem Wohnzimmer. Munch hatte ein großes Ölgemälde von meiner Mutter gemalt; er liebte es so, daß er es nicht hergeben wollte, obgleich er gar kein Geld hatte und Georg Schwarz es gern kaufen wollte. Es hängt heute im Nationalmuseum in Oslo.

Es gab rauschende Künstlerfeste, die als sehr »bohémien« galten. So erzählte meine Mutter von einem Ball, wo sie mit einem Grünkohl als Kopfschmuck und knöchelfreiem Abendkleid erschien!

Am 17. Februar 1906 wurde Andreas und am 20. April 1908 Nickel geboren.

Daraufhin ließ Vater Schwarz von dem Jugenstil-Architekten Endell ein Sommerhaus in Scharbeutz an der Lübecker Bucht an der Ostsee bauen, wo die Familie die Sommermonate verbrachte.

Auch hier war das Haus ständig voller Freunde, hauptsächlich aus dem benachbarten Lübeck: Kurt Vermehren, der vom Dampfer aus ins Wasser sprang und schwimmend auf Besuch kam, Jürgen Fehling, der gerade vom Theologie-Studium zum Theater übergewechselt war, und Arnold Brecht, der seinen Studienfreund Julius Flechtheim mitbrachte.

Dieser war ein charmanter junger Mann, der sich sogleich in die schöne junge Hausfrau verliebte. Nachdem Georg Schwarz mal wieder auf Reisen ging, ohne sagen zu können, wann er wohl zurückkommen würde (diesesmal nach China, nachdem er vorher schon mit dem Fahrrad und einer Zahnbürste in der Revolvertasche nach Sizilien gefahren war – er war anscheinend ebenso eigenbrötlerisch wie sein Sohn Nickel es heute noch ist), beschloß man, einander die Freiheit zu geben. 1914 heiratete Julius Flechtheim Helene Kohlstedt.

Am 15. September 1915 wurde ich dann geboren, während mein Vater im Krieg war.

Meine Eltern hatten in Südende, einem Vorort von Berlin, ein altes Haus mit einem großen Garten gemietet für uns sechs: Vater, Mutter, meine beiden Brüder, mich, unseren Airdaleterrier Bob und Käthchen.

Käthchen verdient ein besonderes Denkmal. Sie war zum 1. April 1905 als

»Haushaltshilfe« zu meiner Mutter gekommen, d.h. sie erschien erst zwei Tage später, weil in ihrem Heimatdorf in Oberschlesien gerade Kirmes war. Meine Mutter dachte: »Na, die wird nicht lange hier bleiben« – sie blieb aber bis 1942 und hat alle Peripetien unseres Lebens mitgemacht. Sie ist mir eine zweite Mutter gewesen. Im Krieg hat sie nächtelang angestanden, um ein paar Kohlen für uns zu beschaffen. Wenn es ging, klaute sie auch mal Kartoffeln oder Kohlen für »ihre Kinder«. Wenn meine Eltern mal ausgingen, kroch ich in ihr Bett und fühlte mich geborgen und beschützt. Über ihrem Bett hing, mit Kreuzstich gestickt, der Spruch: »Beklage nicht den Morgen, der Müh' und Arbeit gibt – es ist so schön zu sorgen für Menschen, die man liebt.«

Sie kochte wunderbar, allerdings nur für Leute, die sie gern hatte. Sie wußte von all unseren Freunden, was diese gern aßen. Wenn wir aus der Schule kamen und neugierig fragten: »Was gibt's heute Mittag?« antwortete sie verschmitzt: »Junge Hunde mit Schoten.« Sie machte Hoppelpoppel und Nunefatzken, alles eigene Erfindungen, sowohl kulinarisch als auch philologisch; wie sie überhaupt nur nach eigener Intuition kochte. Als junges Mädchen wollte ich gern etwas von ihrer Kunst lernen, doch alles, was ich herausbekam, war z.B. für einen Kuchen: »Du nimmst eben etwas Mehl und ein bißchen Zucker und Butter, Eier und viel Liebe« – nach diesem Rezept koche ich heute noch.

Meine erste vage Erinnerung ist, daß ich unter einem Gebüsch am Zaun stehe und über ein weites Kornfeld sehe, in dem Bob jeden Abend seinen bekannten Hasen jagte, der ihn schon zu diesem Spiel erwartete.

Meine erste deutliche Erinnnerung aber ist folgende. Ich werde nachts wach und rufe »Mutti«. Keine Antwort. Ich steige aus dem Bett und ziehe mir mühsam ein Hemd und Höschen an und eine Wolljacke meiner Mutter (ich war gerade drei Jahre alt). Ich tapse durch das dunkle Haus – niemand zu sehen. Ich öffne die Haustür: da stehen in der dunklen Novembernacht im Regen dichtgedrängt am Straßenrand Menschen und schauen schweigend auf Kolonnnen grauer Soldaten, die still durch die Nacht ziehen. Es war der 9. November 1918. Der Krieg war zu Ende, und das geschlagene deutsche Heer kam nach Hause.

Meine Mutter erzählte, daß sie zwei Tage später in die Stadt gefahren sei, um zu sehen, was los war: Revolution!! Sie mußte sich in einem Café so in die Ecke setzen, daß die Kugeln, die durch das Fenster pfiffen, sie nicht treffen konnten.

1919 sind wir in eine Sechszimmerwohnung in der Denkstraße in Südende umgezogen. Diese wurde 1942 durch Bombardierung völlig zerstört.

Das Geld verlor jeden Tag an Wert, und es gab sehr wenig zu essen, noch weniger als während des Krieges. Einmal die Woche zogen wir, d.h. Käthchen, meine beiden großen Brüder auf Holzpantoffeln und ich, mit einem Handkarren zu einem weit entfernten Bäcker, um dort die Wochenration Brot

Marlene Flechtheim, um 1923

abzuholen: sechs Laibe, die erst ein paar Tage trocknen mußten, ehe sie eßbar wurden. Ich freute mich, denn auf dem Hinweg durfte ich im Karren sitzen, und auf dem Rückweg erlaubte Käthchen uns Kindern, schon mal an der Rinde zu knabbern. Wir sammelten Eicheln, um Kaffee davon zu machen; auch konnte man sie verwenden, um Bratkartoffeln eine braune Farbe zu geben, denn Fett gab es nicht.

Ich erinnere mich an ein Getränk, das Kakao hieß: es saß voll Sand und schmeckte nach Eisen. Einmal gab es bei einer Freundin einen Würfel Kunsthonig. Wir aßen soviel davon, daß mir schlecht wurde, so daß ich bis heute keinen Honig mehr vertrage.

Als ich Masern hatte, erzählte Käthchen, daß sie nicht zum Bäcker konnte, weil ein Maschinengewehr vor dem Laden stand und niemand durchließ. Das muß 1920 gewesen sein, als mal wieder ein Putsch, von rechts oder von links, stattfand.

Ganz schrecklich und unheimlich wurde es, als ich sieben Jahre alt war,

Ende 1922/Anfang 1923. Die Großen erzählten, daß die Franzosen im Ruhrgebiet saßen, weil Deutschland seine Kriegsreparationen an die Alliierten Siegermächte nicht bezahlen konnte (sechs Milliarden sechshundert Millionen Pfund Sterling, in Bargeld – ein Pfund Sterling war Ende 1922 35.000 Mark wert). Alle Fabriken lagen still, es gab nichts mehr für Geld, höchstens für Sachwerte, die man für Nahrungmittel eintauschen konnte. So weiß ich, daß ein wunderschöner antiker Nußbaumschrank aus unserem Eßzimmer verschwand, um Kohlen für den Winter zu haben.

Ich erinnere mich noch gut, daß ich abends im Bett heimlich betete: »Lieber Gott, laß ein Ei nicht teurer als 40.000 Mark werden« – das schien mir das Ende der Welt zu sein.

Aber Ende 1923 war ein Pfund Sterling 50.000 Milliarden Mark wert, ein Dollar 4,2 Billionen Mark.

Mein Vater, der Regierungsrat im Reichsentschädigungsamt war (er mußte die Deutschen, die ihren Besitz in Frankreich verloren hatten, entschädigen, z.B. die Champagner-Firma Mumm) und sein Gehalt normal monatlich bekam, wurde erst wöchentlich, dann täglich und zum Schluß zweimal täglich ausbezahlt, weil das Geld nachmittags wieder weniger Wert war als vormittags. Alles schien hoffnungslos.

Mein ältester Bruder Andreas saß im letzten Jahr vom Gymnasium. Er wäre gern Maler geworden, fand sich aber nicht begabt genug. Andere Möglichkeiten für eine lebenswerte Zukunft schien es ihm in der damaligen Periode nicht zu geben. Die Schüler wußten, daß sie nach dem Abitur doch arbeitslos sein würden. So schoß er sich am 22. Oktober eine Kugel durch den Kopf.

Im Laufe des Jahres hatten verschiedene Städte und Gemeinden eigenes »Notgeld« herausgegeben. Ende 1923 betrug der Notgeldumlauf ungefähr 500 Trillionen Mark. Im November 1923 erschien ein »Währungskommissar«, Hjalmar Schacht, der die »Rentenmark« einführte, die etwa 1 Billion Papiermark wert war. Mein Vater schickte mich mit dem Rest des alten Geldes, einer Schachtel voll Geldscheinen von 1 Billion, zum Laden, um eine Zeitung zu kaufen.

Danach ging es wieder bergauf.

Ich bekam die erste Butter meines Lebens zu essen. Bis dahin hatten wir nur große Würfel Margarine, in die mein Bruder Nickel wunderbare Burgen hineinschnitt.

Mein Vater brachte eine unbekannte gelbe Frucht mit. Ich biß hinein und fuhr voller Schrecken zurück: es war eine Apfelsine.

Bonbons gab es niemals, Schokolade nur zu Weihnachten und zum Geburtstag. Dafür gab es jeden Tag Obst oder Kompott zum Nachtisch oder zum Abendbrot. Heimlich kaufte ich mit meiner Freundin bei Frau Herzfeld, einer unendlich freundlichen Schokoladenladenbesitzerin am Bahnhof Südende, für 1 Pfennig 2 Bonbons, die wir abwechselnd lutschten.

Aus dieser Zeit datiert meine erste ökonomische Erfahrung: ich bekam 10 Pfennig, um einen Stock für meinen Kreisel zu kaufen. Beim Sattler gab es Stöcke zu 5 und 10 Pfennig. Ich kaufte zwei für 5 Pfennig, die beide zerbrachen – hätte ich einen für 10 Pfennig gekauft, hätte er jahrelang gehalten.

Seitdem weiß ich, daß man, wenn man wenig Geld hat, teure Sachen kaufen muß.

1927 wurde ich zum erstenmal allein auf Ferien geschickt zu unseren Freunden Vermehren aus Lübeck, die in Travemünde ein Sommerhaus an der Trave bewohnten. Sie hatten drei Kinder: Michel, 2 Jahre älter als ich, Erich, 2 Jahre jünger als ich, und Isa, ebenso alt wie ich, d.h. damals 11 Jahre.

Die Vermehrens waren eine angesehene protestantische Familie in Lübeck. Isas Großvater war Senator. Das hinderte uns nicht, die wildesten Streiche auszuhecken: wir krochen über die Regenrinnen im zweiten Stock an den Häusern entlang und sahen fremden Menschen ins Fenster oder schwammen zwischen den ausfahrenden Überseeschiffen über die Trave ans andere Ufer, wo uns die Polizei bereits erwartete. Isa trieb es so weit, daß sie mit 16 Jahren von zu Hause weglief und mit ihrer Ziehharmonika in Berliner Kabaretts auftrat. Mit 20 aber wurde sie plötzlich katholisch und Lehrerin für Sport und Musik in der Schule eines Klosters, in das sie später als Nonne eintrat. Im Krieg lief ihr Bruder Erich in der Türkei zu den Engländern über; daraufhin wurde seine Familie in »Sippenhaft« genommen und kam bis zum Ende des Krieges ins Konzentrationslager. Über diese Zeit hat Isa ein sehr eindrucksvolles Buch geschrieben. Nie sah ich eine fröhlichere und glücklichere Nonne als Isa Vermehren. Michel ist jetzt TV-Reporter in Südamerika.

1929 wurde ein entscheidendes Jahr für mich: ich durfte in den Schüler-Ruderverein eintreten. Ab 1931 durfte ich dann mit auf große Fahrt: 1932 drei Wochen mit Zelt und Doppel-Vierer Havel aufwärts durch Mecklenburg, 1933 Elbe abwärts und über die Havel stromauf zurück nach Berlin. Einmal sind wir zwei Tage lang quer durch Berlin gerudert, unter Trams und Autos und die Museumsinsel an der Spree entlang, zum großen Erstaunen der Berliner.

Ohne diese Wassersport- und Kampier-Erfahrung hätte Jan de Man mich später nicht geheiratet. Er mußte nur die eingefleischte Aversion des Paddlers gegen einen Ruderer überwinden.

Meine Eltern gingen viel aus, d.h. hauptsächlich mit Freunden zu Kunstausstellungen und vor allem ins Theater.

Das Theater in Berlin während der Goldenen Zwanziger Jahre war weltberühmt und tonangebend. Jede Premiere war ein Ereignis, das eifrigst diskutiert wurde. Ich erinnere mich noch, wie ganz Berlin Kopf stand über ein revolutionäres neues Stück von Bert Brecht: »Dreigroschenoper« mit Musik von Kurt Weill. Mackie Messers Lied »Und der Haifisch, der hat Zähne...«

wurde überall gesungen. Mein Bruder hatte ein Grammophon, das ich mit der Kurbel aufziehen durfte, während er die Platte auflegte.

Er hatte auch ein Radio mit Kopfhörer gebaut, für das man die Töne mit einer Nadel auf einem Kristall suchen mußte; dafür »durfte« ich die schweren Akkumulatoren regelmäßig zum Aufladen zum Elektriker schaffen.

Dann gab es »Gas«, ein expresssionistisches Stück von Georg Kaiser über den Arbeiteraufstand in einer Gasfabrik, und den »Blauen Boll« von Ernst Barlach, ein schwermütiges tiefsinniges Bauernstück, das Fehling mit magischem Realismus inszeniert hatte.

Auch ins Kino ging man: »Panzerkreuzer Potemkin« von Eisenstein über den russischen Matrosen-Aufstand, und dann, unvergeßlich, »Goldrausch« von Chaplin, mit seinem Brötchentanz. 1928 kam der erste Tonfilm. Der Berliner kommentierte ihn mit »so jenau woll'n wa's janich wissen«. Im allgemeinen wurde der Tonfilm als künstlerischer Rückschritt angesehen, da es jetzt weniger auf die schauspielerische Leistung ankam.

Um Tagespolitik kümmerte »man« sich nicht, das war unter der Würde eines gebildeten Menschen, höchstens um Kulturpolitik. Meine Eltern gehörten zu den ersten Mitgliedern der Deutsch-Französischen-Gesellschaft, die eine Verständigung zwischen den ehemaligen Gegnern anstrebte, und interessierten sich für die pan-europäische Bewegung von Coudenhove-Kalergi. Sie lasen die seit 1725 in Berlin erscheinende überparteilich-demokratische »Vossische Zeitung«, in der wir mit glühendem Interesse den im Feuilleton erscheinenden Roman »Im Westen nicht Neues« von Remarque verfolgten. »Nie wieder Krieg« – davon war jeder überzeugt nach dem sinnlosen Morden des Weltkrieges mit seinen Millionen Toten.

Neben uns wohnte ein junges Studenten-Ehepaar, das sehr engagiert in der sozialistischen Bewegung war, und das ich sehr bewunderte, ebenso wie eine ältere Freundin, die es wagte, ein uneheliches Kind zu bekommen, Vegetarierin war und Freikörperkultur betrieb.

Auch wir aßen viel »Reformwaren«, Müsli und Obstsäfte, turnten jeden Morgen und gingen Schwimmen und Skilaufen (Mutter war damals immerhin schon 45).

Mein Bruder studierte an der Akademie, um Architekt zu werden. Dort herrschte die neue Sachlichkeit: gerade Linien, keine Ornamente. funktionell, beeinflußt durch Le Corbusier, Walter Gropius (Bauhaus in Dessau) und Bruno Taut. Mutter »tautete«, d.h. aller überflüssige Nippes wurde als »Staubfänger« aus der Wohnung entfernt – lauter Sachen, die heute teuer zu verkaufen wären. Ich schrieb einen Aufsatz über »Moderne Architektur als Ausdruck unserer Zeit« mit Abbildungen neuer Berliner Geschäfts- und Siedlungshäuser.

Technisch ging alles vorwärts: Lindbergh flog 1927 in 26 Stunden allein über den Atlantik von West nach Ost, und 1928 überquerten von Hühnefeld,

Köhl und Fitzmaurice in 35 Stunden den Atlantik zum erstenmal in Ost-West-Richtung. Von Hühnefeld wohnte, oh Ruhm! in Südende wie wir. Um ihn zu feiern, durften die Berliner Schulkinder eine halbe Stunde im Flugzeug über Berlin kreisen. Ich war enttäuscht: es war, als ob man in einem schweren Autobus durch die Luft rumpelte. Der Zeppelin flog um die Erde; wir standen alle auf dem Schulhof, um ihn über Berlin zurückkommen zu sehen.

So ging unser Leben von 1924 bis 1928 verhältnismäßig friedlich und ungestört seinen Gang. Das änderte sich ab 1929.

Der Young-Plan bestimmte, daß Deutschland bis 1988 105 Milliarden Mark als Kriegsreparationen bezahlen mußte. Ein Volksentscheid dagegen änderte nichts. Das Parlament stürzte die Regierung.

Dann kam im Oktober 1929 der Schwarze Freitag in New York, der mit seinem Börsensturz (15 Milliarden Dollar in einer Woche) die Weltwirtschaftskrise einleitete. Überall wurden Fabriken geschlossen, krachten Banken, stieg die Arbeitslosigkeit, die 1930 in Deutschland 4,4 Millionen betrug, bei 60 Millionen Einwohnern. Um die Arbeitslosenversicherung zu erhöhen, erschien eine Notverordnung, die alle Beamtengehälter um 25% kürzte. Daraufhin mußten wir unsere schöne Wohnung aufgeben und in eine Vierzimmerwohnung (mit 5 Menschen) in eine Beamtensiedlung ziehen.

Man fing an, von einer National-Sozialistischen Deutschen Arbeiterpartei (NSDAP) zu munkeln, die nationale Unabhängigkeit von den Siegermächten wollte und für eine neue sozialistische Weltanschauung eintrat: »Gemeinnutz geht vor Eigennutz«, »Gehorsamkeit nach oben und Verantwortlichkeit nach unten«, einen asketischen Lebensstil (alle sollten die gleiche Uniform tragen), besonders bei einer Gruppe, die sich SS nannte, (was das bedeutete, wußte niemand: Schutzstaffel), und die im Zusammenleben in klosterartigen Burgen die Tugenden von Mönchen, Bauern und Soldaten verbinden wollte. Vor allem aber versprach sie, durch »Wirtschaftsankurbelung statt Sparmaßnahmen« die Arbeitslosigkeit zu bekämpfen, die inzwischen auf 6 Millionen angestiegen war. Ihr Führer war ein gewisser Adolf Hitler, ein anscheinend etwas verrückter Demagoge, der sich hysterisch antisemitisch gab: »Das Weltjudentum ist schuld an allem Unglück – krummbeinige, schmutzige Betrüger...«

Ich saß ab April 1932 in der Unterprima der »Deutschen Oberschule Mariendorf«, einem Vorort von Berlin wie Südende. Wir waren eine sehr lebhafte Klasse, in der heftig diskutiert wurde. Es gab zwei Blocks von »Alternativen«, d.h. Mädels, die sich nicht zu der bürgerlichen Umgebung gehörig fühlten: meine Freundinnen und ich, die aus einem sehr liberalen, kultivierten, nicht-konformistischen Hause kamen, und »meine beste Feindin« Gertrude mit ihren Freundinnen, die versuchten, sich aus ihrem kleinbürgerlichen Milieu zu befreien.

Einige waren in der »Bündischen Jugend«-Bewegung. Gertrude war schon 1931 in den BDM eingetreten (Bund Deutscher Mädchen), der nationalsozialistischen Jugendbewegung. Dort arbeitete sie unermüdlich für ihre Mädels, ging mit ihnen auf Fahrt, machte Sport und politische Erziehungsarbeit und träumte von einer besseren Zukunft:

>»Unsere Fahne flattert uns voran, unsere Fahne ist die neue Zeit, mit der Fahne der Freiheit für Arbeit und Brot, ja, die Fahne ist mehr als der Tod.«

Sie versuchte, auch mich in ihre Bewegung zu bekommen; so schob sie mir, im Sommer 1932, während der Schulstunde einmal einen Zettel zu mit der Frage: »Bist du arisch?« Ich hatte das Wort noch nie gehört und schrieb ihr zurück: »Meine Familie ist seit dem siebzehnten Jahrhundert in Westfalen ansässig – und deine?« Wir begriffen damals überhaupt nicht, um was es sich handelte.

Inzwischen war eine neue Schülerin in unsere Klasse gekommen: Liesel Lachmann aus Breslau. Ihr jüdischer Vater war im Ersten Weltkrieg gefallen; ihre halb-jüdisch-christliche Mutter hatte danach einen christlichen Mann geheiratet und noch zwei Kinder bekommen. Von Liesel lernte ich, daß nach der Nazi-Terminologie in ihrer Familie ein Nichtarier war: ihr Vater, ein Dreiviertelarier: sie selbst, eine Halb-Arierin: ihre Mutter, zwei Viertel-Arier: ihre Geschwister, und ein Arier: ihr Stiefvater. Sie waren alle überzeugte Protestanten und sind nach 1933 sehr aktiv in der Bekennenden Kirche gewesen, die sich gegen das Nazi-Regime richtete.

Bis dahin war Gertrude mir als die qualitätsvollste der Klasse erschienen; jetzt lernte ich mit Liesel, wieviel Gefährliches in der Bewegung steckte an Intoleranz, Agressivität und Vorurteilen.

Jeden Tag erfuhr man von Straßenschlachten zwischen Kommunisten und Nationalsozialisten. Manchmal streikten sie auch zusammen gegen die bürgerliche Regierung, wie der linke Flügel der NSDAP mit Otto und Gregor Strasser (der 1934 erschossen wurde) überhaupt den Kommunisten mit ihren revolutionär-sozialistischen Forderungen sehr nahe stand.

In dieser Zeit hörte ich zum ersten Mal von Hendrik de Man, einem Professor der Sozialpsychologie in Frankfurt, der einen neuen, ethisch-humanistischen Sozialismus aufbauen wollte, um der sozialdemokratischen Partei neues Leben einzublasen.

Liesel, ich und unser gemeinsamer Freund Ludwig gingen zu Veranstaltungen von Kreisen um diesen Mann, die uns mit ihren Forderungen nach einem neuen Lebensstil – »wach zu werden, klar und transparent, doppeldeutig, sonnig, erdig, hiesig – oh Erfahrung, Fühlung, Freude, riesig!« (Rilke) – sehr begeisterten.

Wir gingen auch zu Predigten von Guardini und Kardinal von Faulhaber, die zum christlichen Widerstand gegen den Nazismus aufriefen.

Wir dichteten zusammen (wir waren 17 Jahre alt!):

»Wir singen das Lied vom Leben, dem gewaltigen, das uns umfaßt,
Und das, was wir erstreben, war gestrigen Menschen verblaßt.
Wir lieben das Brausen der Tage, wir erkennen die Stille der Nacht,
Wir fliehen nicht Leid noch Plage, wir wollen den Grund der Macht.
Die Macht liegt in uns beschlossen, in der Vielfalt unseres Seins –
Wer Hoch und Tief genossen, kommt zum gestaltenden Eins.«

Nach dem feierlichen Fackelzug zur Ernennung von Hitler zum Reichskanzler fragte ich am 31. Januar 1933 Gertrude: »Na, wie lebt es sich im 1000-jährigen Reich?« Ihre Augen leuchteten, und sie antwortete: »Nun wird alles gut!«

Und tatsächlich schien es zuerst auch so. Die Wirtschaft wurde angekurbelt, große öffentliche Arbeiten ausgeführt, Autobahnen und Siedlungen gebaut, und die 6 Millionen Arbeitslosen bekamen wieder Arbeit.

Aber daneben geschahen unheimliche Dinge.

Im Februar 1933 wurde der Reichstag in Brand gesteckt, angeblich von einem holländischen Kommunisten, Van der Lubbe. Daraufhin wurden die Kommunisten verboten. Im Reichstag stimmten im März alle Parteien, außer den Sozialisten, einem Ermächtigungsgesetz zu, das der Regierung Hitlers unbeschränkte Vollmachten gab.

Am 1. April riefen Freunde uns an, mein Vater solle lieber nicht ins Büro gehen, es wäre ein »anti-jüdischer Tag« ausgerufen. Tatsächlich waren auf die Schaufenster aller jüdischen Läden Plakate geklebt: »Deutsche, kauft nicht bei jüdischen Händlern.«

In der Schule merkte ich vorerst noch nichts, aber im Sommer begann es. Wir mußten Papiere ausfüllen, ob wir »arisch« seien. Dabei stellte es sich heraus, daß Liesel und ich »Halbarierinnen« seien. Daraufhin wurde mir unter viel Drucksen mitgeteilt, daß ich nicht mehr im Ruderverein bleiben könnte. Die Lehrerin entschuldigte sich sehr, aber sie müßte die Vorschriften befolgen. Dafür bin ich dann in den Sommerferien mit fünf Freundinnen, darunter Gertrude, und unserer Sportlehrerin »officieus« in Vereinsbooten, drei Wochen mit Zelt die Elbe hinunter und die Havel hinauf gerudert – es war herrlich.

Danach war ich mit den Eltern bei Brechts, dem »roten Direktor« eines großen Industrie-Unternehmens in Köln eingeladen. Da trafen wir verschiedene jüdische Musiker und Schauspieler, die alle davon sprachen, Deutschland zu verlassen. Es wurde uns immer unheimlicher.

Es erschien ein »Gesetz zur Wiederherstellung des Berufsbeamtentums«, wonach »Nichtarier« keine Beamten sein durften. Kriegsfreiwillige aus dem Ersten Weltkrieg bildeten eine Ausnahme, so daß mein Vater erstmal im Dienst bleiben konnte, wo man betont freundlich zu ihm war.

Im März 1934 machte ich Abitur. Wir bekamen verschiedene Aufsatzthemen, darunter: »Wie stehe ich zu der Aussage Goethes: ›Höchstes Glück der Menschenkinder ist nur die Persönlichkeit‹ und der Forderung unserer Zeit: ›Gemeinnutz geht vor Eigennutz?‹«

Dieses Thema war mir viel zu heikel, und ich schrieb über den »Prinz von Homburg« von Kleist.

Unser Mathematik- und Biologielehrer mußte uns auch Vererbungslehre und »Rassenkunde« geben. Er war ein dickbäuchiger jovialer Kerl, der uns beibrachte, was eine Tangente ist: »Wenn ik Schlange stehe vorm Kino, denn bildet mein Vordermann eine Tangente an meinem Bauch.« Und für die Rassenkunde sagte er: »Flechtheimchen (so nannte er uns alle), wir wollen mal Ihren Schädel messen – na, Sie haben ja einen ausgesprochenen nordischen

Marlene Flechtheim, 1934

Hinterkopf!« Und bei einem blonden blauäugigen Mädel fand er »negroide Beine«. Zum Examen fragte er mich mit einem Augenwinkern: »Erzählen Se mal was über Mutationen – das is, wenn's anders kommt, wie man denkt.«

Ich gehörte immer zu den drei Besten der Klasse. Dieses Jahr wurde nur vier Schülerinnen die Universitätsreife zugesprochen (um die Überfüllung der Universitäten zu vermeiden), und ich war nicht dabei. Nur die vier BDM-Mitglieder bekamen sie. Ich hörte unsere Musiklehrerin zähneknirschend sagen: »Feige Bande!« Aber das nützte nichts. Auch nicht, daß unsere Klassenlehrerin mir »logisches Denken, künstlerisches Urteil und vorbildliche Kameradschaftlichkeit« zusprach. Diesmal bekam ich Angst vor der Zukunft.

Nach dem Abitur fuhr ich noch mit meinen fünf Freundinnen zum Skilaufen ins Riesengebirge im sudetendeutschen Teil an der tschechischen Grenze, und danach fing der Ernst des Lebens an.

Meine Mutter wollte, daß ich erstmal sechs Monate Haushalt lernte, möglichst auf dem Lande. Die Schwierigkeit war, eine Schule zu finden, die noch »Halbarier« annahm. Das war zum Schluß das Lettehaus, eine altbekannte Frauenschule, ein Internat in Neuzelle an der Oder, wunderschön gelegen in den Auwiesen, mit einer fürchterlich altmodischen Oberin.

Wir trugen eine weiße Schürze, mußten Haus und Herd schrubben und lernten deutsche Hausmannskost kochen. Mein einziger Trost waren die Abende, an denen ich durch die Wiesen an den Fluß wanderte, im Gras lag und zu den weißen Wolken emporstarrte – ich fühlte mich wie ein Baum, dem man alle Zweige abgeschnitten hatte und der jetzt an seinem eigenen quellenden Saft erstickte.

Erstaunlicherweise war auch ein Mädel aus meiner Klasse da, eines der vier BDM-Mitglieder. Wir schliefen im selben Zimmer und diskutierten nächtelang miteinander. Sie stickte unentwegt mit silbernem Faden eine Nummer auf die schwarze SS-Uniform ihres Verlobten, den Sohn des Pfarrers, der mich und sie 1931 konfirmiert hatte, und der die Hände über seinem Kopf zusammengeschlagen hatte, wie ich ihm erklärte, daß ich an die »Auferstehung des Fleisches« nicht glauben könnte.

Am 30. Juni 1934 hörten wir, daß der Führer der SA, Ernst Röhm, und der Leiter des linken Flügels der NSDAP, Gregor Strasser, erschossen waren. Entsetzt fragte ich: »Hat man die Mörder gefaßt?« Allgemeines Achselzukken – Hitler selbst hatte sie erschießen lassen, um ihre Opposition los zu werden.

Meine Freundin Gabriele war inzwischen im Arbeitsdienst in einem Dorf im Spreewald. Sie wohnte mit ungefähr 60 Mädeln zusammen in einem Lager und ging tagsüber auf die umliegenden Bauerhöfe, um im Haushalt und auf den Feldern zu helfen. Danach hatten sie Schulungsabende, Singkreise, Sport und ähnliches. Gabriele war sehr beeindruckt von den Kontakten mit ihr bis dahin unbekannten Bevölkerungsgruppen (die meisten Mädels kamen aus

Arbeiterkreisen) und lud mich für ein Wochenende ein. Ich wurde sofort in die Gemeinschaft aufgenommen, obgleich die Führerinnen wußten, daß ich »Nichtarierin« war. Als Gast wurde ich gebeten, beim Frühstück den »Morgenspruch« zu sagen. Ich wählte ein Gedicht von dem Anthroposophen Christian Morgenstern und eines von dem vergeistigten Ästheten Rainer Maria Rilke, beide den meisten unbekannt. Sie waren sehr beeindruckt. Auch hier wurde viel diskutiert. Beim Abschied wurde ich mit Obst und selbstgebackenem Kuchen überladen und aufgefordert, bald für länger wiederzukommen.

Gabriele hat später angefangen, Theologie zu studieren, bei Karl Barth in Basel, und ist sehr aktiv geworden in der Bekennenden Kirche um Niemöller und Bonhoefer, dem letzten Bollwerk der antinazistischen Opposition.

Ostpreußen 1934–1935

Im August 1934 hatte ich eine Woche Ferien und fuhr zurück zu meinen Eltern. In Berlin traf ich meine Freundin Traude, die sich gerade zur Landhilfe nach Ostpreußen gemeldet hatte (ihre Eltern stammten aus Westpreußen, das 1919 der polnische Korridor geworden war). Die Landhilfe wurde vom Arbeitsamt organisiert, um die jugendlichen Arbeitslosen aus den Berliner Elendsvierteln zu Bauern zu schicken, die seit Jahren mit Personalmangel infolge der allgemeinen Landflucht zur aufblühenden Industrie hin kämpften.

Alles erschien mir besser, als in die Haushaltsschule zurück zu müssen. So entschloß ich mich, mit Traude nach Ostpreußen zu gehen. Es war schwierig, mit meinem jüdischen Namen angenommen zu werden, aber damals galt der Titel meines Vaters, Regierungsrat, noch etwas, und die Leute auf dem Arbeitsamt waren so erstaunt, daß Abiturientinnen sich freiwillig zur Landhilfe meldeten, daß ich schließlich angenommen wurde.

Merkwürdig war die Gesellschaft, in der wir lebten. Die meisten Mädels stammten aus den Slums im Norden Berlins, wo ich noch nie gewesen war, und waren jahrelang arbeitslos gewesen. Tonangebend war Bianca, eine robuste, schwarzhaarige, zahnlose Ältere (sie war sicher schon 25 Jahre!), mit allen Berliner Wassern gewaschen, voller Humor und Hilfsbereitschaft. Wenn wir abends todmüde waren von der zwölfstündigen Arbeit sagte sie: »Mensch, ik wollte's jeeb 'n Knall un ik wär im Bett.« Dann lachten wir und hatten wieder den Mut, uns in der Küche mit kaltem Wasser den Arbeitsschweiß abzuwaschen.

Mit 16 Jahren die Jüngste war Ursel, die wir alle etwas bemutterten. Zum Dank hatte sie uns eingeladen, sie in den Weihnachtsferien zu besuchen. »Aber macht eure Uhren und Ringe vorher ab – eigentlich wird unter Freunden nicht geklaut, aber man kann nie wissen, sicher ist sicher.«

Traude und ich haben sie dann wirklich besucht in Berlin. Über drei Hinterhöfe hinweg, in einem dunklen Keller, wo sie Bier und Schnaps für uns aufgefahren hatte. In dieser Umgebung schienen das bürgerliche Zuhause, aber auch die politischen Schwierigkeiten, auf einem anderen Stern zu liegen.

Nach zwei Monaten wurden wir vom Lager aus durch das Arbeitsamt auf verschiedene Bauernhöfe verteilt. Traude und ich kamen zusammen zu einem alten Ehepaar, das seinen kleinen Hof nur noch mühsam allein bewirtschaften konnte. Wir halfen im Haushalt, bei der Wäsche, im Garten und vor allem im Geflügelhof mit Hühnern, Enten und Gänsen. Zu Weihnachten wurden sechs Enten geschlachtet, von denen wir je zwei mitbekamen, als wir für die Weihnachtsferien nach Hause fuhren.

Als wir zurückkamen, teilten die alten Leutchen uns mit, daß sie uns nicht mehr brauchten, weil ihre Tochter zu ihnen ziehen wollte.

Daraufhin suchte das Arbeitsamt eine neue Stelle für uns. Diesmal kamen wir auseinander. Traude wurde zu einem Lehrer geschickt mit vier kleinen Kindern und ich zu einem kleinen Bauern nicht weit davon. Hier mußte ich um zwei Uhr nachts aufstehen und bis fünf Uhr die Wochenration Brot kneten. Danach mußte ich die Hühner »fühlen«, d.h. den Hühnern im Stall den Finger ins Loch stecken, um zu fühlen ob sie ein Ei hatten; wenn ja, mußten sie im Stall bleiben, die anderen wurden hinausgejagt. Auch mußte ich Gänse »stopfen«, d.h. ihnen Rollen aus Weizenmehl und Wasser in den Hals stopfen, während ich sie zwischen meinen Knien festhielt, damit ihre Leber hypertrophiert und fett werde. Das Schlimmste jedoch war, daß der Sohn des Hauses (wo im Bücherschrank in der guten Stube die Bibel, ein Buch über Viehkrankheiten und – Karl Marx! stand) dachte, daß ich in jeder Hinsicht eine würdige Nachfolgerin der vorigen Landhelferin werden würde, die entlassen worden war, weil sie schwanger geworden war, von ihm. Nachdem ich ihm erklärt hatte, er solle sich dafür mit seiner Ziege begnügen, ging ich aufs Arbeitsamt und bat um eine andere Stellung.

Diesmal hatte ich Glück. Ein Großbauer in der Nähe des Städtchens Barten hatte von dem Lehrer, bei dem Traude arbeitete, gehört, daß da noch eine Abiturientin als Landhelferin war. Sein Sohn von 12 Jahren war gerade aufs Gymnasium gekommen, und er dachte sich: auf die Weise kann ich eine billige Nachhilfe-Lehrerin ins Haus bekommen. Er stellte auf dem Arbeitsamt den Antrag, mich als Landhelferin zu bekommen, und so zog ich einige Tage später zu Scharlachs nach Friedenau.

Die Familie bestand aus dem Vater, einem ruhigen überlegenen Mann, der jeden Abend seine Felder und Ställe abschritt, um zu sehen, ob alles in Ordnung war; der Mutter, einer blonden, schmalen, etwas nervösen Frau; dem 10-jährigen Evchen, das in dem 3 km entfernten Städtchen zur Schule ging, und Karl, der das Gymnasium in Rastenburg, 20 km entfernt, besuchte, wo er von Montag morgen bis Freitag abend im Internat blieb.

Jeden Sonntagabend gab es Tränen und verzweifelten Abschiedsschmerz, wenn er seine Tauben, Hunde, Pferde und überhaupt den Hof verlassen mußte. Er war der geborene Bauer, der nur für seinen Hof lebte. Als er 1940 die Schule hinter sich hatte, war Krieg, und er mußte Soldat werden. Als er 1945 zurückkam, war sein Hof abgebrannt, seine Eltern mit Pferd und Wagen in den Westen geflüchtet, seine hochschwangere Schwester irgendwo in Deutschland, seine Großeltern im Nachbarhof von den Russen erschossen und seine Tante nach Sibirien verschleppt, wo sie Straßen bauen mußte. Das Land wurde polnisch und die übriggebliebenen Deutschen vertrieben. Karl ist dann später Funktionär in einer landwirtschaftlichen Organisation in Ostdeutschland geworden.

Erstmal aber lebten wir ganz friedlich. Ich gab Karl Nachhilfestunde in Mathematik und Französisch und half Frau Scharlach im Haushalt, Garten und Hühnerhof. Sie hatten ein schönes großes Wohnzimmer und Eßzimmer, aber gegessen und gelebt wurde während der Woche in einem kleinen Raum neben der Küche. Ich schlief in einer Mansarde auf dem Kornspeicher neben dem Rauchfang, in dem die Würste und Schinken zum Räuchern hingen, und mußte im Winter morgens das Eis in der Waschschüssel zerbrechen, um mich waschen zu können.

Montags wurde gewaschen. Dazu wurde das Wasser aus der Regentonne vor dem Haus in die Küche geschleppt und auf dem mit Holz und wenig Kohlen (denn die mußte man kaufen) geheizten Herd erwärmt. Die Wäsche wurde in einer Zinkwanne auf einem Waschbrett (einer mit Wellblech bespannten Holzplanke) gerieben, zwei- bis dreimal gespült und im Garten aufgehängt. Dienstags wurde die gefrorene Wäsche reingeholt, aufgetaut und gebügelt. Bettwäsche wurde erst im Frühling gewaschen, wenn man sie auf dem frischen Gras zum Bleichen ausbreiten konnte. Donnerstags wurde Brot gebacken: 20 kg Roggenmehl mit Sauerteig drei Stunden lang mit Fäusten geknetet, »bis sich der Teig von den Händen löst«. Sonnabends wurde das Haus geputzt, die Auffahrt geharkt und das Familienbad organisiert: die Badewanne, die draußen unter der Regenrinne stand, in die Küche geschleppt, Regenwasser erwärmt, und dann stieg erst der Vater, dann die Mutter, dann die Kinder ins Wasser. Danach wurde das Bad mir angeboten, aber ich verzichtete dankend.

Neun Monate ohne Bad oder Dusche haben mir nicht geschadet.

Gegessen wurde nur, was der Hof selbst produzierte, denn Bargeld war knapp.

Auch das halbe Dutzend Landarbeiterfamilien, die zum Hof gehörten, bekamen nur wenig Geld, aber reichlich »Deputat«, d.h. praktisch alles, was sie zum täglichen Leben nötig hatten. Sie wohnten in eigenen kleinen Häusern um den Hof herum, besaßen eine Kuh, ein oder zwei Schweine und Geflügel so viel sie wollten, für das sie das Futter vom Hof bekamen, ebenso wie Mehl und Kartoffeln. Jeden Morgen holten sie sich die Milch bei Frau Scharlach: Ein Liter Vollmilch pro Kopf und zehn Liter Magermilch für die Schweine.

Davon konnten sie Butter und Quark machen. Jeder hatte einen Garten, in dem sie ihr Gemüse ziehen konnten. Die »Deputanten« arbeiteten seit Generationen für die Familie des Gutsbesitzers. Einer war Oberschweizer, d.h. verantwortlich für die 60 Milchkühe; einer war Unterschweizer zur Hilfe; einer Werkzeugmeister für den Unterhalt der Geräte und Maschinen, die übrigen arbeiteten auf den Feldern. Die Frauen und Töchter halfen bei der Ernte oder beim Frühlingsgroßreinemachen im Haushalt und wurden dafür extra entlohnt. Die Söhne fingen an, lieber in die Fabriken der Städte zu ziehen. Besonders seit dem Aufkommen des Nationalsozialismus fingen sie an, gegen die althergebrachte Ordnung aufzumucken, zum großen Ärger der Bauern, die meistens erzkonservativ und daher anti-nazi waren, sich aber auch völlig verantwortlich für ihre Leute fühlten. Wenn jemand krank wurde, war es selbstverständlich, daß Frau Scharlach in die Familie ging, um bei der Pflege zu helfen, bis die Krankenkasse einsprang. Zu Ostern kamen alle Kinder zum Ostereiersuchen, wofür wir hunderte Eier gekocht und bemalt hatten.

Im Juni 1935 kam ich zurück nach Berlin.

Mit dem »Landhelferbrief« hatte ich mir »Recht auf deutsche Erde« erworben, aber das genügte noch nicht, um die Studienerlaubnis an der Universität zu bekommen. So ging ich am 1. Juli erstmal für drei Monate auf eine private Handelsschule, um Stenodactylo und Französisch zu lernen.

Politisch hatte sich inzwischen allerhand getan.

Nach dem Tod von Reichspräsident von Hindenburg, 1934 im Alter von 87 Jahren, wurde Hitler durch Volksabstimmung mit 90% Ja-Stimmen zu seinem Nachfolger als »Führer und Reichskanzler« gewählt, mit unbeschränkten Vollmachten für vier Jahre.

Im Januar 1935 hatte das Saarland, das 1919 durch den Vertrag von Versailles unter die Verwaltung des Völkerbundes gestellt worden war (so wie Palästina), durch eine Volksabstimmung mit 91% der Stimmen beschlossen, zu Deutschland zurückzukehren, statt französisch zu werden oder Mandatsgebiet des Völkerbundes zu bleiben.

Am 1. April 1935 führte Hitler die allgemeine Wehrpflicht wieder ein, die im Versailler Vertrag verboten worden war, zusammen mit der Arbeitsdienstpflicht (zunächst 6 Monate, dann 1 Jahr) für Jungens *und* Mädchen. Das freiwillige Berufsheer von 100.000 Mann, die von den Alliierten zugelassene Reichswehr, wurde auf 550.000 Mann gebracht. Die Alliierten reagierten nicht.

Im Juni schloß Großbritannien mit Deutschland einen Flottenvertrag, demzufolge Deutschland wieder Unterseeboote bauen durfte und eine Flotte bis zu 35% der englischen Flotte. Daraufhin schloß Frankreich einen Militärpakt mit Sowjet-Rußland und der Tschechoslowakei, wo die sudetendeutschen Nationalsozialisten bei den Parlamentswahlen die stärkste Partei geworden waren.

Durch die Wiederaufrüstung, den Bau von Autobahnen usw. blühte die

Wirtschaft auf, und es gab bald keine Arbeitslosen mehr, im Gegenteil die großen Betriebe versuchten, sich die Arbeiter durch höhere Löhne gegenseitig wegzuschnappen.

Die Gewerkschaften waren aufgelöst und ihr Besitz von der Einheits-»Arbeitsfront« übernommen worden, die mit ihrer »Kraft durch Freude« auch die Freizeit der Arbeiter organisierte.

Nur Eingeweihte und Betroffene wußten, wie grausam politische Gegner liquidiert wurden. Der Antisemitismus nahm immer stärkere Formen an. Die Zeitschrift »Der Stürmer« stellte ein Bild auf von »dem Juden, der das deutsche Volk aussaugt, seine Kultur beherrscht und den Weltfrieden bedroht«. An vielen Lokalen stand »Juden unerwünscht«. Wir gingen kaum noch aus, außer zu Freunden und ins Theater, wo Fehling unerschütterlich zwei Parkettplätze für uns freihielt. Andere Freunde, die sich wohl oder übel äußerlich angepaßt hatten (»beefsteaks«: außen braun, innen rot), um ihre Stellung und den Lebensunterhalt zu behalten, gingen in Uniform mit meinem Vater zum Pferderennen, weil sie wußten, daß er ein Pferdenarr war. Aber es gab auch andere, die uns unter vielen Entschuldigungen baten, nicht mehr zu ihnen zu kommen, weil das gefährlich für sie sein könnte. Jetzt wurden die wirklichen Qualitäten der Menschen deutlich.

In dem evangelischen Singkreis, dem ich seit Jahren angehörte, war es selbstverständlich, daß ich dazu gehörte. Wir sangen für Niemöller, als er aus dem Gefängnis zurückkam. Die meisten waren Mitglieder der Bekennenden Kirche und studierten auf der illegalen kirchlichen Hochschule.

Am 15. September 1935, gerade zu meinem zwanzigsten Geburtstag, erschienen anläßlich des »Reichsparteitages« die »Nürnberger Gesetze«, die »die grundlegende gesetzliche Regelung des Rassenproblems« bringen sollten. Ich zitiere aus der »Verordnung zur Ausführung des Gesetzes zum Schutz des deutschen Blutes und der deutschen Ehre«:

§ 1   Reichsbürger können nur Staatsangehörige deutschen oder artverwandten Blutes ein ...

§ 4   Ein Jude kann nicht Reichsbürger sein ...
       er kann kein öffentliches Amt bekleiden ...

§ 5   Eheschließungen (auch Geschlechtsverkehr) zwischen Juden und Staatsangehörigen deutschen oder artverwandten Blutes sind verboten und strafbar.

§ 3   Jüdische Mischlinge mit zwei volljüdischen Großeltern (also ich) bedürfen zur Eheschließung mit Staatsangehörigen deutschen oder artverwandten Blutes oder mit staatsangehörigen jüdischen Mischlingen, die nur einen volljüdischen Großelternteil haben, der Genehmigung des Reichsministers des Inneren und des Stellvertreters des Führers.

§ 2   Zu den... verbotenen Eheschließungen gehören auch die Ehe-
       schließungen zwischen Juden und staatsangehörigen jüdischen
       Mischlingen, die nur einen volljüdischen Großelternteil haben.
       Eine Ehe soll nicht geschlossen werden zwischen staats-
       angehörigen jüdischen Mischlingen, die nur einen volljüdischen
       Großelternteil haben.

§ 12   Weibliche Staatsangehörige deutschen oder artverwandten Blu-
       tes... dürfen in einem jüdischen Haushalt, d.h. wenn ein jüdischer
       Mann Haushaltungsvorstand ist oder der Hausgemeinschaft ange-
       hört, nicht beschäftigt werden, außer wenn sie bis zum 31.12.35
       das 35. Lebensjahr vollendet haben. (Unser 55-jähriges Käthchen
       durfte also bei uns bleiben! ufff!)

§ 13   Wer dem Verbot des Paragraphen 3 des Gesetzes in Verbindung
       mit dem Paragraphen 12 dieser Verordnung zuwiderhandelt, ist
       nach Paragraph 5 Absatz 3 des Gesetzes strafbar, auch wenn er
       nicht Jude ist.

§ 14   Für Verbrechen gegen den Paragraphen 5 Absatz 1 und 2 des Ge-
       setzes ist im ersten Rechtszuge die große Strafkammer zu-
       ständig.

Nun war es definitiv deutlich, daß ich keine Lebensmöglichkeit mehr in
Deutschland hatte. Ich durfte nicht studieren, bekam keine Arbeit und konnte
nicht heiraten.

Brüssel 1935–1939

Die beste Freundin meiner Mutter, Norah Brecht, war eine gebürtige Belgierin, die 1912 nach Deutschland geheiratet hatte. Ihre Schwester Valentine
lebte in Brüssel, war mit einem Professor der ULB (Université Libre de Bru-
xelles), Michel Huisman, verheiratet und hatte zwei Söhne, Jacques und
Maurice, die etwas älter waren als ich. Norah sorgte dafür, daß ich eine offizielle Einladung von Huismans bekam, bei denen ich erstmal sechs Monate
bleiben konnte; so zog ich, mit einem Handkoffer, im Oktober 1935, kurz
nach dem Tod meiner Großmutter mütterlicherseits, nach Brüssel. Wer wissen will, wie mir zumute war, der lese die Bücher von Carl Zuckmayer und
anderen Emigranten, denen das Herz brach, als sie Heimat, Familie, Freunde
und ihre Sprache verlassen mußten.
    Mein Vater dachte erstmal noch nicht ans Auswandern – wo sollte er mit
53 Jahren auch hin, ohne Geld, ohne Beziehungen und ohne Sprachkennt-
nisse? Er mußte zwar zum 31.12.1935 den Staatsdienst verlassen, bekam aber
seine Pension ausbezahlt, so daß das tägliche Leben erstmal gesichert war.
    Mein Bruder war schon 1934 zu seinem Vater nach Deja auf Mallorca ge-

gangen und von da aus nach Madrid, wo er als Fotograf probierte, seinen Lebensunterhalt zu verdienen. Im Juli 1936 wurde er vom Ausbruch des spanischen Bürgerkrieges überrascht, gerade wie meine Mutter bei ihm auf Besuch war. Sie entging den Kugeln der beiden Parteien und kam für ein paar Wochen zu mir nach Brüssel.

Nickel kam im Sommer 1937 nach Belgien und half mit in dem Kinderheim in Duinbergen an der See, wo ich arbeitete.

Im September fuhr er mit einem Handkoffer mit der Tram nach Vlissingen, um dort ein Schiff nach Brasilien zu besteigen. Es war verabredet, daß seine deutsche Verlobte nachkommen sollte, sobald er in Sao Paulo eine Lebensmöglichkeit gefunden hätte. Als sie einige Monate später das Schiff in Hamburg nehmen wollte, wurde sie verhaftet und nicht mehr gesehen.

Mein Bruder war so verzweifelt, daß er in den Urwald ging und dort auf einer Kaffeeplantage deutscher Emigranten arbeitete. Erst zehn Jahre später kehrte er in die Nähe von Sao Paulo zurück, wo er ein Haus baute, Eukalyptusbäume anpflanzte und von dem Ertrag seines Grund und Bodens lebte, bis er eine reizende Freundin fand, die er später auch heiratete.

Nach ihrer Pensionierung sind beide nach Portugal gegangen, wo ich ihn 1978 nach 41 Jahren zum erstenmal wieder gesehen habe.

Als ich in Brüssel ankam, war niemand am Bahnhof, um mich abzuholen. Ich besaß zehn Mark – das war alles, was ich pro Monat aus Deutschland bekommen konnte, wo eine strenge Devisenkontrolle eingeführt worden war und man kein Geld ins Ausland bringen durfte. Ich spendierte also mein Monatsgeld, um ein Taxi in die rue Champ du Roi in Etterbeek zu nehmen. Als ich klingelte, öffnete ein junger Mann die Tür (Jacques Huisman, wie sich später herausstellte), der in rasend schnellem, mir unverständlichem Französisch etwas erzählte.

In dem Augenblick öffnete sich mein Koffer, und der Inhalt rollte die abschüssige Straße hinunter. Wir mußten beide lachen – das war der Anfang meines Brüsseler Lebens.

Jacques stopfte mich in sein Auto, einen uralten Citroen 15, und raste los durch einen herrlichen Buchenwald in flammendem Herbstlaub, las irgendwo eine energische alte Dame auf (sie war mindestens 50), die sich als Madame Huisman entpuppte und ebenso schnell und unverständlich wie ihr Sohn auf mich einredete und sauste zurück in die rue Champ du Roi.

Hier hatte Marie inzwischen das Mittagessen aufgetischt: erst gab es (in meinen Augen) grünes Unkraut (Kresse), dann wenig Fisch mit Butter und danach Joghurt. Hier war auch Monsieur Michel Huisman, der von seiner Familie ziemlich ignoriert wurde, aber langsam und deutlich mit mir sprach, was mich sehr tröstete.

Montag zog Madame mit mir zur Universität und ließ mich in das Kolleg ihres Mannes über moderne Geschichte (1648 – 1870) einschreiben, danach in eine Handelsschule für französische Korrespondenz.

Hier traf ich Lisa Seckbach aus Frankfurt, die als Sekretärin bei einer Firma Oppenheimer arbeitete. Sie war ein Jahr älter und zweimal so groß und schwer wie ich, aber wir konnten miteinander reden und sind später zusammengezogen. Erstmal aber war ich noch bei Huisman.

Der Winter 1935/1936 wurde so turbulent wie mein erster Tag in Belgien.

Jacques und Maurice waren sehr aktiv bei den Boy Scouts de Belgique. Sie leiteten die Groupe Honneur, die hauptsächlich aus Studenten bestand. Besonders aktiv waren sie mit den Comédiens Routiers, einer Laienspielgruppe, die an Wochenenden von Dorf zu Dorf zog, auch in die Slums der großen Städte ging, wie die Marolles in Brüssel, oder in Jugendgefängnisse, wie Hoogstraaten, um dort für die Kinder Lagerfeuer-Nummern und modernes Theater zu spielen. Außerdem gab es noch eine Sing- und eine Volkstanzgruppe. Ich ging überall mit, spielte Blockflöte und machte Gymnastik mit den Jungens.

Im November ging ich mit den Girl Guides auf Fahrt nach Lier. Ich stellte mit Erstaunen fest, daß hier eine andere Sprache gesprochen wurde, die ich viel besser verstand als französisch. Auf diese Weise erfuhr ich, daß es in Belgien auch Flamen gab.

Zu Ostern nahm ich mein Rad und fuhr über Gent und Brügge an die Ijzer und dann die ganze Front aus dem Ersten Weltkrieg entlang mit den unzähligen Soldatenfriedhöfen, wo rechts der Ijzer Hunderttausende Deutsche und links Hunderttausende Engländer, Franzosen und Belgier begraben lagen, die sich vier Jahre lang in den Gräben gegenüber gelegen waren, wie nun in den Gräbern. Ich machte Fotos und schickte sie nach Deutschland, als Beweis, wie unsinnig der Krieg gewesen war.

Danach radelte ich die ganze Küste entlang über Sluis, Damme, zurück nach Brügge und Gent und von da aus über Antwerpen und Mechelen zurück nach Brüssel. Ich übernachtete in Jugenherbergen, die damals noch ziemlich primitiv waren.

Im Frühjahr ging Valentine Huisman zu einer Rede von Minister Hendrik de Man, der als »Père du Plan« sehr bekannt geworden war. Die Jugend und die Arbeiter begeisterten sich für den »Plan du Travail«, mit dem es ihm gelungen war, in sechs Monaten die Arbeitslosigkeit von 350.000 auf 143.000 zu senken, und gleichzeitig mit einer Geldabwertung von 28% den Export und große öffentliche Arbeiten zu fördern, und somit die Wirtschaft wieder anzukurbeln. Vor den Wahlen am 24. Mai 1936 sah man sein Bild auf allen Mauern. Ich wäre gern mitgegangen, hatte aber etwas anderes vor.

Im Mai lief meine Einladung bei Huismanns ab, und ich mußte mich nach einer anderen Lebensmöglichkeit umsehen. Am 1. Juni trat ich eine Stellung als dreisprachige Sekretärin in einem kleinen Hotel in Heyst-aan-zee an. Nach ein paar Wochen behauptete die Inhaberin, ich käme nachts in ihr Schlafzimmer, um sie zu ermorden. Sie mußte ihr Hotel aufgeben, und ich stieg auf mein Rad, um eine andere Stellung zu suchen. Ich fuhr bis De Panne und stellte mich in allen Kinderheimen vor, aber sie hatten keine Arbeit für mich. Am nächsten Tag fuhr ich in die andere Richtung und sah in Duinbergen am Strand eine Dame mit ein paar Kindern sitzen. Ich blieb den ganzen Tag bei ihr, und am Abend war ich als Erzieherin engagiert, hauptsächlich aufgrund meines Fahrrades, meiner Schreibmaschine und meiner Flöte. Bei »Tante Bronia« habe ich drei Sommer hinereinander je drei Monate gearbeitet. Es waren meistens jüdische Kinder aus Brüssel und Antwerpen. Auch während des Winters in Brüssel hat sie mir unendlich viel geholfen.

Für den Winter mußte ich wieder eine andere Stellung suchen.

Die Eltern von drei kleinen Jungens aus dem Kinderheim wollten mich als Kindermädchen haben. Bei Besuch sollte ich bei Tisch servieren, mit weißem Häubchen und schwarzem Kleid. Das war nicht gerade das, was ich mir von meiner Zukunft erhoffte, und so suchte ich weiter. Lisa hatte entfernte Familie in Ukkel, einen alten Schuhfabrikanten aus Pirmasens mit einer englischen Frau und einer sehr sympathischen unehelichen Tochter meines Alters. Er bot mir an, vormittags bei ihm zu arbeiten als Sekretärin, nachmittags zu studieren und abends Gesellschaftsdame für seine Frau zu spielen, bei freier Station und kleinem Gehalt. Ich nahm an, weil es mir die Möglichkeit gab, endlich mein Studium der Pädagogik und Psychologie anzufangen, von dem ich schon so lange geträumt hatte.

Doch die Atmosphäre im Haus erwies sich bald als unerträglich.

Von 8.00 bis 12.00 Uhr mußte ich für den ziemlich verrückten und jähzornigen alten Herrn endlose Briefe auf französisch, deutsch und englisch schreiben, wobei er mir vorwarf, daß es nicht schnell genug ginge. Von 14.00 bis 18.00 Uhr war ich in der Universität, wo ich manchmal einschlief. Dorthin raste ich mit dem Rad. Von 19.00 bis 22.00 Uhr mußte ich mit der alten Dame Karten spielen oder ihr vorlesen, wobei sie mir Unkenntnis der englischen Literatur vorwarf.

Die Tochter war inzwischen, nach einer unglücklichen Liebe mit einem belgischen Industriellen, nach den USA ausgewandert.

Im Februar 1937 ergab sich die Möglichkeit, mit einer Kameradin, die ich im Kinderheim bei Bronia kennengelernt hatte, eine kleine Wohnung am Square Coghen in Ukkel zu beziehen. Sie hatte ein Wohnzimmer, zwei Schlafzimmer, Küche und Bad und wurde von 9.00 bis 17.00 Uhr von einem Architekten als Büro benutzt. Außerhalb dieser Stunden stand sie zu unserer Verfügung für eine Miete von 300 frs im Monat. Da ich die 500 frs, die ich monatlich bei den Alten verdiente, gespart hatte, ergriff ich die Möglichkeit, kündigte und machte mich selbständig.

Nun begann eine ausgefüllte Zeit. Endlich, mit 21 Jahren, war ich unabhängig, konnte meine Zeit einteilen wie ich wollte und anfangen, für die Universität zu arbeiten. Daneben ging ich alle Abende zu den Pfadfindern, zum Chor, Volkstanz und Theater.

An den Wochenenden spielten wir mit den Comédiens Routiers unter der Leitung von Jacques Huisman (der später Directeur du Théâtre National in Brüssel wurde, sein Bruder Maurice Directeur de l'Opéra de la Monnaie) auf den Dörfern Theater und diskutierten nächtelang am Lagerfeuer über die politische Lage, hauptsächlich über den spanischen Bürgerkrieg. Viele Studenten der ULB hatten sich in der Internationalen Brigade engagiert. Kameraden unserer Pfadfindergruppe, »le Groupe Honneur«, gingen nach Barcelona, um dort ein Kinderheim einzurichten und die bedrohten Kinder und Kriegswaisen nach Belgien zu holen. Dagegen traten die Ereignisse in Deutschland in den Hintergrund: der Einmarsch deutscher Truppen in das 1919 entmilitarisierte Rheinland und die Einführung der allgemeinen Dienstpflicht. Viele waren begeistert von der guten Organisation der Olympischen Spiele in Berlin im Sommer 1936.

Im Sommer arbeitete ich wieder in dem Kinderheim in Duinbergen, um das nötige Geld für ein weiteres Studienjahr zu verdienen. Die Schwierigkeit war, gleichzeitig meine Examen vorzubereiten; es gibt ein Foto, das zeigt, wie ich auf dem Bauch im Sand liege, das Kollegheft vor meiner Nase und drei Kinder auf meinem Rücken reitend. Trotzdem ging ich um Mitternacht, wenn die Lichter auf dem Deich ausgingen und alle Kinder schliefen, in der Nordsee schwimmen, wo die Funken vom Meeresleuchten von meinen Fingern sprangen.

Für die Examenstage bekam ich frei, um nach Brüssel zu fahren. Entgegen allen Erwartungen kam ich »mit Auszeichnung« durch die »première candidature en sciences pédagogiques«.

Trotzdem mußte ich einsehen, daß ich angesichts der allgemein herrschenden Krise und Arbeitslosigkeit mit dem Universitätsstudium allein wahrscheinlich niemals eine Arbeitsmöglichkeit in Belgien finden würde. So entschloß ich mich im September 1937, gleichzeitig das Studium an der »Ecole Supérieure d'Assistance Sociale« anzufangen. Das Programm war auch praktischer als an der Universität, was mir mehr lag, wenn es auch zum Teil durch die gleichen Professoren gegeben wurde wie an der Uni, z.B. durch Aimée Racine, mit der ich bis zu ihrem Tod 1980 befreundet geblieben bin.

Gleichzeitig zog ich in eine richtige kleine Wohnung in Woluwé, zusammen mit meiner Freundin Lisa Seckbach. Sie verdiente als Sekretärin genug, um die Miete zu bezahlen. Ich sollte dafür die Wohnung putzen und in Ordnung halten.

Es wurde eines der schönsten und arbeitsreichsten Jahre meines Lebens. Lisa und ich verstanden uns so gut, daß wir »das Buch vom glücklichen Haushalt« schreiben wollten. Wir kochten und flöteten zusammen, lasen Gedichte und diskutierten nächtelang. Ich fuhr um 8.00 Uhr mit dem Rad zur Ecole Sociale, blieb bis 12.00 Uhr, dann wieder von 14.00 bis 16.00 Uhr; von 16.00 bis 18.00 Uhr zur Uni für die zweite Kandidatur und abends meistens noch zu den Pfadfindern.

Um 23.00 Uhr fing ich dann an die Wohnung zu putzen und für den nächsten Tag zu kochen. Einmal bin ich darüber eingeschlafen, bis ich durch den Gestank der angebrannten Bohnen geweckt wurde. Danach las oder studierte ich noch – ich war jung, wißbegierig und lebenslustig.

Von 12.30 bis 13.30 Uhr unterrichtete ich Lilli Bernhard (17 Jahre alt) in französischer Stenografie. Sie war ein sehr sympathisches Mädchen aus Berlin. Ihre Eltern hatten mich darum gebeten und bezahlten sogar 10 frs pro Stunde, wofür ich einmal in der Stadt essen konnte in einem jüdischen Restaurant, wo sich alle hungrigen Emigranten trafen.

Ich kaufte ein Buch über französische Stenographie, lernte jeden Abend eine Lektion und lehrte diese dann Lilli am nächsten Tag. Auf diese Weise habe ich gut französische Steno gelernt.

Lilli war in einer radikal sozialistisch-zionistischen Jugendgruppe, von der sie viel erzählte. Sie war jugendbewegt wie die Pfadfinder und die deutsche Jugend, mit Singen, Wandern und Kampieren. Daneben bereiteten sich die jungen Menschen intensiv auf ein Leben in Israel vor mit Landwirtschaft, Handwerk und Sprache lernen.

Am 13. Mai 1940, nach dem Einmarsch der Deutschen in Belgien, wurden ihre Eltern und ihr älterer Bruder von der belgischen Sûreté (Sicherheitspolizei) festgenommen und zusammen mit Hunderten anderer »feindlicher« Ausländer: jüdischen Emigranten, deutschen Nazis, flämischen Nationalisten, alles durcheinander, in einen Zug nach Frankreich gesteckt. Nach zwei Tagen in verschlossenen Viehwagen, ohne Essen und ohne Wasser, kamen sie in Gurs an, in der Nähe der französischen Pyrenäen und wurden in einem verlassenen französischen Militärlager untergebracht.

Nachdem die Deutschen bis zum 21. Juni 1940 ganz Frankreich erobert hatten (bis auf die »zone non-occupée« südlich der Loire), befreiten sie im Juli die Deutschen und deutschfreundlichen Ausländer, während die Juden im Lager zurückblieben.

Lillis Bruder gelang es zu entfliehen. Er schlug sich in die »zone non occupée« durch und 1944 von dort aus in die Schweiz. Als er 1945 endlich nach Israel gelangte, wurde er bei der – illegalen – Landung (Großbritannien hatte 1939 die jüdische Einwanderung in Palästina gesperrt) von den Engländern erschossen.

Die Eltern wurden 1943 mit Tausenden anderen aus Gurs nach Auschwitz deportiert und sind dort umgekommen.

Lilli war mit ihrem zwölfjährigem Bruder gerade nicht zu Hause, als ihre Eltern verhaftet wurden. Sie blieb bei einer Tante in Brüssel, wo ich sie noch mehrmals sah.

Anfang 1942, sie war gerade 21 geworden, nahm sie ihren kleinen Bruder bei der Hand und machte sich zu Fuß und mit falschen Papieren auf den Weg in das unbesetzte Frankreich. Nach vielen Abenteuern erreichte sie 1944 die Schweiz, wo sie in einem Pestalozzi-Dorf für Flüchtlingskinder arbeitete. Hier lernte sie ihren zukünftigen Mann Joshko kennen, der mit 40 jüdischen

Kindern aus dem von Deutschland besetzten Jugoslawien über Italien in die Schweiz geflüchtet war. 1945 sind sie unter den größten Schwierigkeiten nach Palästina gegangen, wo sie sich endlich zu Hause fühlten. Sie zogen in ein Kibbuz (namens Gat) im Norden der Negev-Wüste. Ihre drei Kinder sind im Zelt geboren. Jetzt ist Gat eine blühende Plantage mit Orangen, Avocados und Baumwolle, mit 100 Kühen und 100.000 Küken, einer Saftfabrik und 600 Einwohnern, davon 300 Kinder.

Ich habe sie 1980 vier Wochen lang besucht und festgestellt, daß das Kibbuz immer noch nach dem Prinzip der Pioniere funktioniert: jeder arbeitet soviel er kann und bekommt, was er nötig hat. Alles wird gemeinschaftlich beschlossen. Zusammen wird auch für die Kindererziehung, die Mahlzeiten und die Wäsche gesorgt, so daß die Eltern nach Feierabend, von 16.00 bis 20.00 Uhr, sich ungestört mit ihren Kindern beschäftigen können.

Doch hierüber könnte ich noch einen ganzen Bericht schreiben.

Kehren wir zurück zu meinem persönlichen Leben im Jahre 1937.

Im November organisierte der »Cercle de pédagogie de l'ULB« in dem Lokal L'Horloge an der Porte de Namur in Brüssel einen Tanztee. Ich hatte keine Lust hinzugehen, hatte auch nichts Richtiges anzuziehen, aber man sagte mir, ich müsse kommen, es kämen so wenig Leute.

Ich ging also hin in einem wollenen Kleid und setzte mich an einen Tisch mit vier anderen Studentinnen. Ein junger Mann verbeugte sich vor uns. Die vier anderen standen auf, aber es stellte sich heraus, daß er ausgerechnet mit mir tanzen wollte. Bald merkten wir beide, daß wir lieber weggehen und zusammen essen wollten. Auf dem Weg fragte er mich, wie ich hieße. Ich sagte ihm, daß er meinen Namen doch nicht aussprechen könnte (das Ganze spielte sich auf französisch ab), und ich war sehr erstaunt, daß er es doch konnte. Als er seinen Namen nannte: Jan de Man, fragte ich ihn, ob er etwas mit dem Plan de Man zu tun hätte. »Das ist mein Bruder«, antwortete er. Nach dem Essen verabredeten wir uns für die nächste Woche, an einer Straßenbahnhaltestelle in der Rue de la Loi, wo er bei seinem Vater im Finanzministerium wohnte.

Als ich ankam, war niemand da, so daß ich nach einer Viertelstunde wegging und nichts mehr von mir hören ließ. Jan hingegen erzählte: »Als ich ankam, war niemand da, so daß ich nach einer Viertelstunde wegging und nichts mehr von mir hören ließ.« Dieses Rätsel ist bis heute noch nicht gelöst.

Im Juni 1938 machte ich mein erstes Examen an der Ecole Sociale. Bei der Proklamation wurde ich als erste genannt. Ich bekam das Heulen: wieder Diskrimination und Apartheid als Ausländer! Erst danach kapierte ich, daß die Namen in der Reihenfolge der Resultate vorgelesen wurden und daß ich »mit 92% der Punkte« als Beste bestanden hatte – mir gänzlich unverständlich, da ich ja immer noch Schwierigkeiten mit der französischen Sprache hatte.

Den Sommer über arbeitete ich wieder im Kinderheim, und im September machte ich mein Examen »de deuxième candidature en sciences pédagogiques«. Da das zweite Jahr an der Ecole Sociale zur Hälfte aus Praktika bestand, die mir keine Zeit zum Studium gelassen hätten, beschloß ich, die Uni erstmal aufzugeben.

Als ich am 9. November 1938 in die Schule kam, fragten meine Freundinnen mich besorgt, wie es meiner Familie in Deutschland ginge.

Ich hatte weder Radio gehört noch Zeitung gelesen und wußte noch nichts von der »Kristallnacht«: Zerstörung der Synagogen und jüdischen Läden und Verhaftung aller jüdischen Männer. Über den Vater einer Freundin, der luxemburgischer Gesandter in Berlin war, erfuhr ich dann folgendes.

Meine Mutter war am 8. November 1938 in Köln bei Brechts, mein Vater war allein zu Hause. Im Laufe des Tages riefen Freunde ihn an, ob er denn immer noch da wäre, ob er nicht lieber ausgehen wolle? Mein Vater wußte von nichts (in unserem stillen Vorort von Berlin war nichts zu merken) und begriff nicht, was dieser Anruf bedeuten sollte. Abends rief unser Polizeikommisar an, den mein Vater gut kannte: »Herr Regierungsrat, würden Sie wohl bitte herkommen, ich muß Sie sprechen!« Als guter preußischer Beamter nahm mein Vater seinen Hut und ging zur Polizei. Hier eröffnete man ihm, daß man Befehl hätte, ihn ins Konzentrationslager Oranienburg zu bringen. Dort standen sie zu Tausenden die ganze Nacht auf dem Lagerhof. Man schnitt ihnen die Haare vom Kopf, nahm ihnen alles, was sie auf dem Leibe trugen, und steckte sie in Sträflingskleidung, den berühmten KZ-Pyjama.

Meine Mutter kam aus Köln angerast und setzte alle Hebel in Bewegung, um Vater aus dem KZ zu kriegen. Unser Briefträger hatte bei ihr geklingelt, gebeten, ob er in die Wohnung kommen dürfte, und ihr beinahe heulend vor Aufregung und Scham eine vorgedruckte Postkarte aus Oranienburg (nördlich von Berlin) überreicht. Auf diese Weise wußte Mutter, wo Vater sich befand.

Wir hatten einen guten Freund, Professor Klaus Schilling, »Onkel Klaus«, wie wir ihn als Kinder nannten, ein unendlich gütiger und hilfsbereiter Mensch. Er war der zweite Ehemann einer Schulfreundin meiner Mutter in Hamburg. Seine älteste Tochter hatte 1934 einen Juden geheiratet, sich zum Judentum bekehrt und lebte jetzt in Israel, d.h. dem damaligen Palästina. Seine andere Tochter war mit einem Norweger verlobt. Klaus hatte vor dem Ersten Weltkrieg als junger Arzt in Deutsch-Ostafrika, dem späteren Tanganyika, gearbeitet und sich hauptsächlich mit der Bekämpfung der Schlafkrankheit beschäftigt. Nach dem Krieg, 1918, ließen ihn die Engländer, die das Gebiet als Mandat übernommen hatten, nicht mehr herein. Er war überzeugt, daß er auf gutem Wege war, die Schlafkrankheit auszurotten, und ließ sich mit dem Flugzeug Tsetsefliegen aus Afrika bringen, mit denen er in Berlin am Max Planck Institut weiter experimentierte. Wir besuchten ihn dort und sahen fasziniert zu, wie er weiße Mäuse infizierte.

1939 war es so weit, daß er davon träumen konnte, Afrika schlafkrankheitsfrei machen zu können. Im Krieg ließ er sich dazu überreden, im Konzentrationslager Dachau zu arbeiten. Er stellte als Bedingung, daß die Häftlinge für seine Versuche normale Ernährung und normale Arbeitsbedingungen bekommen müßten, was er auch erreichte. Er konnte dadurch beweisen, daß 97% aller infizierten Fälle geheilt werden konnten. Als 1945 die Amerikaner das KZ befreiten, hängten sie Klaus Schilling auf und nahmen die Kartothek und Dokumentation über seine Versuche mit, um sie in Amerika auszuwerten.

Dieser Klaus Schilling also schrieb einen Brief an Göring, daß mein Vater als Kriegsfreiwilliger 1916 in Bulgarien Malaria bekommen hätte, unter deren Folgen er noch litte (was nicht stimmte) und daß er sofort befreit werden müßte. Göring verfügte dann, daß alle jüdischen Kriegsteilnehmer aus dem KZ entlassen werden müßten, unter der Bedingung, daß sie sich verpflichteten, Deutschland zu verlassen.

Am 16. Dezember 1938 wurde mein Vater zur Lagerkommandantur gerufen. Man händigte ihm den Sack mit all seinen Besitztümern aus, die man ihm bei der Einlieferung abgenommen hatte (unter anderem einen kleinen Holz-Elefanten, den er als Talisman später nach Brasilien mitgenommen hatte und der jetzt auf meinem Schreibtisch steht) und ließen ihn aus dem Lagertor.

In der Stadtbahn fragten verschiedene Leute ihn eifrig (er war mit seinem geschorenen Kopf leicht als KZ-Häftling zu erkennen), ob sie ihm helfen könnten, ob er genug Geld hätte und ob er ein Zuhause hätte. Mein Vater wehrte lächelnd und dankbar ab.

Nachmittags schrieb er mir nach Brüssel: »Mein geliebtes Kind, schnell die gute Nachricht, daß ich heute Nachmittag wohl von meiner Reise heimgekehrt bin, es geht mir soweit gut. Nach einem ebenso nötigen wie herrlichen Bad aßen wir schön zu abend, es ist wunderbar warm und draußen sooo kalt! Ganz bald mehr. – Von Herzen grüßt Dich Dein Vater.«

Er hat beinahe nie über seinen KZ-Aufenthalt gesprochen, nur daß sie beim Appell stundenlang auf dem eisigen Hof stehen mußten, und daß junge SS-Schnösel von Zeit zu Zeit jemanden ins Gesicht schlugen. Ihm selbst sei das nicht passiert, da er sie mit so durchdringender Verachtung und Furchtlosigkeit angesehen hätte, daß sie selbst die Augen niederschlugen (Tiere können es bekanntlich auch nicht aushalten, daß Menschen ihnen lange in die Augen schauen).

Auch habe er die Erfahrung gemacht, daß Waschen eine Frage der Ästhetik und nicht der Hygiene sei, und daß Walfischfleisch nach Lebertran schmeckt, aber nahrhaft sei.

Ich kann hier vielleicht einflechten, daß auch ich im Krieg die Erfahrung gemacht habe, daß, wenn man selbst Furchtlosigkeit und innere Überlegenheit zeigt, die meisten Leute einem nichts tun. Ich habe das mit deutschen Soldaten erfahren, die mich anhalten wollten und mit belgischen Resistenzlern, die mit der Pistole auf mich gerichtet wissen wollten, wo mein Mann sei.

Doch davon später.

Jetzt kam es erstmal darauf an, meinen Vater aus Deutschland herauszukriegen. Ich lief in Brüssel von Pontius zu Pilatus. Professor Huisman schickte mich zum Justizminister Soudan und zum Chef der Sicherheitspolizei De Foy, aber alle waren so überlaufen mit Flüchtlingen, legalen und illegalen, daß nichts zu machen war. Professor Marouzeau von der Sorbonne, ein Jugendfreund meiner Mutter, versuchte es in Paris – aussichtslos. Arnold Brecht in Amerika fand auch niemanden, der eine Bürgschaft für einen Unbekannten geben wollte, da alle mehr als genug eigene Verwandte und Bekannte in der Lage meines Vaters hatten. Nach Monaten gelang es endlich, ihm ein Einreisevisum für Brasilien zu verschaffen. Daraufhin bekam er auch ein Transitvisum für Belgien und Frankreich, so daß er mit dem letzten Flugzeug vor Kriegsausbruch nach Brüssel kommen konnte.
Doch soweit sind wir noch nicht.

Im Januar 1939 machte ich ein Praktikum in der Bahnhofsmission am Nordbahnhof in Brüssel. Dort holten wir die jüdischen Kinder aus dem Zug, die ihre Eltern in Köln in den Zug gesteckt hatten in der Hoffnung, daß sie in Brüssel aufgefangen würden. Wir brachten sie in das Heim für jüdische Flüchtlingskinder General Bernheim in Zuen.
Februar-März arbeitete ich auf dem Flüchtlingskomitee vom Roten Kreuz. Wir gaben den Emigranten, die meistens über die »Grüne Grenze« gekommen waren, d.h. ohne offizielle Einreiseerlaubnis, Bons für Essen und Übernachtungsmöglichkeit bei der Heilsarmee, aber Papiere konnten wir ihnen nicht beschaffen. So wurden sie meistens von der belgischen Polizei zurückgebracht an die deutsche Grenze, von wo aus sie dann in der nächsten Nacht wieder nach Belgien kamen. So hatten wir schon unsere »festen Kunden«, denen wir »auf Wiedersehen in ein paar Tagen!« sagten.
Ab 1. Mai 1939 wurde ich pädagogische Leiterin in dem Kinderheim in Zuen. Wir hatten 40 jüdische Flüchtlingskinder aus Deutschland zu betreuen, alles Mädchen von 4 bis 16 Jahren. Ich war glücklich, hier meine Ideen über moderne Erziehung à la Decroly u.ä. anwenden zu können, und wurde dabei unterstützt von dem Hoofdinspecteur (Schulrat) der Stadt Brüssel und von Aimée Racine, Professeur de psychologie sociale à l'ULB. Ich habe später über diese Erfahrungen meine Thesis für die Ecole Sociale geschrieben: »Observations sur le développement de l'esprit social dans un groupement d'enfants«, die ich 1941 auf dem Ministère de la Justice vor Mme Hamaide, Directrice de l'École Nouvelle, verteidigt habe, »avec félicitations du jury«. Draußen patrouillierten die Soldaten der deutschen Besatzungsmacht.

Daneben ging mein persönliches Leben auch weiter.
Im Februar 1939 fuhr ich mit dem Rad von der Uni nach Ukkel, in großer Eile die avenue Defré hinunter. Plötzlich stellte sich ein Auto quer über den

Radfahrweg, so daß ich stoppen mußte. Aus dem heruntergedrehten Fenster schaute ein junger Mann mit einem Kaktus auf dem Schoß und fragte: »Sind Sie nicht Marlene Flechtheim?« Mit großer Mühe erkannte ich Jan de Man.

Ich gab ihm meine Adresse, und wir sahen uns mehr und mehr. Erst abends in Cafés, im Frühling sonntags beim Wandern in Sonne und Regen, wenn er nicht mit seinem Vater fischen ging. Wir kletterten über Zäune und Brücken an der Senne und picknickten im hohen Gras, wobei er die Butterbrote schneller aufaß, als ich sie streichen konnte. Im Juli paddelte er mutterseelenallein im Faltboot mit Zelt von Wien bis Budapest die Donau hinunter, obgleich schon überall von Krieg gemunkelt wurde. Die Wiedersehensfreude nach der Fahrt war groß.

Im August stieg die Kriegsspannung immer höher.

Am 20. August 1939 kam mein Vater mit dem Flugzeug von Berlin in Brüssel an. Ich brachte ihn in einem kleinen Hotel in der Nähe von Zuen unter, wo mein Arbeitsvertrag mit dem jüdischen Kinderheim noch bis zum 1. September lief (das Heim war inzwischen als offizielle Schule anerkannt und bekam eine Lehrerin vom belgischen Staat).

Vater und ich hörten zusammen die Kleine Nachtmusik von Mozart – da hat er zum ersten und einzigen Mal geweint, bei dem Gedanken an den Abschied von Deutschland und Europa.

Nach einer Woche schon mußte er Belgien verlassen.

Am 27. August brachte ich ihn an den Südbahnhof in Brüssel an den Zug nach Paris. Der Bahnhof wimmelte von jungen Franzosen, die mobilisiert waren und nach Frankreich zurückmußten. Vater nahm mir das Versprechen ab, daß ich, wenn der Krieg wirklich ausbrechen sollte, Mutter nicht allein lassen würde. Er träumte davon, daß Mutter später zu ihm kommen würde, wenn er sich irgendwo eine neue Lebensmöglichkeit aufgebaut haben würde – er war jetzt 57 Jahre alt.

Die darauf folgende Woche brachte unerträgliche Spannung – jeden Tag wurde der Krieg wahrscheinlicher. Deutschland veröffentlichte täglich schlimmere Nachrichten über die »Terror-Akte der Polen gegen die Deutschen im polnischen Korridor« und versicherte, daß es sich das »nicht lange mehr gefallen lassen würde«.

Berlin 1939–1940

Sollte ich zu meiner Mutter nach Berlin fahren oder nicht?

Am 31. August abends ging ich zu Jan. Wir telefonierten mit dem Nordbahnhof. Es gab keine Züge mehr nach Deutschland. Jan sagte: »Bleib bei mir.« Ich fragte: »Wie lange?« – »Solange unsere Enkel uns nötig haben.« – »Ist das ein Heiratsantrag?« – »Ja!«

Daraufhin gingen wir am nächsten Morgen zum Standesamt und bestellten das Aufgebot.

Am 1. September 1939 war es soweit. Deutschland marschierte in Polen ein »zum Schutz der dortigen deutschen Minderheit«, nachdem es am 23. August einen Nichtangriffspakt mit Rußland geschlossen hatte, wofür dieses den östlichen Teil von Polen bis zur Curzonlinie zugesagt bekam, sowie die baltischen Staaten Litauen, Lettland und Estland, aus denen 500.000 Deutsche ins Reich »umgesiedelt« wurden.

Diesmal blieben Frankreich und Großbritannien nicht passiv wie beim deutschen Einmarsch ins Rheinland am 7. März 1936, das seit dem Abzug der alliierten Truppen 1930 demilitarisiert war, in Österreich am 12. März 1938 und in die Tschechoslowakei am 15. März 1939. Am 3. September 1939 erklärten sie Deutschland den Krieg. Belgien blieb neutral, mobilisierte aber auf alle Fälle.

Am selben Tag war Jan zum Mittagessen bei seinem Vater, der gerade Minister ohne Portefeuille in der neuen Regierung »d'unité nationale« geworden war. Als Jan ihm seine Heiratspläne eröffnete, erklärte der Vater, daß dies nicht der Augenblick wäre, um eine Bindung einzugehen.

Jan teilte mir dieses abends »in unbequemer Stellung« mit.

Daraufhin beschloß ich, sofort wegzufahren. Es stellte sich heraus, daß es wieder einen Zug nach Köln gab. Jan brachte mich um 18.46 Uhr an den Nordbahnhof und fuhr noch bis Aachen mit.

In Köln war Verdunkelung und Fliegeralarm. Ich rief bei Brechts an und fragte, ob ich bei ihnen übernachten könnte. Am nächsten Tag fuhr ich nach Berlin weiter. Mutter empfing mich in der kleinen Altbauwohnung mitten in der Stadt, in die sie gezogen war, nachdem sie nach der Rückkehr meines Vaters aus dem KZ aus der Beamtensiedlung in Südende herausgeworfen waren. Sie war verzweifelt über meinen plötzlichen Entschluß wieder nach Deutschland zu kommen, wo ich keine Zukunft hätte. Nur Käthchen, die Getreue, freute sich, »ihr Kind« wieder zu haben.

Die ersten Wochen war ich wie betäubt. Jan schrieb jeden Tag eine Postkarte.

Ich suchte eine Beschäftigung, möglichst eine bezahlte Arbeit. Wir hörten von einer Bekannten, daß sie eine Sekretärin für ihren Möbel- und Kunstgewerbeladen suchte. Ich stellte mich vor und erklärte, daß ich »Halbarierin« sei. »Das war meine vorige Sekretärin auch« war die Antwort, und ich wurde sofort eingestellt. Es stellte sich heraus, daß meine Chefin früher sozialdemokratische Abgeordnete gewesen war und eine sehr energische und humorvolle Frau, mit der ich mich gut verstand.

Langsam fand ich meine alten Freundinnen wieder. Ich ging in unseren evangelischen Singkreis, und wir sangen in Dahlem für Niemöller, als er aus dem KZ zurückkam.

Zu Weihnachten kam Jan nach Berlin. Mutter nähte ihm Knöpfe an seinen Anzug. Er schmückte unseren Weihnachtsbaum mit einer Hand in der Hosentasche und wir gingen ins Aquarium und sahen zu, wie ein Hecht einen anderen auffraß.

Zu Ostern trafen wir uns in einem kleinen Gasthof im Bergischen Land östlich von Köln. Wir verabredeten uns zu einer Paddelfahrt auf den Mecklenburgischen Seen nördlich von Berlin, am 11. Mai 1940, für die Pfingstferien.

Vom Krieg merkte man in dieser Zeit nicht viel.

Am 8. April rief ich meine Freundin Dodi an (Tochter von Klaus Schilling), die am nächsten Tag zu ihrem Verlobten nach Norwegen fahren sollte. Heute morgen aber hatten deutsche Truppen Dänemark überrannt und griffen Norwegen an, das sich mit britischer Hilfe wehrte, aber bald überwältigt wurde. Ich versuchte sie zu trösten und erzählte ihr von meinen Plänen mit Jan.

Zum 1. Mai kündigte ich meine Stellung in der Heimkunst, da wir damit rechneten, daß ich wieder zu Jan nach Belgien gehen würde. Am 9. Mai brachte ich den Faltboot-Zweier, den meine alte Sport- und Musiklehrerin mir geliehen hatte, zum Stettiner Bahnhof, damit wir am Sonnabend den 11. Mai, nach der Ankunft von Jan in Berlin, gleich losfahren könnten.

Am 10. Mai morgens rief Dodi mich an, ob ich schon Radio gehört hätte. Die Deutschen sind in Holland und Belgien eingefallen.

Diesmal war es richtiger Krieg.

In Belgien mußten alle Männer zwischen 16 und 35 Jahren, die nicht in der Armee kämpften, sich in Richtung Frankreich begeben. Die deutschen Stukas (eine neue Erfindung: Sturzkampfflugzeuge) säten Tod und Verderben unter den zwei Millionen Flüchtlingen, die zusammen mit den Truppen die Straßen verstopften.

Am 15. Mai 1940 kapitulierte Holland, am 28. Mai Belgien und am 26. Juni Frankreich.

Post aus Belgien gab es nicht mehr. Wo Jan war, wußte ich nicht. Mein Vater war im November 1939 mit dem letzten Schiff nach Brasilien entkommen. Das einzige, was ich aus Belgien hörte, war, daß mein Vetter Nils beim Angriff auf das Fort Eben Emael einen Kopfschuß bekommen hatte und monatelang im Lazarett versorgt werden mußte. (Er ist dann 1945 in Rußland verschollen.)

Ende Juli kam die erste Nachricht: Jan lebte und war in Brüssel geblieben. Die Arbeit bei der Sofina war zu Ende, und er war dabei, eine neue Stellung zu suchen.

Ostpreußen 1940–1941

Ich war inzwischen bei meiner Freundin in einem Dorf in Ostpreußen gelandet. Sie hatte dort einen Müller geheiratet, hatte zwei Töchter von ein und zwei Jahren, einen Hof mit Pferden, Kühen, Schweinen und Geflügel und einen großen Gemüsegarten. Ich half in der Mühle, im Garten und bei den Kindern mit – das war besser, als untätig in Berlin zu sitzen.

Hier war der Krieg weit weg. Man hatte genügend Essen, und die tägliche Arbeit beanspruchte einen vollständig. Fast alle Familien hatten Söhne im Feld; viele waren schon gefallen. Die Stimmung war sehr anti-Nazi; die meisten Gutsbesitzer waren erzkonservativ. Sie konnten es nicht fassen:»Im Ersten Weltkrieg haben wir vier Jahre vor Verdun gelegen, und jetzt sind unsere Söhne einfach daran vorbeimarschiert!« Ich wurde überall in Freundschaft aufgenommen, obgleich mein Name keinen Zweifel über meine jüdische Herkunft ließ. Ich las viel, Psychologie von C.G. Jung und Soziologie von Karl Mannheimer, der jetzt in London dozierte. Wir machten auch Musik, Traude am Klavier und ihr Mann mit der Geige, und zogen einen Singkreis mit den Dorfmädeln auf.

Es gab polnische Gefangene, die bei den Familien wohnten und halfen und von ihnen beköstigt wurden als Ersatz für die deutschen Landarbeiter, die zur Wehrmacht mußten. Später kamen auch französische Kriegsgefangene (ich erinnnere mich an einen Friseur aus Lyon). Sie wunderten sich sehr, daß ich französisch mit ihnen sprach und ihnen Seife und Zigaretten zusteckte.

Von Jan bekam ich jetzt Nachricht durch meinen Vetter Hans Herman, der beim Pastor in Herenthout einquartiert war und den Jan dort besucht hatte. Jan arbeitete seit dem 1. September in Lüttich bei der FN und erwartete mein Kommen.

Mutter lief in Berlin von einer Behörde zur anderen, um für mich eine Einreiseerlaubnis ins besetzte Belgien zu bekommen.

Man sagte ihr, ich müsse beweisen, daß meine Reise »ein militärisches Bedürfnis« sei. Ich schrieb daraufhin als »Grund der Reise«: »Besuch des Verlobten und Heirat«. Anscheinend mußte der zuständige Offizier darüber so lachen, daß ich tatsächlich Anfang November ein Visum bekam. Ich fuhr sofort nach Berlin, packte meinen Koffer, ging zum Friseur, nahm Abschied von Mutter, fuhr nach Köln, übernachtete bei Brechts und nahm am 16. November 1940 den Zug nach Lüttich.

Ich fuhr erster Klasse in der Hoffnung, hier weniger streng kontrolliert zu werden, und geriet ins Gespräch mit einem älteren belgischen Herr, der sich als Dr. Borms vorstelllte. Er wurde von der Grenzkontrolle freundlich begrüßt, und mich übersah man. Ich dachte, der ganze Zug würde den Stein hören, der mir vom Herzen fiel.

In Lüttich war kein Jan am Bahnhof zu sehen. Ich ging ins Bahnhofsrestaurant und wartete, bis er eine Stunde später erschien. Er war in der Fabrik noch aufgehalten worden. Wir fuhren gleich nach Brüssel zu seiner Schwester Li und ihrem Verlobten Yves und gingen am nächsten Tag mit ihnen zum Vater, um seinen fünfundfünfzigsten Geburtstag zu feiern. »Das alles will nun heiraten? Ich rate dringend ab!« sagte er zu uns vieren. Aber dieses Mal ließen wir uns nicht von unserem Vorhaben abbringen. Li und Yves heirateten am 18. Dezember 1940.

Lüttich 1941–1942

Jan und ich mußten erstmal eine Wohnung in Lüttich finden. Er hatte im August seine Wohnung in Brüssel aufgelöst und seine Möbel Li gegeben. So mußten wir erstmal etwas Möbliertes suchen. Nach zwei Tagen im Hotel fand ich zwei Zimmer mit Küchenbenutzung am Place Coronmeuse, den wir nur zu überqueren brauchten, um die Faltboote in die Maas zu setzen.

Dann begann die Jagd nach den Papieren für die Heirat. Damals mußte man noch die Zustimmung der beiden Elternpaare haben, auch wenn man 27 und 25 Jahre alt war. Mein Vater war in Brasilien, meine Mutter in Berlin, Jans Mutter war nicht aufzufinden, sein Vater saß in Brüssel, aber er war bereit, seine schriftliche Zustimmung zu geben.

Am 4. Januar 1941 gingen wir zum Notar, um einen Heiratsvertrag mit Gütertrennung zu schließen. Dieser Vertrag hat uns später finanziell gerettet. Als wir nach Hause kamen, saß ein junger deutscher Offizier in unserem Zimmer und bastelte an dem Schachbrett, das Jan angefangen hatte: es war mein lieber Vetter Hans Herman! Er hatte einen Rucksack voll Familiensilber mitgebracht, das er aus Berlin über Hamburg und Herenthout nach Lüttich geschmuggelt hatte. Das erste Stück für unseren Haushalt. Wir wanderten am nächsten Tag an der Maas entlang und freuten uns an gemeinsamen Kindheitserinnerungen. Im Juli 1941 ist Hans Herman in Rußland gefallen, 20 Jahre alt. Nach dem Krieg wurden wir schwer beschuldigt, deutsche Offiziere empfangen zu haben.

Am 11. Januar 1941 war das halbe Kilo Heiratspapiere bereit.

Die Trauung sollte um 11.00 Uhr im Gemeindehaus von Herstal stattfinden. Um 9.00 Uhr telefonierte ich von unserem Fleischer aus mit dem Standesamt, ob die Heirat nun stattfinden könnte. Das Standesamt antwortete: »Ja, wenn der Staatsanwalt einverstanden ist.« Ich telefonierte mit dem Staatsanwalt: »Ja, wenn der deutsche Konsul einverstanden ist.« Ich telefonierte mit dem deutschen Konsul: »Ja, wenn das Standesamt einverstanden ist.« Um 11.00 Uhr telefonierte ich mit dem Standesamt, um zu sagen, daß jeder einverstanden sei. Wir fuhren mit der Straßenbahn hin, zwei alte Briefträger, die im Gemeindehaus herumsaßen, fungierten als Trauzeugen, und um 13.00 Uhr waren wir getraut. Wir spazierten an die Maas und sahen den treibenden Eisschollen zu. Abends gingen wir in ein Restaurant, wo man noch ohne Lebensmittelkarten essen konnte. Am Nebentisch saß ein junger Fliegeroffizier, der mit mir flirten wollte. Jan schickte ihm unsere Heiratsanzeige hinüber, er kam an unseren Tisch, trank viel Alkohol und jammerte den ganzen Abend, wie schrecklich es sei, gegen England fliegen zu müssen. Um Mitternacht waren wir im Bett.

Am 1. Februar 1941 fing ich ein Praktikum im Laboratoire de Pédagogie in Angleur an, um im Juli mein Examen als Assistante Sociale machen zu können. Mai-Juni schrieb ich meine Thesis über meine Arbeit im jüdischen Kinderheim, und im Juli machte ich dann mein letztes Examen an der Ecole Sociale in Brüssel.

Am 17. Februar wurde Jan zum 1. März gekündigt. Er schrieb unzählige Briefe, ging aufs Arbeitsamt und klapperte alle Fabriken in Herstal ab. Am 10. März konnte er in der Fabrik Piper anfangen, die unter deutscher Verwaltung stand, wie die meisten Unternehmen. Sein Chef, Ernst von Conta, war sehr nett. Er lud uns zum Abendessen ein und fütterte uns mit Setzeiern. Die Sekretärin besorgte meine Briefe an Mutter über Feldpost, so daß wir die Zensur umgehen konnten. Die Firma sorgte für Weißkohl, Jan für Fässer, um Sauerkraut für die Arbeiter zu machen. Auch Kartoffeln bekamen wir manchmal extra.

Ende März kauften wir statt Trauringen einen Faltboot-Einsitzer für mich, und Jan brachte mir, als strenger aber guter Lehrer, auf Maas und Ourthe Paddeln in fließendem Wasser bei.

Als wir am 22. Juni 1941 von einer Wochenendfahrt auf der Maas zurückkamen, erfuhren wir, das Deutschland Krieg mit Rußland angefangen hatte. Jetzt wurde es ganz ernst und unheimlich.

Ich begann wieder mein Studium an der Universität in Lüttich: première licence en sciences pédagogiques.

Der Winter war sehr schwer. Jan arbeitete von 7.00 Uhr morgens bis 18.30 Uhr abends, kam todmüde und verfroren nach Hause, so daß wir nur sonntags etwas unternehmen konnten. Am 25. März 1942 klappte er, nach einer Paddelfahrt auf der Salm, wobei er umgeschlagen war, im Büro zusammen und bekam 14 Tage Krankenurlaub. Danach hatte er eine leichtere Arbeit von 8.00-17.30 Uhr, und wir konnten etwas »entblöden«. Zum Trost konnte ich ihm mitteilen, daß wir Ende November ein Kind haben würden.

Das Baby bekam im Juli bereits seine erste Lebensmittelkarte und schlug während des Psychologie-Kollegs in der Uni mit den Füßen gegen das Pult. Kein Wunder, daß Piet später auch Psychologe geworden ist.

Brüssel 1942–1947

Inzwischen versuchte Jan immer wieder in Brüssel Arbeit zu finden. Am 22. September 1942 kam Yves, um ihm vorzuschlagen, Senator von Groß-Brüssel zu werden, zuständig für Wasser, Gas und Elektrizität. Diese rein technische Tätigkeit interessierte Jan sehr. Außerdem wurde ihm gesagt, daß man gern einen nicht-politischen Senator haben wollte als Gegengewicht zu den anderen »Ordre Nouveau« Leuten.

Am 26. September 1942 war die Vereidigung der 12 Senatoren, die die Arbeit der 120 Beigeordneten der 19 Randgemeinden übernahmen, mit ihrem Bürgermeister Jan Grauls, der ebenfalls Vollzeit-Beamter wurde, um alle seine schwierigen Aufgaben erfüllen zu können.

Am 28. September fing Jans Arbeit an: dafür zu sorgen, daß die Millionen Einwohner von Groß-Brüssel Gas und Elektrizität bekamen. Dafür mußte er bei den deutschen Behörden mit der Faust auf den Tisch schlagen, um die nötigen Kohlen zu bekommen. Am meisten Freude machte ihm das Einrichten und Verbessern von Schwimmbädern und Badeanstalten. Als es nicht mehr genügend Gas für die Haushalte gab, richtete er öffentliche Garküchen ein, wo die Leute ihr Essen kochen konnten.

Ich machte noch schnell Examen: première épreuve d'aptitude à la fonction de conseiller d'orientation scolaire et professionelle. Dann ging es wiedermal auf Wohnungssuche: das dritte Mal in zwei Jahren. Da Jan jetzt 5.000 frs im Monat verdiente statt 3.000 frs wie in Lüttich, konnte ich nach etwas Besserem ausschauen. Ich fand eine wunderschöne Fünfzimmerwohnung im fünften Stock in der Emile Clausstr., einer Nebenstraße der Avenue Louise, dicht am Wald nach Süden.

Am 22. November 1943 wurde Mutters Wohnung durch Phosphorbomben restlos zerstört, mit all unseren schönen Barockmöbeln und Kunstwerken: die geliebte Jade-Kuh, der heilige Johannes, zwei Lithographien von Renoir usw.

Mutter selbst war seit August nach Ostpreußen evakuiert, wo sie bei Traude wohnte und ihr in Haus und Garten half.

Auch das Leben im besetzten Belgien wurde immer schwieriger. Alles drehte sich um die tägliche Lebensmittelversorgung. Wir hatten Anrecht pro Tag und pro Person auf 250 g Brot, 500 g Kartoffeln, 50 g Fett, 20 g Fleisch und pro Monat 1 kg Zucker und 250 g Kaffee. Aber die Läden waren oft leer. Man mußte für alles anstehen, und die Qualität der Waren war schlecht. Ich machte ganze Menüs aus Kohlrüben: Suppe, Bouletten (mit vielen Kräutern), Frites in Wasser gekocht, Kompott – alles bestand aus Kohlrüben.

Zu Weihnachten backte ich Kuchen aus Kastanienmehl und Wurzeln.

Gerettet hat uns der Hering. Denn ab Herbst 1942 gab es plötzlich Riesenmengen Heringe (man munkelte, daß die Fische durch die vielen versenkten Schiffe so gut genährt waren, aber das hinderte uns nicht, sie mit Vergnügen zu verspeisen). Ich habe in einer Nacht (am Tage gab es nur eine halbe Stunde morgens, mittags und abends Gas) 100 Heringe geputzt, gewaschen und in Salz und Essig eingelegt.

In die Maternité (Klinik) brachte Jan mir boestring (geräucherten Hering), da es dort nur abwechselnd Milch mit Mehlklümpchen und Milch mit Zwieback gab. Die anderen Frauen hatten Weißbrot mit Butter. Doch Jan hielt streng darauf, daß wir nichts auf dem schwarzen Markt kauften, wie es sonst fast alle anderen Leute taten. Dieses war nur durchzuhalten, weil Piet und Nik (geboren 7. März 1944) auch schon Lebensmittelkarten hatten, ich sie aber drei bzw. sieben Monate mit Muttermilch nährte, so daß Jan und ich praktisch doppelte Rationen Brot und Kartoffeln hatten. Trotzdem sah Jan sehnsüchtig zu, wenn die Kinder später ihren Milchpapp bekamen. Wenn sie ihn nicht aufaßen, bekam er den Rest.

Auch seine Arbeit wurde immer schwieriger. Er mußte sich mit den Deutschen herumschlagen, um Vorräte für die Brüsseler Bevölkerung zu bekommen, außerdem mit den Berufsschmugglern, die die Lebensmittelversorgung der Bevölkerung durcheinander brachten, und mit den Widerständlern, die die Lebensmittelvorräte überfielen und die Rapsfelder verbrannten, welche angepflanzt wurden, um die Bevölkerung mit Fett zu versorgen. Radio London aber behauptete, der Anbau von Raps diene nur als Schmieröl für die deutsche Kriegsmaschinerie.

Es herrschte Bürgerkriegsatmosphäre: Attentate und Repressalien eskalierten, und es war nicht deutlich, wer wen warum erschoß. Im Juni 1944 kam unsere Concierge um zu sagen, daß im Eingang ein verdächtiger Mann stand – sie meinte, er könnte es auf Jan abgesehen haben. Ich ging hinunter und sah ihn mir an. Es stellte sich heraus, daß es ein Privatdetektiv war, der wissen wollte, ob eine Frau in unserem Haus einen Liebhaber hätte.

Am 6. Oktober 1942 erließ die Militärverwaltung von General von Falkenhausen (der eine belgische Frau hatte) unter Druck der Autoritäten in Berlin, eine Verordnung, nach der belgische Männer zwischen 18 und 50 Jahren verpflichtet werden sollten, in Deutschland zu arbeiten.

Nach der Kapitulation Belgiens im Mai 1940 waren etwa 320.000 Arbeiter freiwillig nach Deutschland gegangen, um dort zu arbeiten.

In Belgien herrschte allgemeine Arbeitslosigkeit. Eine Familie von vier Personen bekam eine Unterstützung von 20 frs pro Tag. In Deutschland wurden sie besser bezahlt und ernährt. So zogen im August 1940 32.993, im September 49.006, im Oktober 64.215, im November 82.703 und im Dezember 1940 9.423 Arbeiter nach Deutschland (siehe Herwig Jacquemijs »Een bezet Land« erschienen 1982 im Nederlandse Boekhandel, mit Dokumenten vom Nachforschungs- und Studienzentrum des 2. Weltkrieges, Brüssel). Ab 1942 sinkt die Zahl der freiwilligen Arbeiter zusehends (zit. Seite 97).

Infolge der Verordnung vom 6. Oktober 1942 tauchen die meisten jungen Männer unter und/oder gehen zum Widerstand. Im September 1943 werden die Jahrgänge 1920 und 1921, im März 1944 die Jahrgänge 1922, 1923 und 1924 aufgerufen, sich zur Arbeit in Deutschland zu melden. Wer es nicht tut, bekommt keine Lebensmittelkarten mehr und riskiert, von der Feldgendarmerie geschnappt und gewaltsam nach Deutschland gebracht zu werden. In dem zitierten Buch wird (Seite 101) berichtet, daß von 2.510 Personen, die im Mai 1944 aufgerufen wurden, sich 1.263 bei den Werbestellen gemeldet hatten, wovon 107 nach Deutschland geschickt werden sollten, aber nur eine ist wirklich in Deutschland angekommen.

Studenten müssen jetzt sechs Monate in der belgischen Industrie arbeiten, um zu den Examen zugelassen zu werden, oder beim freiwilligen Arbeitsdienst, um Straßen zu bauen oder bei Bauern zu helfen.

Daneben beginnt die Verschleppung der Juden. Sie müssen sich in der Dossin-Kaserne in Mechelen melden und werden von dort aus »zum Arbeitseinsatz in den Osten« geschickt – was dort mit ihnen geschieht, weiß kein Mensch. Am 4. August 1942 verläßt der erste Zug mit 1.000 Juden Mechelen – bis zum 31. Juli 1944 sind es 29 Züge mit 20.000 Männern und Frauen und 4.700 Kindern unter 16 Jahren. Nur 3.000 davon sind nach dem Krieg aus den Konzentrationslagern zurückgekommen.

So ist unsere Freundin Liesel Marx mit ihrer Mutter verschwunden, die Jan im Mai 1940 noch aus dem belgischen Gefängnis holen konnte. Tante Bronia mit Sohn und Schwester konnte »untertauchen«. Wir sahen sie noch ein paarmal und konnten ihr Brot und Kleider verschaffen. Zosia Majmin konnte ihre Arbeit in der Klinik weitermachen. Nur die offiziellen Papiere wurden von einem anderen Doktor unterschrieben. So hat sie am 7. März 1944 auch unseren Nik noch zur Welt gebracht.

Im Juli 1944 habe ich die größte Angst meines Lebens ausgestanden. Wir hatten eine Jüdin bei uns untergebracht, die mir im Haushalt half. Sie hatte blond gefärbtes Haar, sprach französisch mit jiddischem Akzent und ging furchtlos in alle Läden. Früher hatte sie einen Fischladen, von dem sie mit Begeisterung erzählte. Sie versprach uns, daß wir nach dem Krieg die besten Fische aus ihrem Laden kriegen würden. Sie schlief oben in einer Mansarde. Unten im Haus wohnte eine alte schwerhörige jüdische Dame. Nachts um 5 Uhr hörten wir wildes deutsches Gebrüll auf der Straße – danach das Krachen der splitternden Haustür. Wir lauschten mit jagendem Herz: würde die Gestapo unsere Rachel in der Mansarde finden? Würde sie uns auch mitnehmen: mich als Halbarierin, meine Mutter mit ihrem jüdischen Namen, die mit den ungültigen Papieren in Belgien war, Jan, der als Beigeordneter eine Jüdin versteckt hatte? Was würde aus den Kindern werden? Die Spannung schien Stunden zu dauern, doch die Gestapo holte nur die arme alte Frau, die nichts gehört hatte, aus ihrer Wohnung und zog danach ab. Jan telefonierte sofort mit ihrem Neffen Jacques Pels, damit wenigstens er sich in Sicherheit bringen konnte. Die Dame erschien zwei Tage später, unter Bewachung von Feldgendarmen, um ihre Kleider abzuholen. Sie wurde in ein Altersheim für jüdische Bejahrte gebracht, das die Senatoren von Brüssel errichtet hatten, um wenigstens die alten Leute vor der Verschleppung zu retten. Die aufgehetzte Bevölkerung behauptete, das Heim diene nur dazu, die alten Leute zu sammeln um sie später zu deportieren. Nach der Befreiung im September 1944 war die alte Dame aus unserem Haus wieder in ihrer Wohnung.

Neben all diesem ging das tägliche Leben mit seinen menschlichen Sorgen, Freuden und Problemen weiter.

Wir versuchten, Mutter nach Belgien zu bekommen. Wir hatten es schon zu Piets Geburt versucht, aber die nötigen Einreisepapiere waren ihr immer verweigert worden. Jetzt saß sie in Ostpreußen. Der dortige Bürgermeister war ein guter Freund vom Müller Konstanti, bei dem Mutter wohnte, und sehr stolz, daß er sich stärker zeigen konnte als die Behörden in Berlin. Er stellte für Mutter einen Paß aus (wozu er garnicht befugt war), und im Februar 1944 fuhr sie nach Berlin.

Sie wohnte bei ihren alten Freunden Trendelenburg (die Frau starb 1946 an Unterernährung, der Mann beging Selbstmord), machte einen Luftangriff mit, wo sie anschließend auf dem Boden die nicht explodierten Phosphorbomben mit Sand unschädlich machte, suchte in den Trümmern ihres alten Hauses noch nach Wertgegenständen, doch sogar die Heizkörper und Badewannen waren geschmolzen und verschwunden, und fuhr am 26. Februar nach Brüssel, wo sie unbehelligt abends ankam.

Da wir nach 20.00 Uhr nicht mehr auf die Straße durften, konnten wir sie nicht abholen. Sie übernachtete im Hotel Spiro (am Nordbahnhof wurde sie von einem Soldaten angesprochen, der sich wohl eine vergnügte Nacht erhoffte und sehr enttäuscht war, als sie sagte:»Junge, wenn keine Verdunkelung wäre, würden Sie sehen, daß ich Ihre Großmutter sein könnte!«) und kam an nächsten Morgen zu uns. Sie klopfte auf meinen Bauch, fragte, wie es ginge und übernahm mit altgewohnter Energie den Haushalt.

Wir holten Piet zurück, den wir angesichts der nahenden Geburt zu einer garde d'enfants gebracht hatten, wo er in acht Tagen ein »trauriges kleines Äffchen« geworden war, wie Mutter sich ausdrückte, als sie ihn zum erstenmal sah. Er hatte nicht essen wollen und saß den größten Teil des Tages auf dem Topf. Als Jan ihn besuchte, klammerte er sich an ihm fest, ohne einen Laut von sich zu geben.

Fünf Tage später begannen, natürlich nachts, die Wehen. Um 5 Uhr morgens fuhren wir mit Jans Auto zur Klinik. Da zwischen 20.00 Uhr und 6.00 Uhr niemand auf die Straße durfte, wurden wir mehrmals angehalten, aber nach dem Hinweis auf meinen Bauch durchgelassen. In der Klinik empfing man mich:»Schon wieder?«, und um 7.00 Uhr wurde Nikolaas Andreas Leopold, unser zweiter Sohn, geboren. Wie Piet, erst mit den Füßen – meine Söhne sind von Anfang an aufrecht durchs Leben gegangen.

Am 24. April 1944 begannen die schweren Luftangriffe auf Brüssel. Wir sahen, wie die Bomben vom blauen Himmel zur Erde fielen, wie abgeschossene Flugzeuge sich um ihre Achse drehend abstürzten. Am 1. Mai brachten wir die Kinder zum erstenmal in den Keller.

Am 8. Mai waren Jan und ich auf dem Weg ins Theater, um die Comédiens Routiers mit Jacques Huisman zu sehen, als Luftalarm gegeben wurde. Wir drehten um und rasten unter Flaksplittern nach Hause.

Am 11. Mai waren Mutter und ich in einer Ausstellung von modernen Bildern – wieder Alarm. Wir rannten so schnell wir konnten nach Hause, um die Kinder in den Keller zu bringen. In der Nacht kamen die alliierten Bomber dreimal. Jan war bis zum Morgen an der Unglücksstätte und half beim Bergen der Toten und Verwundeten zusammen mit Pfadfindern, Polizei und Luftschutztruppen.

Am 18. Juli wurde in Belgien die Militärverwaltung durch eine Zivilverwaltung ersetzt mit einem Reichskommissar und SS-Truppen für die Polizei: d.h. das Militär mußte der NS-Partei weichen. In Holland war das schon seit 1940 der Fall, da die Königin nach England geflohen war. Dadurch war die Besetzung dort noch viel schlimmer. In Belgien konnte eine NS-Zivilverwaltung lange verhindert werden, weil der König im Lande geblieben war und die belgische Administration ihre Arbeit weiterführte. Aber am 7. Juni 1944 war der König mit seiner Familie nach Deutschland deportiert worden.

Am 20. Juli hören wir von einem mißglückten Attentat auf Hitler.

Von Falkenhausen wird als Mitverschwörer zusammen mit vielen anderen hohen Offizieren verhaftet und bleibt bis Mai 1945 in deutschen Gefängnissen, danach bis 1951 in belgischen Gefängnissen.

Nach seiner Freilassung, 73 Jahre alt, verläßt er Belgien mit den Worten: »Ingrate Belgique, tu n'auras pas mes os« (er sprach ebenso gut französisch wie deutsch).

In Brüssel gibt es kein Gas mehr, wenig Elektrizität, wenig Essen, wenig Straßenbahnen. Immer mehr Leute gehen jetzt zum Widerstand und schießen auf Mitglieder von als deutschfreundlich gestempelten Organisationen, die dann ihrerseits wieder zurückschießen. Haß und Mißtrauen nehmen ungeahnte Formen an. Viele unserer Freunde ziehen sich aus Angst, sich zu kompromittieren, von uns zurück. Wieder einmal sind wir »anders«. In Deutschland wurde ich als »Nichtarierin« diskriminiert, in Belgien zunächst als »boche«; als ich Belgierin geworden war durch meine Heirat mit Jan als »zwart – ordre nouveau«.

Am 31. August (man munkelte, daß die Engländer bereits in Waterloo seien) wird unser Haus von der SS beschlagnahmt. Die Gegend soll von der Gestapo verteidigt werden, die ihr Hauptquartier in der Avenue Louise gerade hinter unserem Haus hatte. Alle Leute müssen innerhalb von 24 Stunden das Haus verlassen. Die meisten gehen zu Verwandten. Wir haben keine Familie (Yves und Li haben nur eine kleine Wohnung), und Jan sucht den ganzen Tag nach einer Bleibe für uns.

Am Freitag, dem 1. September ziehen wir um. Jan hat einen Lastwagen von der Stadt Brüssel bekommen können. Die Möbel werden aufgeladen. Mutter geht mit Piet und Nik (20 und 5 Monate alt) zu Li, um abends mit der Tram in die neue Wohnung zu kommen. Jan geht in sein Büro, und ich setze mich neben den Chauffeur des Lastwagens. Auf dem Weg nach Boitsfort werden wir mehrere Male von deutschen Soldaten angehalten, die den Lastwagen requirieren wollen um zu flüchten. Als ich sie auf Deutsch anschreie, sind sie so verblüfft, daß wir weiterfahren können. So kommen wir im Drève du Duc 87 an, einem verfallenen Haus in einem großen Garten, das als Pfadfinder-Lokal gedient hatte (die Wände waren mit Bäumen und Vögeln bemalt) und seit dem Krieg ein Unterschlupf für die Familie Riga war, die durch den Atlantikwall-Bau ihr Haus in Oostduinkerke an der Nordsee verlassen mußte. Sie hatten während des Krieges hier Juden untergebracht, die im letzten Augenblick geschnappt worden waren. (Später stellte sich heraus, daß es sich dabei um die Schwester meines guten Freundes Ernst Meinrath gehandelt hatte. Sie ist aus dem KZ zurückgekommen, aber Ernst mit Frau und Kindern nicht.) Dadurch waren drei Zimmer frei geworden, in die wir jetzt einzogen.

Am Sonnabend, dem 2. September 1944 stürmten alle Leute die Banken, um Geld zu holen (damals wurde sonnabends noch gearbeitet). Jan schickte seinen Chauffeur, um unser letztes Geld abzuholen. Nach stundenlangem Anstehen stellte dieser fest, daß Jans Scheck nicht unterzeichnet war und er unverrichteter Dinge abziehen mußte. Auf diese Weise ist das Geld später beschlagnahmt worden und verlorengegangen.

Am Sonntag, dem 3. September 1944 hörten wir vor unserem Haus die englischen Panzer einrollen und hinter unserem Haus die deutschen Truppen abziehen. Sie vermieden sorgfältig jeden Kontakt miteinander. Bekannte erzählten uns später, daß sie am selben Tag in der Carnostraat in Antwerpen einen deutschen Offizier sahen, der die »boeren-tram« bestieg, sein Billet bezahlte und nach Turnhout fuhr, wohl in der Hoffnung, von dort aus weiter unbehelligt nach Osten zu geraten.

Jan blieb 14 Tage zu Hause. Da es kein Telefon gab, wußte nach dem plötzlichen Umzug praktisch niemand, wo wir waren.

Am 22. September schrieb er einen Brief an Spaak, der nach der Befreiung von London nach Brüssel zurückgekommen war, und schlug ihm ein Treffen vor, um ihm über die Situation in Belgien während der deutschen Besetzung zu berichten.

Auf diese Weise wurde seine Adresse bei den Behörden bekannt. Daraufhin erschienen am 28. September um 8.00 Uhr morgens (ich hatte gerade Nik an der Brust) zwei Polizisten in Zivil, um Jan zu verhaften. Mutter, durch Erfahrung klug geworden, fragte: »Soll er einen Wintermantel mitnehmen?« Die Polizisten bejahten. Somit wußten wir, daß es nicht für kurze Zeit sein würde. Wir packten einen Handkoffer mit warmen Kleidern und unserem letzten Kilo Zucker, und Jan wurde abgeführt.

Später bekam ich ein vorgedrucktes Formular der Gefängnisverwaltung St. Gillis, daß er dort eingeliefert sei.

Und da blieb er dann zweieinhalb Jahre lang, zuerst mit sieben Mann in einer Zelle von 2 x 4 m, mit *einem* Eimer, der als Klo diente, wenig Essen, ohne Luft und ohne Verbindung mit der Außenwelt.

Später wurde er, zusammen mit Theo Boelen aus Bilzen (einem Fotografen), »Totenwächter« bei Robert Poulet, der als Journalist zum Tode verurteilt war. Sie mußten abwechselnd 24 Stunden lang aufpassen, daß er sich nichts antat.

Ab März 1945 durften wir alle 14 Tage einen zensierten Brief von 25 Zeilen schreiben und ein Paket mit Wäsche und Essen schicken. Wenn wir hatten, taten wir Brot und Zucker hinein. Alle 14 Tage durfte ich Jan 15 Minuten hinter einem vergitterten Glasfenster sehen. Man stand in einer langen Reihe von anderen Besuchern und mußte sehr laut rufen, um sich verständlich zu machen.

Nach dem V-Day am 8. Mai 1945 (endlich kein Krieg mehr! Jedenfalls nicht in Europa – in Japan dauerte er bis zum Fall der ersten Atombomben im August 1945 auf Hiroshima und Nagasaki: 110.000 Tote und 110.000 Verwundete) wurden die Pakete unter dem Einfluß der allgemeinen Haß-Atmosphäre verboten, geschürt durch die Rückkehr der Gefangenen aus den KZ's in Deutschland, von denen die Bevölkerung bis dahin kaum etwas gewußt hatte.

Bei vielen »Schwarzen« wurden die Häuser verwüstet, so auch bei Michel Tommelein, früher in der sozialistischen Jugendbewegung, danach Sekretär von Rik de Man, zuletzt Beigeordneter für die Versorgung von Groß-Brüssel.

Am 4. März 1946, nach 18 Monaten Voruntersuchung, begann endlich der Prozeß von Groß-Brüssel. Er dauerte viereinhalb Monate. Jan hatte keine Besondern nur Entlastungszeugen, hauptsächlich jüdische Frauen, denen er während des Krieges geholfen hatte: Zosia, Bronia, Rachel, die inzwischen ihren Fischladen wieder hatte und als einzige während der Verhandlung unbefangen auf Jan zuging und ihm die Hand drückte.

Am 16. Mai 1946 fiel das Urteil: 4 Jahre Haft. Nur einer von den 12 Senatoren bekam noch ein Jahr weniger, der katholische Jan Delmartino.

Da nach dem Gesetz Lejeune die Gefangenen nach einem Drittel ihrer Haft entlassen werden sollen, hätte Jan mit seinen 20 Monaten gleich freikommen müssen. Aber die Formalitäten brauchten noch 10 Monate, um alle bürokratischen Hindernisse zu durchlaufen, trotz meines von einem Büro zum anderen Laufen, wo man mir überall sagte: »Das Dossier ist in Ordnung, es ist nur eine Frage der Zeit!«

Inzwischen mußte ich sehen, meine vierköpfige Familie durchzubringen. Gerettet hat mich dabei meine Mutter, unsere Oma. Aus meinem damaligen Tagebuch: »Oma führt Haushalt und erzieht Kinder, kämpft mit amerikanischen

Kohlen, die mehr Rauch als Wärme geben, und ewig kaputter Elektrizität, schleppt Wasser aus dem Keller (alle Leitungen sind kaputt) und Kinder in den Garten, hat Nervenschmerzen (sie ist immerhin 62), die sie ignoriert, schreibt Briefe, liest Bücher, gibt den Kindern Heiterkeit und zeigt ihnen, wie man am besten auf einen Baum klettert. Sie ist Pflichterfüllung und Weisheit in Person«.

Ich konnte inzwischen versuchen, fürs tägliche Brot zu sorgen.

Nach der Befreiung im September 1944 gab es drei Wochen lang überhaupt kein Essen zu kaufen. Wir aßen das Kindermehl auf, das ich angesammelt hatte; Oma sagte: »Ich möchte mal wieder etwas essen, wozu ich *keinen* Löffel brauche.«

Als der Vorrat zu Ende war, ging ich zur Säuglingsberatung, der einzigen Stelle, die berechtigt war, Nahrungsmittel für Kinder auszugeben. Dort sagte man mir: »Familien von Schwarzen kriegen nichts«, und ich ging unverrichteter Dinge nach Haus, Piet an der Hand und Nik im Kinderwagen. Am nächsten Tag hielt ein kleines Auto vor unserer Tür, aus dem sich eine große Dame herauswand: Madame D'Ieteren, ein Mitglied des Komitees der Säuglingsberatung, die anscheinend gehört hatte, wie ich abgewiesen wurde. Sie hatte Dosen voll Kindermehl und kondensierter Milch mitgebracht, so daß wir wieder weiter konnten. Außerdem sorgte sie für Kleider für Oma, die ja im März nur mit einem Handkoffer voll Sommerkleider angekommen war, und die wir jetzt als Deutsche mit ihren ungültigen Papieren vor den Engländern verstecken mußten, wie wir sie vorher vor den Deutschen versteckten und wie wir sie 1948, als mein Vater aus Brasilien zurückgekommen war und sie einen Ausweisungsbefehl bekommen hatten, vor den Belgiern verstecken mußten.

Erstmal aber hatte Madame D'Ieteren uns gerettet.

Im Oktober erschien eines Abends ein mir fremder Mann mit einer Empfehlung von gemeinsamen Freunden und bat um Unterkunft. Er blieb mehrere Wochen, half mir im Haushalt und wagte sich nur abends aus dem Haus. Ich habe nie seinen Namen gewußt. Es muß ein Journalist gewesen sein, der sich vor der Verfolgung versteckte. Er war viel ängstlicher, als unsere Rachel es gewesen war. (Im Krieg versteckten wir Juden, danach »Schwarze«.)

Am 6. Oktober 1944 wurde die »action Gutt« durchgeführt: alles Geld wurde blockiert, alle Geldscheine ungültig, man konnte 2.000 frs pro Person in neue Scheine umwechseln. Ich besaß noch 1.800 frs.

Nun hieß es, dringend Geld verdienen. Das erwies sich als sehr schwierig. Ich befand mich ungefähr in der gleichen Situation wie 1933. Ich gehörte nicht dazu, war ausgestoßen (diskriminiert, wie man heute sagt). Überall erregte entweder mein neuer oder mein alter Name Anstoß.

Im Dezember fand ich endlich eine Arbeit in einem Kinderheim des Schweizer Roten Kreuz in Boitsfort für Kinder von Kriegsopfern. Ich arbeitete von 12 bis 20 Uhr und bekam dafür Essen (von dem ich manchmal noch etwas für meine Kinder mitnehmen konnte) und ein Taschengeld. Zu Weihnachten brachten englische Soldaten uns die erste Schokolade seit vier Jahren. Ende Januar wurde ich denunziert als Frau eines Gefangenen und rausgeschmissen.

Vor Weihnachten herrschte große Aufregung:

Die Deutschen hatten in den Ardennen eine neue Offensive lanciert – würden sie zurückkommen? Aber die Offensive brach unter dem Feuer der amerikanischen Luftwaffe um Bastogne zusammen.

Jetzt erschienen die deutschen »fliegenden Bomben«, V 1 und V 2-Raketen, die hautpsächlich auf den Antwerpener Hafen gerichtet waren, aber auch auf Brüssel fielen. Wir sahen und hörten die V 1 wie dicke Zigarren durch den Himmel ziehen, und wenn man sie nicht mehr hörte, hatte man sieben Sekunden Zeit, ehe sie herunterkamen. Dann steckten wir die Kinder unter den Schreibtisch und stopften Kissen davor, um sie wenigstens vor Splittern zu schützen. Nur einmal gingen in unserem Haus Fensterscheiben kaputt, aber nicht bei uns. Oma als kriegserfahrene Frau hatte alle Fenster geöffnet.

Die V 2 kamen so schnell, aus 175 km Höhe, daß man tot war, ehe man es merkte. Sie fielen vor allem auf Antwerpen, u.a. auf ein vollbesetztes Kino in der De Keyserlei.

Von Februar bis Mai 1945 arbeitete ich bei Pastor Schyns von 14 bis 18 Uhr, für 5 frs pro Stunde. Er verschaffte uns eine Schweizer Patenschaft, die uns von Zeit zu Zeit etwas Geld schickte. Wir wollten sie 1951 in Neuchâtel besuchen, haben sie aber nicht gefunden. Schyns konnte als Gefängnispastor von Zeit zu Zeit Jan besuchen und uns Nachrichten überbringen. Später übernahm Fritz Hoyois diese Funktion, der Leiter der Chorale Protestante. Er brachte Jan Bücher und schmuggelte die unwahrscheinlichsten Dinge in die Zelle, so daß die Häftlinge in einer alten Konservenbüchse nach mühsamer Kleinarbeit Frites backen konnten! Er besuchte mich auch zu Hause. Wir tauschten Noten aus, und er brachte mich in den Chor. Im Winter 45/46 übten wir den Messias und sangen ihn im Palais des Beaux Arts – es war wunderbar. Zu einem Konzert nach Charleroi konnte ich nicht mit, da ich die 60 frs Fahrgeld nicht besaß.

Ein anderer Besucher war der Auditeur Militaire, der Jans und meinen Schreibtisch durchsuchte, um belastendes Material zu finden. Er fand nur meine These über meine Arbeit im jüdischen Flüchtlingskinderheim, was ihn ganz aus dem Konzept brachte – das paßte nicht in seine Klassifikation von Menschen. Er nahm nur Jans Adressenbüchlein mit, damit verloren wir die Adressen unserer meisten englischen Freunde. Er wunderte sich sehr, daß ich ihn nach seinen Ausweispapieren fragte – »my home is my castle« –, zeigte sie aber doch, ehe ich ihn hereinließ. Beim Abschied verbeugte er sich höflich vor mir.

Von Juni bis August 1945 arbeitete ich in Oostduinkerke im Kinderheim Rigas, das erstmal von den herumliegenden Minen und Kriegsschäden aufgeräumt werden mußte. Ich konnte Piet mitnehmen und bekam Essen für uns beide, so daß Oma nur für Nik zu sorgen brauchte. Für die drei Monate mußte ich keine Miete in Boitsfort bezahlen. Ich hatte Bronia mit 20 jüdischen Kindern ins Heim gebracht. Sie hatte Care-Pakete voller Makkaroni, Öl und anderer Schätze aus Amerika dabei, mit denen sie den Aufenthalt ihrer Kinder bezahlte. Wir waren glücklich, wieder zusammen zu sein. Die Hotels waren für britische Soldaten beschlagnahmt, die sich fern der Heimat einsam und unglücklich fühlten. Sie spielten mit unseren Kindern, und wir flirteten eifrig mit ihnen.

Da ich keine neue Arbeit fand, ging ich zur Commissie van Openbare Onderstand (Öffentliche Wohlfahrt), um nach Hilfe für meine Kinder zu fragen. Dort erklärte man mir, daß es unmöglich sei, daß die Schwiegertochter eines ehemaligen Finanzministers kein Geld hätte und ließ mich stehen.

Ich verdiente dann unseren Unterhalt mit Übersetzungen, u.a. von Bertolt Brechts »Mutter Courage« ins Französische für Jacques Huismans Théâtre National, und mit Schreibmaschinenarbeiten, die Ilse Jacobs mir brachte. Auch schrieb ich aktuelle Rezepte für die Zeitschrift, die M. Riga herausgab, und Mutter schrieb die Umschläge dafür, 10frs für 100 Stück. Wir lebten von 2.000 frs im Monat, wovon 500 frs für die Miete abgingen.

Im Frühjahr 1946 kamen die ersten Nachrichten aus Deutschland: alle Vettern gefallen (mein Bruder in Brasilien der einzige männliche Überlebende seiner Generation in der Familie), fast alle Freunde ausgebombt oder vor den Russen geflüchtet, ohne Essen und ohne Wohnung, häufig mit einer Familie pro Zimmer bei fremden Leuten zusammengepackt.

Heinz Kühn, der als Sozialist vor den Nazis nach Belgien geflohen und hier untergetaucht war, ging zurück nach Köln, wo er erst Stadtrat und später Ministerpräsident wurde. Wir gaben ihm alles mit, was wir an Essen und Kleidern entbehren konnten. Im Februar 1954 habe ich ihn in Köln besucht, zu einem rauschenden Karnevalsfest. Er wohnte mit Frau und Sohn in einer winzigen Neubau-Wohnung. Jeder der zahlreichen Gäste brachte etwas zu essen oder zu trinken mit, und es wurde drei Tage und drei Nächte hintereinander gefeiert.

Unter dem Einfluß von Alkohol brachen bei den meisten alle Erinnerungen der letzten Jahre hervor, und ich bekam wilde Geschichten zu hören von russischer Gefangenschaft, Flucht, KZ, Emigration, Verschüttung unter Bombentrümmern – ein Durchschnitt europäischen Schicksals.

Am 17. Mai 1946, einen Tag nach Jans Verurteilung, fing ich eine neue Arbeit an als viersprachige Sekretärin bei der Firma Precopa in Laken, eine Stunde Tramfahrt von Boitsfort. Meine Chefs waren österreichische Juden, die aus dem KZ Buchenwald zurückgekommen waren und jetzt mit ihrem

Vater eine Fabrik für Pferdehaar und Schweineborsten errichtet hatten, die zur Pinsel- und Bürstenherstellung verkauft wurden. Auch chinesisches Menschenhaar verkauften wir, und »squirrel-hair« aus den Ohren- und Schwanzspitzen von Eichhörnchen, das Weichste, das ich je gefühlt habe, zu 10.000 frs pro Kilo. Ich mußte mich hauptsächlich um die unzähligen Ein- und Ausfuhrlizenzen kümmern. Ich blieb dort bis zum 1. Mai 1948.

Ich hatte als Kollegin eine österreichische Arbeiterin aus der sozialistischen Jugendbewegung, die nach dem Anschluß 1938 nach Belgien geflüchtet war. Ihre Mutter lebte noch in Wien, wo ihre Wohnung von den Russen ausgeräumt und als Klo gebraucht worden war.

Unser Freund Gilbert Jaeger verabschiedete sich. Er ging mit seiner jüdischen Frau nach Genf, um dort für das Flüchtlingskommissariat der UNO die Displaced Persons Camps in Deutschland aufzulösen. Er meinte, in ein bis zwei Jahren nach getaner Arbeit zurückzukommen. Er blieb dort bis zu seiner Pensionierung 1983. Nach der Unterbringung der displaced persons: Polen, Russen, Jugoslawen, Juden, Litauer usw. in Deutschland ergossen sich ununterbrochen neue Flüchtlingsströme durch Afrika, Asien, Süd-Amerika, für die er sorgen mußte.

Ab Januar 1947 erwarten wir jeden Tag Jans Entlassung. Aber die Berufung, die seine Befreiung bringen sollte, ist vom 9. Januar auf 20. Februar verschoben. Sie soll nur feststellen, wieviele Millionen wir dem Staat schulden als Entschädigung für den Schaden, den Jan ihm zugefügt hat. Außerdem muß Jan das Gehalt von 5.000 frs monatlich zurückzahlen, das er für seine Arbeit für Groß-Brüssel verdient hat. Davor hat uns unser Heiratsvertrag bewahrt. Jan besaß nichts und verdiente ein Minimum. Alles was wir an Möbeln und Hausrat besaßen (ab 1960 auch unser Haus), stand auf meinem Namen und konnte daher nicht beschlagnahmt werden wie bei den meisten seiner Kollegen. Sonst wäre auch die Entschädigung von 10.000 DM, die ich später als »Opfer des Nationalsozialismus« auf Betreiben meines Vaters vom deutschen Staat als »Wiedergutmachung« erhielt, als Entschädigung an den belgischen Staat gegangen.

Erst in den siebziger Jahren, kurz vor Ablauf der dreißigjährigen Verjährungsfrist, beschlagnahmte der belgische Staat einen Teil von Jans Gehalt bei der Firma Carré. Beim Tode ihres Vaters 1953 konnten Jan und Li sein Erbe (das doch nur aus Möbeln und Büchern bestand) offiziell nicht annehmen, um damit nicht auch die Millionen-Buße, die dem Vater auferlegt worden war, übernehmen zu müssen.

Am 17. März 1947 – Schneetreiben – es klingelt – Jan steht vor der Tür.

Die erste Woche vergeht wie im Traum. Jan hilft Oma im Haushalt, während ich im Büro arbeite; er sitzt viel im Stuhl und strolcht mit den Kindern im Garten und Wald herum. Er ist für drei Jahre aus Brüssel und Brabant

»verbannt« – d.h. er darf sich dort nicht sehen lassen. Er ist also nur zum Wochenende bei uns. Die Woche über wohnt er bei Onkel Bob de Man in Antwerpen, wo er sich auf Wohnungs- und Arbeitssuche begibt – eines schwieriger als das andere. Ende Mai findet er durch Bekannte ein Haus in Lint, ganz auf dem Lande, mit einem großen Garten, 5000 qm, und 88 Obstbäumen. Am 1. Juni 1947 ziehen wir ein.

Antwerpen 1947–1984

In Lint blieben wir sechs Jahre.

Für die Kinder war es ein Paradies. Sie spielten in dem großen leeren Stall, plantschten in der »Mistgrube«, die seit langem leer und sauber gescheuert war und bei Regen voll Wasser lief, und kletterten in die Obstbäume. Als der Dorfpastor seinen Antrittsbesuch bei uns machen wollte, kam er ganz aufgeregt zu mir: »Madame, Ihre Jungens sitzen nackt auf dem Dach!« und wunderte sich, daß ich mich nicht weiter aufregte. Danach ist er nicht mehr gekommen.

Wir hatten zwölf Kaninchen und zwei Schafe, die im Frühling als Lämmer gekauft wurden, den Sommer über das Gras kurz hielten und das Fallobst auffraßen und uns den ganzen Winter über mit ihrem Fleisch ernährten. Aus ihrer Wolle, die wir spinnen ließen, strickte Oma unverwüstliche Pullover, die heute noch bestehen.

Jan grub den fruchtbaren Boden um, und wir zogen herrliches Gemüse: aus 5 kg Saatkartoffeln ernteten wir 50 kg. Ausgespuckte Tomatenkerne wuchsen zu großen Stauden heran – wir brauchten das ganze Jahr kein Gemüse zu kaufen.

Drei Monate im Jahr lebten wir unter dem Terror des Obstes. Ich machte Hunderte Gläser Marmelade, Kompott und Saft und versuchte, so viel wie möglich zu verkaufen. Im Sommer 1953 haben die Kinder 800 kg Obst gesammelt und mit ihrem Handkarren im Dorf von Haus zu Haus verkauft, für 1 frs pro kg.

Im August 1947 kam mein Vater nach acht Jahren aus Brasilien zurück. Er brachte Möbel mit (Divan, Schreibtisch, Sessel, Truhe – die Firma Bunge, bei der er die letzten Jahre in Sao Paulo gearbeitet hatte, bezahlte den Transport), all sein erspartes Geld und installierte sich bei uns.

Jan arbeitete jetzt viermal die Woche von 16 bis 22 Uhr als Übersetzer in Antwerpen. Er fuhr mit einem eigens für sein steifes Bein eingerichteten Fahrrad bis Mortsel und nahm dort die Tram.

Ich fuhr jeden Tag mit dem Rad nach Kontich, nahm dort den Zug nach Brüssel Nord, von wo ich noch eine halbe Stunde mit der Tram zu meiner Fabrik fuhr.

Ab September gingen die Kinder in den katholischen Dorf-Kindergarten (einen anderen gab es nicht) bei einer siebzigjährigen Nonne, die ihnen das Ave Maria beibrachte, von dem sie nichts begriffen, und erzählte, daß alle Kommunisten ins Fegefeuer kämen, wovon Piet nachts Albträume bekam.

Der Winter brachte viele Anpassungsschwierigkeiten, hauptsächlich für die beiden Männer. Am 1. Februar kündigte die Precopa mir zum 1. Mai, da die Geschäfte nicht mehr gingen. Am 16. Februar fand Jan eine Stellung als Schokolade-Vertreter. Er fuhr mit dem Rad nach Lier und über die Dörfer und versuchte, Baronie-Pralinen zu verkaufen. Er ging um 7 Uhr morgens weg und kam um 22 Uhr zurück und sprach kein Wort. Am 16. März wurde ihm gekündigt; er ging stempeln und suchte Arbeit. Am 20. April konnte er in der Peignage de Laine in Hoboken anfangen, als rechte Hand des Direktors.

Im Juni 1948 bekamen die Eltern die ersten Aufenthaltsschwierigkeiten: die Staatspolizei verweigerte meinem Vater die Aufenthaltsgenehmigung, da er erst 1947 aus Brasilien gekommen sei und nicht mehr als Flüchtling anerkannt werden könne. Am 27. November 1948 erschien der Dorfpolizist und teilte uns mit, daß meine Eltern in 48 Stunden nach Deutschland in ein Lager für »displaced persons« abtransportiert werden sollten (sie waren inzwischen 66). Wir schickten Mutter zu Li und Vater zu Eva Soliman nach Brüssel und kämpften mit der Polizei um zwei Monate Aufschub.

Am 21. Juni 1949 fuhren sie endgültig weg nach Wiessee bei München, wo Norah Brecht ihnen ein kleines Holzhäuschen mit zwei Räumen in ihrem Garten zur Verfügung gestellt hatte.

Im Winter lag dort sechs Monate Schnee. Mutter mußte einen Weg zum Klo schaufeln. Vater begann den Kampf um seine Pension. Er dauerte drei Jahre, da er erst beweisen mußte, wer er war und alle Papiere zerstört oder verloren waren. Inzwischen bekamen sie 70 DM monatlich von der Wohlfahrt.

Im September 1948 war Piet in »die Große Schule« gekommen, zur großen Trauer seines kleinen Bruders. Im September 1949 durfte Nik dann auch in »die Große Schule«. Eines Tages, als ich Besorgungen im Dorf machte, fand ich Pietenik auf der Straße statt in der Schule. Als ich sie fragte, was los sei, sagten sie: »Die anderen sind in der Messe, wir dürfen nicht mit.«

Ein anderes Mal kamen sie nach Hause und fragten mich: »Was ist der Unterschied zwischen einem Ketzer und einem Minister?« Ich starrte sie verständnislos an – »das sind die zwei Schimpfworte, die die Jungens uns nachrufen«. Nun begriff ich. Wir saßen an einem langen Tisch, Piet rechts an einer Breitseite, Nik links an einer Breitseite und ich in der Mitte an der Längsseite. Ich sagte:»Stellt euch mal vor, hier in der Mitte des Tisches stände eine große Vase, so breit wie der Tisch, auf Piets Seite blau bemalt und auf Niks Seite rot bemalt. Dann würde Piet behaupten, die Vase sei blau und Nik, die Vase sei rot und beide würden denken, der andere habe unrecht. So ist es mit den meisten Dingen: sie sind viel zu groß und komplex, um alle Seiten übersehen zu können, und dann nennen die Menschen jemanden, der eine andere Seite sieht als sie selbst, einen Ketzer.«

Das haben sie nie vergessen.

Jan und Marlene de Man, 1975

Im Winter 1952 fing ich wieder mein Studium an der ULB in Brüssel an, wozu ich erst ein »Certificat de civisme« einliefern mußte (1935 in Berlin war es ein »Ariernachweis«). Ich bekam es vom Gemeindesekretär in Lint ohne Schwierigkeiten.

Im Juli 1953 bekam ich dann endlich, 17 Jahre nachdem ich mein Studium angefangen hatte, mein Diplom als »Licenciée en sciences pédagogiques«.

Am Abend der Examensverkündigung fuhr ich mit Jan und Yves nach Greng, um dort den Haushalt von Rik und Vali de Man aufzulösen, die am 20. Juni 1953 mit ihrem kleinen Auto tödlich verunglückt waren.

Im September 1954 wurde Jan arbeitslos. Er machte sich selbständig und arbeitete nur noch für seine Madema.

Am 4. November 1957 bot mir die Stadt Antwerpen eine Stellung an in ihrem neugegründeten Psychopädagogischen Centrum, erst als soziale Assistentin, danach als Schulpsychologin. Ich fing an am 1. Dezember 1957 in einem leeren Haus ohne Möbel, ohne Schreibmaschine, mit zwei Mitarbeitern. Als ich den Dienst am 1. Oktober 1980 verließ, waren es 50 Mitarbeiter und drei Häuser. In den 23 Jahren habe ich beinahe 5.000 Kinder zwischen 3 und 14 Jahren untersucht, zusammen mit ihren Eltern. Jedes Kind war ein neues menschliches Abenteuer.

Jan übernahm am 1. Januar 1958 meine Stellung bei Carré. Er arbeitete half-time für ihn und half-time für die Madema bis zum 1. November 1977.

1958 war die Weltausstellung in Brüssel. Wir hatten viel Besuch aus Berlin, Frankfurt, München, Bonn, London, Zürich, Amsterdam und Sao Paulo: zum ersten Mal sahen wir die Frau meines Bruders.

1959 bekam mein Vater 20.000 DM Entschädigung als Opfer des Nationalsozialismus. Klug geworden durch zwei Inflationen, 1923 und 1945, in denen das Geld wertlos wurde, wollte er diese Summe sofort in ein Haus für uns stecken. Am 13. April 1959 tat die Firma Kunnen den ersten Spatenstich in der Jan Ockeghemstraat in Edegem, wo bis dahin Kuhwiesen mit einem Bach waren, und am 2. Oktober 1959 zogen wir ein.

Marlene de Man-Flechtheim, 1983

Ab 1960, wir waren 45 und 47, wurde unser Leben normal. Die Golden Sixties fingen an. Wir hatten keine materiellen Sorgen mehr, nur die gewöhnlichen menschlichen Probleme mit Lieb und Leid in Familie, Beruf und Freundeskreis.

Es bleibt uns, den Rest unseres Daseins mit Haltung und Anstand durchzustehen und weiter zu versuchen, eine selbständige Persönlichkeit aufzubauen, unabhängig von den äußeren Umständen.

Antwerpen-Edegem, 13. September 1982 bis 2. Februar 1984

Ulrike Erhard

Literarisches Exil in Sanary-sur-Mer in den dreißiger und vierziger Jahren

Besuche in Sanary 1986-1993

Bis 1933 und mit Einschränkung bis 1938 kann man Sanary noch als einen Ort an der Riviera, an der Côte d'Azur bezeichnen. Spätestens ab Juni 1940 jedoch wurde Sanary ein Ort, der in der Nähe von Marseille liegt. Marseille wurde der letzte Schlupfwinkel für die Emigranten, die bisher in Paris Zuflucht gefunden hatten. Der Einmarsch der deutschen Wehrmacht in Paris löste im Juni 1940 eine große Fluchtbewegung nach Süden aus, in den noch unbesetzten Teil Frankreichs. 10 000 Menschen befinden sich im Transit Richtung Übersee im Laufe des Jahres 1941.

Zwischen 1933 und 1942 lebten etwa 410 deutsche, österreichische und andere Verbannte im Departement Var, mehr als 80% davon in Sanary, Bandol, Le Lavandou, in einer Luftlinie von etwa 20 km. Alle drei Orte hatten 1936 zusammen kaum 10.000 Einwohner, so daß der Anteil der österreichischen und deutschen literarischen und künstlerischen Emigranten etwa 4% betrug.

Wir machen uns das Bild eines Trichters, um die damaligen Verhältnisse verstehen zu können. Südfrankreich wurde »überbevölkert«. Das Departement Var, also auch Sanary, geriet in den offenen Sog des Terrors, und die besondere Geschichte von Marseille als »Transit-Stadt«, als »Fluchtpunkt Marseille«, als »letzte Hoffnung aufs offene Meer«, als »Visum-Stadt nach Übersee« nimmt ihren Anfang. Marseille, das hieß »Wartezeit«. Anna Seghers Roman *Transit* macht in seiner Unbestimmtheit die Bestimmtheit der transitären Existenz der Emigranten deutlich.

Beinahe 50 Jahre nach dem Handlungsgeschehen des Romans befindet sich Anna Seghers Text in unserem Reisegepäck, während wir von Paris aus in fünf Stunden die Hafenstadt Marseille erreichen und uns bei warmer, herbstlicher Mittagssonne in den Regionalzug Richtung Toulon setzen. An einer noch von der Jahrhundertwende her so belassenen kleinen Bahnhofsstation – Ollioules-Sanary – steigen wir aus. Zunächst sind wir neugierig auf den Ort und bitten einen Taxifahrer, uns nach Sanary hineinzufahren. Der Stadtkern von Sanary besteht aus vielen alten, schmalen Gassen, überfordert vom heutigen Autoverkehr. Wir fahren die Uferstraße entlang, parallel zum

Sanary, Hôtel de la Tour

Fischer- und Yachthafen. Der Taxifahrer erzählt uns, ein kalter Winter habe vor einigen Jahren die alte, prächtige Palmenpromenade derart dezimiert, daß nun nur kleine, junge Palmen in Holzbottichen am Straßenrand stehen. Wir fahren vorbei an der Kirche, dem Bürgermeisteramt und einer Reihe von Cafés.

Wir – die Recherchen in Sanary machte ich gemeinsam mit Gerd Koch – sind Touristen und halten an einem Hotel mit dem Namen »Hôtel de la Tour«, direkt am Hafen. Wir erinnern uns: Dieses Hotel wird in der Emigrations-Erinnerungsliteratur genannt. Es ist um einen alten Stadtturm herum gebaut, hat fünf Stockwerke. Wir blicken vom Zimmer aus auf den ehemaligen alten Hafen, auf die Uferpromenade, die Strände der Fischer, den Yachthafen, die kleine Werft und haben einen weiten Blick auf die Bucht von Sanary mit ihren vorgelagerten Inseln. Schauen wir nach links, sehen wir eine Platanenallee, wo jeden Vormittag ein provencalischer Markt stattfindet.

Im Treppenhaus des Hotels entdecken wir Bilder aus den dreißiger, vierziger Jahren. Stammen vielleicht einige von ehemaligen Emigranten, die sich durch Auftrags-Kunst-Malerei ihren Aufenthalt finanzieren bzw. erleichtern konnten?

Nur wenige Schritte sind es vom »Hôtel de la Tour« zum »Café de la Marine«, dem Platz, an dem sich die deutschen Schriftsteller während ihrer Emigrationszeit trafen und stundenlang bei einem Café noir saßen.

Bei unserem ersten Besuch ist es noch selbstverständlich, in dieses Café zu gehen. Hier sitzen immer viele junge Leute bei Lautsprechermusik und starkem Autolärm von der Hafenpromenade.

64

Wir stellen uns vor, wer hier gesessen haben kann, was hier diskutiert wurde – damals. Und wir erinnern uns an Hermann Kestens Buch *Dichter im Café*: Das Café im Exil wird zu »Haus und Heimat, Kirche und Parlament, Wüste und Walstatt, zur Wiege der Illusion und zum Friedhof. Das Exil macht einsam und tötet. Freilich belebt es auch und erneuert. Im Exil wird das Café zum einzig kontinuierlichen Ort.« (16,57) Welches Alter hatten die exilierten Schriftsteller, die 1940 hier im Café gesessen haben mögen? Franz Werfel war 50, René Schickele 57, Rudolph Leonhardt 51, Walter Hasenclever 50, Klaus Mann 34 und seine Schwester 35. Sehr jung war Golo Mann, 31. Der Vater, Thomas Mann, war 65, sein Bruder Heinrich 69 und Lion Feuchtwanger 56. Ernst Bloch war bereits 55 und Bertolt Brecht erst 42, Alfred Kantorowicz war 41 und Ludwig Marcuse 46 Jahre alt.

Wir finden bei unseren ersten Besuchen keinen Hinweis auf die Zeit der Emigranten in Sanary. Dafür erfahren wir, daß die Stadt Sanary mit einer bundesdeutschen Stadt, Bad Säckingen, verschwistert ist. Diese Stadt liegt am Schwarzwaldrand. In einem Fremdenverkehrsprospekt lesen wir, daß diese Verschwisterung ganz sinnreich sei, denn beide Orte lägen am Wasser und an den Bergen. Der deutsche Ort am Rhein und am Schwarzwald, der französische Ort am Mittelmeer und am Küstengebirge. Eine merkwürdige Analogie!

In einem anderen Werbeprospekt wird auf Sanary als »eine bewährte Sommerfrische für sonnenhungrige Bewohner des nördlichen Teils von Mitteleuropa« hingewiesen, namentlich Engländer und Deutsche hätten sich schon immer gern in Sanary aufgehalten. Zwei Namen werden genannt: Aldous Huxley und Thomas Mann. Bei Thomas Mann finden wir keinen Hinweis auf seinen Emigrantenstatus.

Erst beim dritten Besuch in Sanary finden wir einen Hinweis auf die emigrierten Schriftsteller. Wir gehen vom »Hôtel de la Tour« aus nach rechts auf den Bouleplatz und sehen an einer etwa fünf Meter hohen Stützmauer, gegen die Felsen einer Halbinsel errichtet, eine Gedenktafel aus Marmor, auf der 36 Namen eingraviert sind. Auf ihr lesen wir die Widmung: »Den deutschen und österreichischen Schriftstellern mit ihren Angehörigen und Freunden, die auf der Flucht vor der nationalsozialistischen Gewaltherrschaft in Sanary-sur-Mer zusammentrafen.« – Wie sich die Akzente verschieben: Aus dem Französischen »se sont retrouvés«, sich wiedergefunden haben, wird im Deutschen lapidar: zusammentrafen.

Aus dem *Sanary-Info* vom Dezember 1987 erfahren wir, daß sich aus Anlaß der Einweihung dieser Gedenktafel der bundesdeutsche und der österreichische Konsul aus Toulon in Sanary aufgehalten haben:

»Nachdem die mit der Trikolore bedeckte Tafel enthüllt war, dankte der Kulturattaché der Bundesrepublik Deutschland und der von Österreich den Einwohnern von Sanary und erinnerte bewegt an den warmen Empfang der vor den Nazis flüchtenden Landsleuten: ›Während der düsteren Tage der Besetzung war die schöne Stadt Sanary-sur-Mer der Zufluchtsort einer großen Zahl von Schriftstellern, Dichtern, Malern und Wissenschaftlern, österreichischer und deutscher Verbannter auf der Flucht vor dem Naziterror in Europa. Ihrer edlen Gesinnung folgend, haben die Einwohner und die Stadtverwaltung jener Zeit diese Personen zwischen den Mauern dieses friedlichen Zufluchtortes, der diese Stadt war, aufgenommen und geschützt. Fast ein halbes Jahrhundert später wollen Deutschland und Österreich der Bevölkerung von Sanary ihren aufrichtigen Dank für ihre menschliche Haltung ausdrücken, indem sie eine Erinnerungstafel anbringen, die am Freitag, dem 18. September 1987, 11.00 Uhr, an der Promenade des Baux in Sanary enthüllt wird....‹ Es war dann an dem Bürgermeister, die Lehre aus dieser Veranstaltung zu ziehen, und er tat es: ›Man kann nur bewegt und berührt sein anläßlich so hoher Gedanken der deutschen und österreichischen Kulturattachés. Sie sind gekommen, um an eine schmerzliche und ruhmreiche Seite unserer Länder zu erinnern und an die gegenseitige Verpflichtung, die von der Gemeinde Sanary ihren Landsleuten, den Dichtern und Malern gegenüber, die hier Schutz und Zuflucht suchten...‹

Ein Glas Ehrenwein im Rathaus beendete diese sympathische Veranstaltung.« (21,2)

Aufgrund von literarischen Zeugnissen der Emigranten gelingt es uns im Laufe der Zeit, einige Gegenden und Straßenzüge ausfindig zu machen, in denen Emigranten gewohnt haben bzw. gewohnt haben könnten. Wir finden die Villa Valmer, die Lion Feuchtwanger gemietete hatte, wir können mit Personen sprechen, die jetzt in dem Gärtnerhaus dieser Wohnanlage leben: Ludwig Marcuse hatte in den dreißiger Jahren dort Unterkunft bekommen. Wir kennen den Weg von Sanary zum Bahnhof Ollioules-Sanary. Wir können in etwa verfolgen, wo einige Empfänger von Belegexemplaren des Mephisto-Romans von Klaus Mann gewohnt haben, dessen handschriftliche Manuskriptfassung am 19. Mai 1936 in Sanary beendet wurde. Wir haben den Friedhof von Sanary aufgesucht und finden keinen Grabstein für Franz Hessel.

Immer wieder sind wir – sentimental – auf der Suche, um Orte, Straßen und Häuser herauszufinden, in denen Emigranten gewohnt haben könnten oder die für sie von Bedeutung waren. Auf einer dieser Wanderungen finden wir ein kleines zweigeschossiges Hotel in einem Platanen- und Palmengarten. Ab jetzt beziehen wir bei jedem Besuch dasselbe Zimmer, das mit den alten, farbigen Tapeten, der Stiege, den gedämpften Geräuschen und dem Blick auf drei ausladende Palmenzweige vor dem Fenster schon bald etwas sehr Angenehmes und Vertrautes hat. Hier lesen wir Feuchtwanger, Seghers, Kantorowicz, Pozner, Varian Frys Erinnerungen, Lisa Fittkos Bericht über ihre Hilfe bei der Flucht über die Pyrenäen aus dem besetzten Frankreich heraus... Wir nehmen uns auch Arbeitsaufgaben aus Deutschland mit an diesen Ort am Mittelmeer und bearbeiten etwa Gustaf Gründgens Verhältnis zum Nationalsozialismus, wie das der »Mephisto-Film«, der Roman von Klaus Mann gleichen Titels und die eigenen Zeugnisse Gustaf Gründgens, zeigen. Zum Lesegepäck gehören auch Franz Hessels *Pariser Romanze* und *Alter Mann*.

Manchmal stellen wir uns vor, daß auch dieses Haus von Emigranten, zumindest zeitweilig, bewohnt gewesen sein könnte. Dieses Hotel trägt den Namen »Bon abri«, was in der Übersetzung »gute Unterkunft«, »guter Schutz«, auch »guter Unterschlupf« heißen kann; auch ein Luftschutzkeller ist im Französischen ein »abri«. Wie bezeichnend dieser Begriff doch für die Situation der Emigranten ist!

Immer wieder streichen wir abends oder an ruhigen Tagen durch die alten Gassen des Ortes. Wir gehen die Hafen- und Uferpromenade entlang und stöbern in den Postkarten- und Buchläden, um weitere Hinweise auf die dreißiger und vierziger Jahre zu bekommen. Wir kommen auch in Gespräche in den Buchläden, und dann wird uns bestätigt, daß hier etliche deutschsprachige Emigranten lebten.

Es gibt jedoch keine spezielle Abteilung in den Buchhandlungen, die über die Schriftsteller jener Zeit oder über Autoren, die von jener Zeit berichten, Auskunft geben könnten. – Aber es gibt eine Anzahl alter Ansichtskarten zu kaufen, die wir oft betrachten und die uns in die Zeit vor 50 Jahren und mehr zurückversetzen, Ansichten um 1930: der Weg am Hafen entlang, die Palmenpromenade am Hafenbecken, noch ohne befestigte Kaimauer, die Mairie, die ausgebreiteten Fischernetze, der Blick auf die langen Tische mit den typischen Caféhausstühlen, das Hôtel de la Tour mit seinen Tischen im noch ungepflasterten Vorgarten unter Bäumen.

Besser noch als die photographische Momentaufnahme ermöglichen literarische Texte eine Rückbesinnung auf die Zeit des – ehedem – kleinen Fischerdorfes an der Côte d'Azur als Treffpunkt von Künstlern und Schriftstellern. Diese Texte zeigen die Entwicklung Sanarys vom freigewählten Ort der künstlerischen Bohème zu Beginn des 20. Jahrhunderts über die erzwungene Exilsituation der dreißiger Jahre bis zum abrupten Ende dieser Geschichte durch Flucht und Deportation 1939 bis 1942.

Sanary – ein Ort an der Riviera und: Der Tod von Franz Hessel

In der *Zeit* vom 25. Mai 1990 lesen wir:

»In den ersten Monaten nach der Machtergreifung Hitlers (machten sich) schätzungsweise 26.000 deutsche Flüchtlinge auf den Weg nach Frankreich, überwiegend Juden und ›Antifaschisten‹. Zwischen 1933 und 1940 kamen vermutlich mehr als 150.000 deutsche Emigranten auf der Flucht vor den Nazis nach Frankreich.« (25)

Wir greifen den Namen eines Exil-Autors heraus: Franz Hessel. Vergessen. Unbekannt. Meister der kleinen Prosa.

Aus Alfred Kantorowicz Erinnerungen erfahren wir:

»Am 4. Januar 1941 machte ich die Eintragung in mein Tagebuch: ›Gestern war der alte Hessel bei uns. Wir begegnen ihm oft im Dorf mit einem Schubkarren, einer Markttasche, einem Sack voll Holz. Der gütige alte Mann (den sein gelähmter Sohn und seine kranke Frau nicht von den Alltagssorgen entlasten können) erträgt Hunger und Kälte mit der gleichen heiteren Gelassenheit wie die Unbilden der Lagerzeit in Les Milles, des Transportes im Gespensterzug und die Krankheit in St. Nicolas bei Nîmes. Er hat sogar noch literarische Pläne: er will uns überreden, während der Wartezeit mit ihm gemeinsam einen zeitgemäßen *Dekamerone* zu schreiben. Unter dem Titel *Erzählungen am Lagerfeuer von St. Nicolas* sollen Erlebnisse und Schicksale in unserem Jahrhundert eingefaßt werden. Ein guter Einfall – aber ich fürchte, dem gebrechlichen Franz Hessel wird die Zeit nicht mehr bleiben, ihn auszuführen... Zwei Tage nach dieser Eintragung starb Franz Hessel. Er bedurfte der Stützung. Zwar scherzte er, es sei ja nur der Frost, der ihn so steif mache; wir wußten aber, daß er schon im Lager einen leichten Schlaganfall erlitten hatte. Am nächsten Tag, Sonnabend, besuchte Max Schröder ihn besorgt und fand ihn im noch ungeheizten Zimmer sehr entkräftet. Am Sonntag kümmerten sich andere, in seiner Nachbarschaft lebende Freunde um ihn, Hilde Stieler, Hans Siemsen (Anna Siemsens Bruder – wem immer das heute noch etwas sagen mag) und der alte Klossowski (dessen Sohn neuerlich in der französischen Literatur zu Ruhm gekommen ist). Als Friedel und ich am Montag vormittag nach ihm sehen wollten, war er bereits erloschen, still, klaglos, ohne Aufsehen, so, wie er gelebt hatte – hoffentlich auch schmerzlos. Wer weiß, was ihm erspart geblieben ist....
Am Tage der Beerdigung, am 8. Januar, schlug das Wetter um. Der strenge Frost wurde durch sintflutartigen Regen abgelöst. Da Frau Hessel gebeten hatte, vom Trauergeleit durchs Dorf abzusehen, warteten wir frierend und durchnäßt an der Friedhofsmauer. Als mit Frau Hessel und den beiden Söhnen der Sarg anlangte, sprach als ältester Freund Hans Siemsen wenige unpathetische Worte des Abschieds.‹«(14,201 f.)

Es war ein Gedicht von Ringelnatz dabei, an das sich der Sohn Ulrich Hessel erinnert:

»Wenn ich sterbe, darfst Du niemals trauern.
Meine Liebe wird Dich überdauern.
Weine gut, lache gut.
Mache Deine Sache gut.« (13,128)

Franz Hessel liebte solche – an Poesiealben erinnernden – Verse.

»Franz Hessel war erst 1938 aus seinem geliebten Berlin, wo man ihn nicht mehr in Frieden leben ließ, weil er Jude war, in sein geliebtes Paris – man könnte sagen: heimgekehrt. Von dort allerdings bald nach Sanary übergesiedelt, wo er mit wenigem, was er besaß oder erwarb besser haushalten konnte.« (14,201)

Franz Hessels Tod markiert das Ende der »Hauptstadt der deutschen Literatur« (so Ludwig Marcuse) oder, wie Manfred Flügge heute sagt, der »literarischen Akademie« Sanary – zugleich das Ende für Sanary als Exilanten-Treff und das Ende der künstlerischen Bohême in diesem kleinen Fischerdorf der Côte d'Azur.

Erika und Klaus Mann schreiben in ihrem *Buch von der Riviera*, eine Frucht verschiedener Reisen Mitte der zwanziger Jahre:

»Sanary scheint zunächst durchaus das freundliche und intime Hafenstädtchen, wie es deren an der Riviera viele gibt: mit einer Straße am Meer, die Quai Victor Hugo heißt und an der das Café de la Marine liegt; mit ein paar größeren Hotels vor dem Städtchen, stattlichen, aber nicht gerade sehr luxuriösen (Hôtel de la Plage usw.) – In Wahrheit aber hat es eine eigene Bewandtnis mit Sanary, denn seit einigen Jahren ist es die erklärte große Sommerfrische des Café du Dôme, der sommerliche Treffpunkt der pariserisch-berlinisch-schwabingerischen Malerwelt, der angelsächsischen Bohême...
Diese Sanary-Sommer werden in die Kunstgeschichte (und vielleicht auch in die Chronique scandaleuse der großen europäischen Bohême eingehen). Ihre Stimmung ist einzigartig, denn die Gelächter der Café du Dôme-Leute (aus Paris, Montparnasse) mischen sich hier sehr merkwürdig mit dem Schmunzeln der südfranzösischen Spießer, die bei ihrem Apéritif an der Bar stehen.« (17,14)

Wie weitsichtig?! Noch 1987 zehrt die Fremdenverkehrswerbung des konservativen Bürgermeisters Sanarys von diesem Ruhm.

Sanary als Hauptstadt der deutschen Literatur – Zeitzeugen berichten

Stellvertretend für viele Mit-Emigranten an der Côte d'Azur beziehen wir uns im folgenden Bericht über Sanary als Lebensort auf fünf Autoren, die seit 1932 bzw. 1933 langjährige Bewohner des Ortes waren und dort ihre Exil-Heimat hatten – wenn man das so sagen darf. In ihren Erinnerungen bzw. in einem in Sanary geschriebenen Roman, der den Ort in der Provence zum

Mittelpunkt hat, hinterließen sie uns, den »Nachfahren«, literarische Zeugnisse. Nach dem Motto des Gedichts von Hans Sahl »Fragt uns aus, wir sind zuständig« (26,15) machen wir uns auf die Spur.

Ludwig Marcuse, 1895-1971, aus Berlin, in Sanary von 1933-1939 lebend, Schriftsteller, Kulturphilosoph, später Professor in den USA, Autor der Wochenzeitschrift *Die Zeit* in den fünfziger und sechziger Jahren.

Alfred Kantorowicz, 1898-1979, aus Berlin, ursprünglich Jurist, dann Schriftsteller und Literaturhistoriker; in dieser Funktion auch nach 1945 Professor an der Humboldt-Universität in Berlin (Ost), Herausgeber der Werke von Heinrich Mann, Zeitschriftengründer und Herausgeber (*Ost und West*), zweite Emigration in die Bundesrepublik Deutschland, zuletzt in Hamburg ansässig, lebte mit seiner Frau Friedel und seinem Sohn ab 1939 in Sanary bis Januar 1941.

Lion und Marta Feuchtwanger. Lion Feuchtwanger wurde 1884 geboren und starb 1958 in den USA, Marta Feuchtwanger starb 1987. Der Schriftsteller Feuchtwanger kam aus München, lebte später in Berlin und ist als Welt-Autor historischer Romane schon vor 1933 bekannt geworden. In Sanary lebten Marta und Lion Feuchtwanger von 1933 bis 1940.

René Schickele, 1883 in Oberehnheim (heute Obernai) bei Straßburg geboren, gestorben am 31. Januar 1943 in Vence bei Nizza. Romanschriftsteller, Lyriker, Redakteur der *Straßburger Neuen Zeitung* 1911-1913, 1914-1919 Herausgeber der *Weißen Blätter*, einer antimilitärischen, antinationalen, pazifistischen. Zeitung. Während des 1. Weltkrieges ging Schickele ins Schweizer Exil und wurde 1918 französischer Staatsbürger. Seine Werke schrieb er weiterhin in deutscher Sprache. Von 1932 bis Anfang 1934 lebten René Schickele und seine Frau Lannatsch in Sanary.

In Sanary bildete sich um Marta und Lion Feuchtwanger und ihre umfangreiche Bibliothek und ihr gewissermaßen offenes Haus so etwas wie ein literarischer und gesellschaftlicher bis politischer Treffpunkt – ähnlich den literarischen Salons mit Café-Häusern im damaligen Berliner Westen. Die Feuchtwangers können als ein Kristallisationspunkt des literarischen Lebens in Sanary angesehen werden.

Ludwig Marcuse prägt das Wort Sanary als »Hauptstadt der deutschen Literatur« – nicht ohne Witz, vielleicht auch nicht ohne Bitterkeit und auch mit einiger Übertreibung. Er schreibt:

>»Es war den deutschen Schriftstellern in der Diaspora nicht genug, mit den Genossen des Schicksals in Verlagen, Anthologien und Zeitschriften ver-

einigt zu sein. Sie wollten auch miteinander sprechen: Pläne machen, hoffen, traurig sein und verzweifeln. So ist zu erklären, daß zwischen 1933 und 1939 in Sanary, dem kleinen Fischer-Nest westlich von Toulon, in einem der zwei Cafés am Hafen zusammensaßen: Thomas Mann und Bruno Frank, Arnold Zweig und Lion Feuchtwanger, Ernst Toller und Bert Brecht, Alfred Kerr und René Schickele, Piscator und Antonia Vallentin, Julius Meier-Graefe und der Maler Leo von König (einer der wenigen Besucher aus Deutschland), Fritzi Massary und die Sternheim-Tochter Mops, Hermann Kesten und Friedrich Wolf und Franz Werfel und Wilhelm Herzog, Arthur Koestler und Professor Gumbel, Spiero und Klossowski, Rudolf Leonhard und Balder Olden, dessen Frau mit Recht Primavera hieß. (19,179)

Die Geschichte der Entdeckung Sanarys ist noch nicht geschrieben worden. Der kleine Ort wurde so berühmt, daß die große amerikanische FBI mich vor der Einbürgerung immer wieder fragte: please tell us something about the German colony Sanary. Und ich hatte immer wieder viel Mühe, für die freundlich neugierigen Investigatoren klarzustellen, daß wir Deutsche selbst in Hitlers bester Zeit Sanary nicht zu einer ›Kolonie‹ des Vaterlandes gemacht hatten; daß vielmehr dies französische Fischer-Dörfchen in den Dreißigern von einem guten Teil der besten deutschen Literatur und außerdem von einigen Engländern (unter ihnen Aldous Huxley) auf die friedlichste Weise okkupiert worden war. Auch daß es dort einen Kramladen gab, der hieß: ›L'agréable et l'utile‹.

In meinem Sanary saß ich, abgesehen von einigen Wintermonaten in Paris und einer längeren Reise nach Rußland, sechs unglücklich-glückliche Jahre: meist vor einem Holztisch auf der Veranda des kleinen provencalischen Gärtner-Häuschens ›La Côte‹. Bisweilen war ein guter Teil der besten deutschen Literatur im Dorf und saß im ›Marine‹ oder bei der ›Witwe Schwab‹. Sanary war ein sehr umfangreiches Romanisches Café, mit Marmor-Tischen und Badehosen. Namentlich im Sommer wurde das Nest überfüllt von literarischen Kaisern. Die Luft war geschwängert mit originellen Aperçus, Indiskretionen und Krächen.

In solchen Stunden war's, daß ich Deutschland selig vergaß.

Wenn die meisten Mit-Emigranten wieder abzogen, blieben nur noch: wir, unser Nachbar Feuchtwanger, in St. Cyr Meyer-Graefe, in Nizza Heinrich Mann und Schickele.« (19,180 ff.)

Über Feuchtwangers Leben notiert Marcuse: »...streng geregelt. Besucher, die vom Café Marine ihn antelefonierten, erhielten die Auskunft: Herr Feuchtwanger würde sich freuen, wenn Sie von 4 Uhr 30 bis 6 Uhr 15 zu ihm kämen... Es kamen der Baron von Rothschild und der Graf Sforza und Julien Luchaire vom Quai d'Orsay, der Mann Antonia Vallentins, und die gesammelten deutschen Dichter und Denker der Gegend.« (19,185)

Feuchtwanger: Ein Großschriftsteller und eine politische sowie zeitge-

Sanary, Café de la Marine zu Beginn des 20. Jahrhunderts und heute

schichtliche Persönlichkeit, dessen Romane in den zwanziger Jahren hohe Auflagen erfuhren, die in 20 Sprachen übersetzt wurden; Feuchtwanger verfügte über finanzielle Mittel, auch eine Erbschaft von seiner Frau ist hier zu veranschlagen, er war politisch aktiv auf der humanistisch-pazifistischen Linken, tätig als Journalist; sein Leben in Sanary hatte einen großbürgerlichen Zuschnitt (mit Hausangestellten, einem teuren Automobil). In den zwanziger Jahren bekommt Feuchtwanger Preise und Ehrungen. Sein berühmter Roman *Jud Süß* wird unter Veränderung der Tendenz von den Nationalsozialisten verfilmt. Ein weiterer Roman trägt den Namen *Erfolg*. Von Sanary aus reist Feuchtwanger 1937 mit Ludwig Marcuse nach Sowjet-Rußland. Er schreibt ein Buch über diesen Aufenthalt, in dem er die neue Sowjetunion und ihre Politik verherrlicht. Das führt zu großem Aufruhr innerhalb der Exilanten, da Feuchtwanger die Stalinschen Prozesse verharmlost. 1936 ist Lion Feuchtwanger einer der drei Herausgeber der in Moskau erscheinenden Zeitschrift *Das Wort*, die beiden anderen sind Willy Bredel und Bertolt Brecht. Außerdem ist Feuchtwanger aktiv im SDS (= Schutzverband deutscher Schriftsteller).

Einige Episoden aus der sogenannten literarischen Akademie um Feuchtwanger. Marta Feuchtwanger erinnert sich 1982:

»Während des langen Sommers riß die Kette der Besucher nicht ab. Freund und Feind trafen und vertrugen sich. Die Frankfurter Rothschilds hatten einen Weingutbesitz jenseits von Toulon. Sie luden uns ein und baten, unsere Freunde mitzubringen. Wir kamen mit dem Statistiker Emil Gumpel, der als Professor in Heidelberg nach dem Ersten Weltkrieg den Ausdruck ›auf dem Felde der Unehre gefallen‹ geprägt hatte und dafür von den Studenten verprügelt worden war.

Ein andermal kam Alfred Kerr persönlich. In Berlin war ich ihm wegen seiner Ablehnung Brechts immer ausgewichen. Er war schon ziemlich alt und seine Lage, wie jeder wußte, als deutscher Kritiker fern von Deutschland hoffnungslos. Aber er saß stramm da und ließ sich nichts anmerken. Im Exil hat er dann seine besten Gedichte geschrieben.

Auch Arthur Koestler kam durch Sanary. Er war im Spanischen Bürgerkrieg von den Franco-Faschisten gefangengenommen und zum Tode verurteilt, auf englischen Druck jedoch befreit worden.« (7,252 f.)

Durchgangsstation war Sanary auch für Erika und Klaus Mann:

»Sanary-sur-Mer, zwischen Toulon und Marseille gelegen, ist ein malerisches Fischerdorf mit einem Hotel, zwei oder drei Cafés und ein paar schmucken Villen. In der stattlichen Villa haust, wie sich's gehört, Lion Feuchtwanger, ein zäher Arbeiter, dabei immer munter und guter Dinge. Warum sollte er nicht lustig sein? Er glaubt an den Fortschritt und schreitet übrigens seinerseits von einem Erfolg zum anderen. *Die Geschwister*

Oppenheim, die er gerade bei Querido hat erscheinen lassen, sind die wirkungsvollste, meistgelesene erzählerische Darstellung der deutschen Kalamität. Jetzt ist er wieder mit seiner großen historischen Komposition, dem *Jüdischen Krieg*, beschäftigt. Schwere Arbeit! Feuchtwanger berichtet, wie sauer er sich's werden läßt, lacht aber beim Erzählen. Überhaupt lacht er gerne, nicht selten über sich selbst.« (18,319)

Ludwig Marcuse sagt:

»Er lebte wortwörtlich innerhalb der Welt-Literatur.

Er umgab sich, wohin er auch verschlagen wurde, sofort mit Scharen von verehrten Toten aller Vergangenheiten.

Ich kannte nicht die Bibliothek, die er in Berlin Hitler hatte überlassen müssen – und bestimmt nicht zum Lesen.

Nun schuf er sich am Mittelländischen Meer neue Wände aus Büchern; und entdeckte in Sanary einen Mann, der ihm die Werke Flauberts und anderer Hausgenossen nach Herzens Lust einband.

Regelmäßig las er vor, aus dem jüngsten Manuskript: zuerst waren es *Die Geschwister Oppenheim*. Der kleine Mann mit dem kleinen Gesicht, das schon immer alt war, und mit der jugendlichen, bedingungslosen Anhänglichkeit an das Leben, fing auf die Minute an, machte pünktlich nach so und soviel Seiten Pause, hörte auf die Sekunde auf; scharf eine Stunde nach der ersten Zeile.

Feuchtwanger wohnte in einem prächtigen Haus über dem Meer. Ich kannte ihn noch nicht lange; erst seit jenem Tag, da wir gemeinsam Ossietzky in seine erste Haft begleiteten. Damals hatte Feuchtwanger nicht sein freundliches Chinesen-Lächeln; er zeigte die schlechtgelaunteste Unterlippe. Mir fiel, als wir nebeneinander wohnten, zuallererst seine Unerschütterlichkeit auf, in aufgeregtester Zeit. An einem regnerischen Abend des Jahres 1934 wurde der französische Außenminister Barthou und Alexander von Jugoslawien nebenan in Marseille ermordet. Man hörte Radio, sprach erregt, wilde Gerüchte gingen um, wir stellten Vermutungen an – ich wurde auf der Landstraße nach Six-Fours verhaftet. Feuchtwanger lag um neun im Bett und las Plutarchs *Philosophen und Regenten*.« (19,179 ff.)

Feuchtwanger: Das ist auch ein Kollege, der Geld spendet, wenn andere Kollegen in Not sind, der ihnen für eine gewisse Zeit Unterkunft in seinem Anwesen gibt.

Lion Feuchtwanger ist seit den zwanziger Jahren in stetigem Arbeitskontakt mit Bertolt Brecht. Er korrespondiert häufig von Sanary aus mit Brecht, so am 16. Februar 1936. In dem Brief an Brecht heißt es ironisch und etwas überheblich zu Feuchtwangers eigener Lebens- und Arbeitsplanung:

»Ich habe mit Schrecken aus meinen Notizen ersehen, daß ich noch 1.233

Romane, 413 Dramen und 12.748 Essays zu schreiben habe, und wenn ich das in den 24 Jahren erledigen will, die mir noch bleiben, heißt es organisieren.« (6,341)

Auch René Schickele gehört zu denjenigen, die sich zum Leben in Sanary äußern. So schreibt er in einem Brief an Annette Kolb vom 14. September 1936:

»In Sanary ist wieder mal die halbe Emigration versammelt. Kürzlich gab Feuchtwanger einen Monstre-Thee, bei der auch Baby Goldschmidt – Rothschild und Gatte erschienen. (Mit dem amant ist es aus, wegen Rassenschande.) Unter den Anwesenden bemerkte man: die Gastgeber, den weltberühmten Dichter Lion F. und seine der Königin vergleichbare Gattin, Ernst Toller und Frau, Ludwig Marcuse und Frau, Eugen Spiro und Frau, Eva Hermann, Sybille von Schönebeck (jetzt Mrs. Bedford), Rudolf Leonhard, Schwarzschild und Frau, den Maler Kissling (!) nebst Gattin, Frau Huxley u. a. m; gegen Abend sitzen die meisten im Café bei der Wwe. Schwob. (Ins Lyon geht man nicht mehr.)« (22,294)

René Schickele hatte 1932 sein Haus im Schwarzwald in Badenweiler, nahe der französischen Grenze, vermietet – nach zehnjährigem Aufenthalt dort mit seiner Frau Lannatsch und seinen beiden Söhnen reiste er, um von seinem schweren Herzasthma zu gesunden, ins »Sonnenland« der Provence. Das Haus seines Freundes Julius Meier-Graefe in St. Cyr sur Mer sollte der Beginn seiner zweiten Exilzeit werden.

Trotz aller Hoffnungen, zurückkehren zu können, schreibt Schickele bereits nach wenigen Wochen an Annette Kolb über die Verhältnisse in Deutschland: »Dieses Tollhaus geht mich nichts mehr an. Die Hälfte meines Lebens (und mehr) und den größten Teil meiner Seelenkräfte habe ich vertan in einer Hoffnung, die sich als trügerisch erwiesen hat. Um wirklich helfen zu können, muß man dazugehören. Ich gehöre nicht dazu...«

Vom November 1932 bis Oktober 1933 bewohnte die Familie Schickele die Villa »Ben Qui Hado« in Sanary, im Ortsteil des Parks »Stellamare«. Während in Deutschland die Faschisten die Macht übernehmen, schreibt Schickele seinen Roman *Die Witwe Bosca*. Bereits Mitte Dezember 1933 erscheint der Roman beim Verlag S. Fischer in Berlin. Es sollte sein letztes in Deutschland erscheinendes Buch sein.

Bis zum Januar 1940, als Schickele stirbt, wechselt er die Orte an der Côte d'Azur aus gesundheitlichen und finanziellen Gründen. Im November 1933 zieht er in Sanary um in das Haus »Le Chêne«, anschließend nach Nice-Fabron und nach Vence, nahe bei Nizza. Immer wieder fährt er nach Sanary, dem Ort, der den lokalen Mittelpunkt seiner *Witwe Bosca* bildet. So beschreibt Schickele während einer Genesungskur (nach schweren Herzasthmaanfällen) in einem Brief an Annette Kolb am 23. Juli 1936 in St. Cyr seinen Tagesablauf:

»Wenn der Mistral nicht bläst, bleibe ich 2 Stunden nackt an der Luft, gegen die Mittagssonne durch einen roten Schirm geschützt. Also episch: Ich stehe um 7 ½ auf. Frühstücke mächtig auf der Terrasse. Darüber und über der inzwischen eingetroffenen Post wird es 9 ½, 9. Dann Schreibtisch bis 11 ½. Fahrt an den Strand. Bad und Luftbad bis 1 ¼, 1 ½ Mittagessen. Siesta. Um 3 ½ an Schreibtisch bis 5, 5 ½. Abendfahrt, oft nach Sanary. Nach 8 Abendessen. Um 10 ½ im Bett. Ich lese noch eine Stunde und lösche dann das Licht... Heute sind wir zum Abendessen bei Feuchtwanger, Samstag zum Mittagessen bei Huxley...« (22,288)

Für die Ortsbezeichnung Sanary wählt Schickele in der *Witwe Bosca* eine verschlüsselte, anagrammatische Lesart: »Ranas-sur-Mer«, und Bandol wird zu »Cantal«.

Seinen Roman können wir heute lesen als Bild-Beschreibung vom »Land der Troubadoure« (die Provence) mit detaillierten Orts-und Wegeplänen, von den Unwägbarkeiten des Wetters, vom aufregenden inneren und »äußeren« Leben der Einheimischen und dem der »Fremden«. Oft bereist wird »das Land der Freunde« (Schickeles Mit-Emigranten) – und gleichzeitig lesen wir in seinen expressionistischen Bildern die Vorwegnahme eines für Schickele sehr früh drohenden Krieges, der aus Deutschland kommt.

In seiner Tagebucheintragung vom 3. Dezember 1933 schreibt er: »Erstes Exemplar der *Witwe Bosca*. Mein bestes Buch... Das objektivste meiner Bücher... Obgleich alles drin ist, was ich an Gram, Zorn und Hoffnungslosigkeit im Sommer 33 erlebt habe. ...Ohne diese Arbeit hätte ich den Sommer vielleicht nicht überlebt.« (24,353)

Im Brief an Thomas Mann vom Oktober 1933 aus Sanary nimmt er auch Bezug auf seinen »provencalischen Roman« (Thomas Mann): »Es ist eine gierige und todestrunkene Zeit (Thema meiner *Witwe Bosca*), die eine groteske Komik hervorbringt.« (23,49)

René Schickele beginnt seinen Roman mit dem leitmotivischen Satz:

> »Die Jahreszeiten der Provence wechseln leise in der Nacht. Du siehst sie, du hörst sie nicht kommen. Eines Morgens wachst du auf und hast einen neuen Schatz.
>
> Schwarze Straßen durchlaufen das Land, geteert, von Automobilen geglättet – das grelle Licht frißt sie an wie eine Säure. Eine von ihnen verläßt Ranas-sur-Mer und die Bucht, die seinen Namen trägt, und steigt in wenigen, scharfen Kurven auf die Höhe über dem Städtchen. Und hier, wo die letzten Häuser zwischen Ölbäumen verschwinden, erblickst du bereits wieder eine andere Bucht mit dem dazugehörigen Städtchen. Das ist Cantal. Ranas fügt seinem Namen die Bezeichnung sur mer hinzu – Meer adelt, das Mittelmeer doppelt. Cantal dagegen hält es nicht für nötig, seinen Glanz mit einem Kunstgriff zu erhöhen. Cantal besitzt ein Riesenhotel

mit Englisch radebrechender Bedienung, ein Kasino modernsten Stils, das bereits dreimal verkracht ist, und eine Tanzdiele mit Glasboden.

Die beiden Orte können einander nicht sehn, die Wahrheit zu sagen, tragen auch kein Verlangen danach. Ein Vorgebirge steht mit dem Absatz seiner Felsen im Meer und trennt ihre Buchten oder Meergärten, wo unter Sonne und Wind das Licht blüht wie in den Gärtnereien des Festlandes die Blumen.

Von der übrigens nur mäßigen Anhöhe zwischen den beiden Ortschaften zweigt ein Weg ab, ein ländlicher Weg trotz seiner Breite, staubig und voller Löcher. Er führt um einen mit Pinien bewachsenen Hügel, dessen Namen ein Schild verkündet:

– Park Stellamare, Baugelände, unvergleichlicher Rahmen und Ausblick, mit Wasser, Gas, Elektrizität und allen Bequemlichkeiten. Weitere Auskunft erteilen Notar Burguburu und agentur Ad astra. –

Darunter folgen, rechts und links nach ihrer Lage geordnet, die Namen der fertigen Villen und weißer Schrift. Für die noch nicht vorhandenen Häuser ist der Platz ausgespart, blau wie die Farbe des Schildes und des Himmels. Sie sind gleichsam schon im Ei da und warten darauf, daß die Sonne sie ausbrütet. Tatsächlich schlüpft alle paar Monate eines davon aus.

Den Park kannst du als Naturpark ansprechen, als Überrest, vielleicht auch als Auslese eines Pinienwaldes. Er stellt eine gemäßigte Wildnis dar mit Felsen.« (24,15 ff.)

»In Ranas-sur-Mer scheint es keine Geheimnisse zu geben, der Frühling hat sie alle an den Tag gebracht. Mit den roten Dächern ihres neuen und den grauen ihres alten Viertels liegt die Stadt breit und offen in der Sonne, der viereckige Festungsturm, neuerdings in ein Hotel eingebaut, ragt als Burgfried hervor, Kellner und Stubenmädchen bewachen ihn. Und der Sommer ist da. Die Polizeimacht besteht aus zwei Zivilisten mit Militärmützen, sie überwachen den Markt und die lebhaft einsetzende Saison und sehn tief unglücklich aus, ihr Amt verbietet ihnen das Boulespiel. Warum?

Nun, man muß immerhin die Möglichkeit eines Streites zwischen den Spielern im Auge behalten, und dann hätten sie mit der rauhen Hand der Macht und mit der Binde der Gerechtigkeit um die Ohren einzugreifen. Könnten sie das, wenn sie selbst Partei wären? So bleiben die Bedauernswerten zu lebenslänglicher Enthaltsamkeit verurteilt. Sie sind die einzigen Menschen in Ranas, die niemals lachen. Selbst an jenem denkwürdigen Markttag, als sie auf Befehl ihres Vorgesetzten, des ehrenwerten Doktors Blanc, die Hochzeitsfahnen von der Villa Maria einholten, bewahrten sie das Aussehen von Totengräbern inmitten der lachenden Menge.

Die meisten Fensterläden in Ranas sind Tag und Nacht geschlossen, sowohl im Winter wie im Sommer. Die Leute, die bei offenem Fenster schlafen, gelten für närrische Fortschrittler, oder es sind Ausländer, meist wohnen sie auf der Colline und in Stellamare.« (24,167 ff.)

»Von Ranas klangen Musik und Lärm herauf. In Ranas war Kirmes. Die Lustbarkeit füllte den Raum zwischen Hafen und Stadtfront bis auf den letzten Platz, die Buden strahlten, die Karussele wirbelten, die Schiffsschaukeln flogen, zu einer Blechmusik tanzten die Paare den landesüblichen schnellen Trippelwalzer, auf der Straße stauten sich Autobusse und Wagen. Die Gemeindepolizisten gingen umher und schrien um die Wette mit den Autohupen. Niemand schien die Nähe des Unheils zu ahnen, das Städtchen schäumte über von Fröhlichkeit und Sinneneifer... Oben in Stellamare war es still.

Bisweilen fiel der Name einer Ortschaft, eines Berges. Erst als jemand seitlich hinter dem Brandherd, weit im Osten, einen blässeren Feuerschein am Horizont wahrnahm und darauf hinwies, machte sich die Ergriffenheit der Versammelten in überstürzten Worten Luft.

Das muß bei Hyères sein, zwanzig Kilometer hinter Toulon... – Und im Westen rund um Marseille... – Es brennt in Cassis... – Und hinter Hyères ist der Maurenwald... – Und der Wald der Esterel... – Und die brennen ohnehin fast jeden Sommer... – Die ganze Küste steht in Flammen!« (24,184)

»Über Ranas-sur-Mer und seinem Hafen schickte der Tag, ein hoher Herr, sich an, in Purpur und Seide vor aller Angesicht zu verscheiden. Die Felsen des Vorgebirges jenseits der Bucht erröteten fiebrig, wurden blaß wie der Tod. Langsam zog die Nacht sich zusammen, ein Netz, durch dessen Maschen ein mattblauer, noch unbestirnter Himmel hereinsah.

Dann war das Schleppnetz der Dämmerung weitergezogen, und Ranas, sein Hafen, die Berge, Meer und Himmel erhoben sich zu einem blauen, luftigen Bau, silbern durchzogen. Manchmal war ein Atem aus der Höhe spürbar, der bewegte leise das große, wie in einem größeren Spiegel eingefangene Bild. Am Ende der Mole hing ein rotes Licht, weiter draußen, auf der Höhe der Insel, öffnete und schloß ein Leuchtturm sein Auge.

Sechs Fischer marschierten im Gänseschritt in das Café de la Marine.

Die Mütze saß ihnen im Genick, die Hände steckten in den Hosentaschen, die Zigarette saß angewachsen im Mundwinkel, sie hatten gutmütige, verwitterte Gesichter. Mit ihnen ging eine Melodie, sie schien eher um ihre Köpfe zu summen, als daß sie selbst sie erzeugten.

Wenn der Wind weht
Über das Meer...

Es war der Schlager aus einem deutschen Tonfilm, sie summten ihn kunstvoll im Chor:

Wenn der Wind weht
über das Meer...

Die Fischer zogen ab, sechs Kerle im Gänsemarsch hintereinander, Sweater und breite Hosen, an der Spitze marschierte der Alte mit dem Haupt eines Kardinals. Die frische Zigarette wuchs ihnen bereits wieder im Mundwinkel an, die Hände schlugen Wurzeln in den Hosen, die Mützen saßen schief im Nacken, kühn sahen die Männer aus, kühn, unbeirrbar und menschenfreundlich. Dreistimmig summten sie:

Wenn der Wind weht
Über das Meer...

Und die Kartenspieler, an denen sie vorbeikamen, summten mit.

Im Freien empfing sie ein ungebärdiger, nach starken Gewürzen riechender Landwind, der Vorreiter des Mistrals. Plötzlich brachen sie alle sechs ihren Singsang ab, blieben mitten auf der Straße stehen und guckten in die Luft. Das tiefe Rauschen von Bombenflugzeugen drang zu ihnen herab, sie sahen aber nichts als ein Licht, das sich winzig zwischen den Sternen bewegte...

Kaum war es erloschen, da prallten draußen auf dem Meer Strahlenbündel von Scheinwerfern gegen den Himmel und suchten, sich kreuzend, die Luft ab... Aha, schon wieder Manöver, sagte einer der Männer. Das Rauschen schwoll an, wurde heller, es bewegte sich dem Meer zu... Ein Zug weiß schimmernder Vögel wurde sichtbar, bewegte sich wie im eigenen Licht, und von den unsichtbaren Kriegsschiffen draußen auf See fiel ein Schuß.« (24,35 f.)

Zwei Jahre später (16. März 1935) kommentiert sich Schickele in einem Brief so: »Früher konnte ich mir einreden, eine Mission zu haben. Gegen Lügenpest und Kriegsflugzeuge können wir nichts ausrichten.« (22,9)

Zunehmend schmerzlich gestaltete sich für Schickele im Exil das Verhältnis zu den in Deutschland verbleibenden Autoren und seinen »Mit«-Emigranten an der Côte d'Azur. Seine Briefe sind voller Ironie, Trauer und Anklage.

Im August 1934 schreibt er: »Ich war nur kurze Zeit in St. Cyr. In Sanary traf ich gleich am ersten Abend die ganze Bande: Kio, Stielerin (sehr auf Neu!), Bruno Frank und seine reizende Frau (sie leidet schwer unter der Massary, die bei ihnen ist und sich ständig das Leben nehmen will – Diskretion, bitte!), Feuchtwangers, mehr Milliardär denn je, Marcuses, Bondy. Mit Huxleys war ich zweimal zusammen, einmal bei Ju, einmal bei ihnen auf der Gorguette. Sie verbringen den nächsten Winter in London. Es scheint ihnen finanziell nicht gut zu gehen... Wenn das am grünen Holz geschieht, was haben wir abgeschnittenen Äste zu erwarten!! Mit graut manchmal.« (22,148)

Und am 8. Juli 1935: »... die Interessantesten der von Hitler Unterdrückten sitzen in Deutschland und leiden noch ganz anders als die Herren Emigran-

ten. Und küssen einem die Hände für jede nicht gleichgeschaltete Zeile.«
Schickele spricht auch vom »unüberbrückbaren Graben«, »die Freundschaft
mag noch so bemüht sein, ihn mit Erinnerungen, guten Wünschen und
Nachsicht zu füllen. Er ist da und wird täglich tiefer. Traurig.« (22,9)

Vom Leben in Sanary zur Internierung im Lager von Les Milles

Nun zu den Veränderungen der Lebensbedingungen in Sanary nach Beginn
des Krieges am 1. September 1939 und der französischen Kapitulation im
Juni 1940. Die französische Regierung verfügte nach Hitlers Überfall auf
Polen auch über die Internierung deutscher Antifaschisten – gegen Widerstand auch in der Nationalversammlung.

Der sozialistische Abgeordnete Marius Moutet sprach vor der
(französischen) Nationalversammlung von den Internierungslagern als Konzentrationslagern:

> »Tausende von Menschen sind verhaftet worden... es lag kein Haftbefehl
> gegen sie vor, es wurde keine Anklage erhoben und kein Richter einge-
> schaltet. Wochenlang herrschte uneingeschränkte Willkür, bis zu dem
> Tag, an dem der größte Teil der Inhaftierten in die Konzentrationslager für
> Verdächtige eingeliefert wurde... Es ist nicht zu verantworten, daß die
> Menschen, die aus den Lagern Hitlers entkommen sind, nun in französi-
> schen Lagern interniert bleiben. Das wäre zu ungerecht, zu grausam. Diese
> Menschen müssen in kürzester Zeit freigelassen werden.« (25,48)

Am Vorabend seiner ersten Internierung durch die französischen Behörden,
am 7. September 1939, hatte Kantorowicz notiert:

> »Morgen geht es ab ins KZ... Dies also ist die letzte Eintragung in dieses
> Heft. Nicht einmal dies ist gewiß, daß diese Hefte aus all den schweren
> Jahren, die die eigentliche Beichte meines Lebens enthalten, bewahrt blei-
> ben und Zeugnis ablegen werden. Sie sind ein Vermächtnis. Aber es wird
> sich vielleicht zeigen, daß niemand gewillt ist, diese Erbschaft
> anzutreten.« (3, 36)

Alfred Kantorowicz erste Internierung war eine Folge der »Verordnung, daß
alle im Departement Var lebenden Männer deutscher und österreichischer
Abstammung im Alter von 18 bis 50 Jahren sich in einem näher bezeichneten
Sammellager der französischen Hafenstadt Toulon zur Überprüfung durch
französische Militärbehörden zu melden hätten... Als Farce begann es. An
einem strahlenden Septembertag – Freitag, den 8. September (1939, Anm. d.
Verf.).

Für alle Fälle stand ein Gendarm am Bahnsteig, um zu beobachten, ob der

Deutsche, der da oben in Bormes wohnte, auch der Aufforderung, sich nach Toulon zu verfügen, Folge leistete ...«

Kantorowicz schreibt in der Sammelbaracke von Toulon sein Tagebuch, das ihm bei der späteren Abfassung eines Berichtes über das Exil als Erinnerung dient:

>»Man sieht dem Heft nicht nur seine Jahre an, sondern auch, daß es später mit einer Anzahl anderer Schreibhefte zusammen in wasserdichter Ölhaut vergraben wurde, als ich mich nach der Kapitulation Frankreichs verbergen mußte, um der möglichen Auslieferung an die Gestapo zu entgehen. ...
> Am Sonntag kamen die Frauen aus Sanary, die mütterliche Frau (die Gattin des bayerischen Schauspielers, der in Sanary einen Besitz hatte), die ganze Körbe von Obst für die Belegschaft und für mich ein Kissen mitbrachten. Die Holländerinnen schickten Zigaretten. Feuchtwangers Sekretärin Lola Sernau fuhr mit Fruchtwein, Konservenbüchsen, Zigaretten und Lavendelwasser vor. Dann erschien die Amerikanerin mit einer Matratze, einem Stuhl, weiteren zwei Kissen, Zigaretten und Kuchen. Dabei ist das Essen hier ausgezeichnet. Suppe, Fleisch, Gemüse, Brot, Käse, Wein – zweimal am Tag, alles reichlich und gut zubereitet... So verging die erste Woche. Am 15. September wurde plötzlich die Besuchserlaubnis zurückgezogen. Die mitgebrachten Sachen wurden kontrolliert und durch den Feldwebel ausgehändigt... Am 16. September tauchte das Gerücht auf, daß auch die 50- bis 60jährigen Männer ins Lager mußten.« (14, 24ff.)

Am 17. September 1939, also am selben Tag, an dem Alfred Kantorowicz in das Lager Les Milles eingeliefert wird, wird ein Zirkular des Innenministeriums von Frankreich veröffentlicht, daß alle deutschen, österreichischen und tschechischen Frauen und Männer im Alter von 17 bis 65 Jahren sich in verschiedene Sammellager einzufinden hätten (Centres des Rassemblements). Die Einberufung in Internierungslager war nach unterschiedlichen Kategorien gestaffelt. Es ging um Personen, die gefährlich für die nationale Sicherheit waren, um unerwünschte Personen und um solche, die keine Gefahr boten, jedoch Ausländer, also Emigranten waren. Von diesem Zirkular erfährt Kantorowicz erst etwas, als er nach 7 Tagen überraschend aus dem Lager freigelassen wird.

Kantorowicz berichtet weiter über den 16. September 1939: »Wir saßen in Räderscheidts Zirkel und stellten uns vor, wie sich wohl Feuchtwanger, Rheinhardt, Franz Hessel, Alfred Wolfenstein und die anderen älteren Herren unter uns ausnehmen würden.«

Exkurs: Räderscheidts Zirkel

Bevor wir die weitere Geschichte der Internierungszeit vorstellen, gestatten wir uns einen kleinen Exkurs zu Anton Räderscheidt und seinem »Zirkel«.

Anton Räderscheidt, am 11. Oktober 1982 in Köln geboren, gehörte als Maler zu den Hauptvertretern der Neuen Sachlichkeit im Rheinland. In den zwanziger bis zu Beginn der dreißiger Jahre war Räderscheidt auf allen einschlägigen Ausstellungen deutscher Malerei vertreten. Als expressionistischer, später eher konstruktivistischer Maler vollzog er zu Beginn der zwanziger Jahre eine Wende zum »magischen Realismus«.

Im Jahr 1926 reist Räderscheidt das erste Mal nach Südfrankreich, nach Marseille und Sanary. Dort entstehen Aquarelle und Zeichnungen.

1933 verläßt Räderscheidt Deutschland, zunächst für ein halbes Jahr. In Italien entstehen Städtebilder von Rom und Neapel.

1934 emigriert er von Berlin über die Schweiz und England nach Paris, wo er 1937 ein Atelier mietet. Von dort aus plant und verwirklicht Räderscheidt den Bau eines Hauses in Sanary. Dieses Flachdachhaus inmitten von Pinien ist bis heute erhalten geblieben. Ab Ende 1938 wohnt Räderscheidt in dieser kleinen Villa, in der er ein »internes« Restaurant für deutsche Emigranten führt: »Räderscheidts Zirkel«.

In seinem *Tagebuch des Malers Anton Räderscheidt* schreibt er 1967 – fast 30 Jahre später – unter dem Titel »Kurzer Rückblick«:

> »Ich war also im Jahr 1932 vierzig Jahres alt. Ich fühlte einigermaßen Boden unter mir. Ich begann als Maler bekannt zu werden ... Da ich politisch aktiv war, wurde ich zu einer Emigration ohne Vorbereitung gezwungen, ich verließ Köln mit einer Zahnbürste in der Tasche ... 1938 wußten wir Emigranten, daß ein Krieg unvermeidlich war. Wir wußten aber auch, daß Frankreich ungerüstet und ziemlich an Deutschland verkauft war. Ich ging vorsichtigerweise nach Sanary-sur-Mer, wo ich einen kleinen Besitz hatte. Das Pariser Atelier kündigte ich und ließ meine Bilder im Verwahrsam des Hausverwalters. Die nächsten Jahre vergingen in Unruhe und endlosen Beratungen mit den emigrierten Schriftstellern (Franz Werfel, Lyonel Feuchtwanger, Hasenclever und Alfred Kantorowicz), bis wir dann beim ›débacle‹ 1940 alle in ›Les Milles‹ interniert wurden.« (20, 21)

Im Lager sollte er Max Ernst wiedersehen. Jacques Grandjonc nennt Räderscheidt unter den internierten Malern im Camp »Les Milles«: »Anton Räderscheidt, lebte seit 1926 in Sanary, wo er ein Restaurant eröffnet hatte; in Les Milles mit seinem siebzehnjährigen Sohn interniert«. (11, 313)

André Fontaine, Deutschlehrer aus Aix-en-Provence und seit Ende der siebziger Jahre auf den Spuren der Emigranten und Juden vom Lager Les Milles, schreibt 1989 ebenfalls über einen Sohn Räderscheidts: »Il a un fils, Ernst Mayer, né en 1923, élève de l'école d'horticulture de Sanary et qui a été interné deux fois aux Milles puis déporté.« (10, 47)

A. Räderscheidt hatte zu der Zeit zwei Söhne: Johann Paul, geboren 1919, und Karl-Anton, geboren 1924. Verheiratet war A.R. mit der Malerin Martha Hegemann, emigriert war er 1932 mit der jüdischen Fotografin Ilse Meyer-

Metzger, geb. Salberg. Mit ihr lebte er in Sanary, und mit ihr sollte er auch später interniert werden. Die Angabe »Ernst Mayer« zeugt von der mühseligen Recherche nach über 50 Jahren.

»Nach etwa zwei Monaten gelang es mir zu entkommen, und ich lebte noch zwei Jahre mit falschen Papieren in Südfrankreich. 1942 ging ich schwarz über die Schweizer Grenze, um dort wieder interniert zu werden.

Nachdem ich im vierten Lager war, kam ich durch Intervention von Dr. Schmidt, Basel, frei...«

In den folgenden Jahren »galt« er als Franzose und kehrte im Jahre 1947 nach Paris zurück:

»... ich hatte einen materiellen Start in Paris, dort bekam ich den ersten Schlag durch die Feststellung, daß meine Bilder verschwunden waren... So landete ich 1949 wieder in Köln, ohne Geld und für die meisten Kölner ein fremder Mann...

In der Malerei sah es mal vorerst nicht rosig aus. Wieder konnte ich mich nicht gleichschalten. Man läuft ja mit 60 Jahren nicht mehr der Straßenbahn nach... Zur Existenz blieb mir also die Verwertung eines Handwerks... « (20, 21)

13 Jahre später erhält Anton Räderscheidt 1962 als Naziverfolgter eine staatliche Wiedergutmachungsrente. Bis zu seinem Tod im März 1970 entsteht in Köln Räderscheidts »Spätwerk«, das acht Jahre später, 1978, der Öffentlichkeit vorgestellt wird. Seine Frau Gisèle Räderscheidt schreibt im Vorwort zum Ausstellungskatalog: »Verfemt als entarteter Künstler im Dritten Reich erhoffte er sich im Nachkriegsdeutschland eine Existenzmöglichkeit durch eine Professur. Es geschah nichts. Er wurde ignoriert ...« (20, 17)

Doch zurück in das Jahr 1939. Räderscheidt notiert:

»Die Gerüchte, daß wir bald von hier fortkommen werden, häufen sich. Auch die Wachmannschaft spricht davon. Es heißt, wir würden in die Umgebung von Aix in ein größeres Sammellager gebracht werden. In den französischen Lokalzeitungen werden wir alle ausnahmslos als Nazis oder Naziagenten bezeichnet. Proteste und Zuschriften werden nicht veröffentlicht. Im Gegenteil. Auch die größeren Zeitungen widersprechen in ihren Leitartikeln der These von zwei Deutschland. Alle Deutschen werden unterschiedslos verdammt. Wir beginnen, es zu merken.«

Das Sammellager von Les Milles in der Nähe von Aix en Provence, 80 bis 90 Kilometer von Marseille entfernt, war eine Ziegelei, die bis zum 2. September 1939 aus technischen Gründen stillgelegt war. Am 5. September kamen 30 französische Unteroffiziere und 150 Soldaten, um die Ziegelei zu einem provisorischen Sammellager umzubauen. Die Zahl der im Lager Les Milles Inhaftierten betrug im Mai 1940 etwa 1.850, bereits Mitte Juli waren es

3.000. Unter ihnen befanden sich Hunderte von Schriftstellern, Wissenschaftlern, Musikern, bildenden Künstlern und Politikern. (vgl. 11, 21)

Wenige funktionierende Waschgelegenheiten und ein Graben als Latrine, um den sich die mit Dauerdurchfall geplagten Inhaftierten drängelten, standen allen Menschen zur Verfügung. Feiner Ziegelstaub, kräftiger Mistral im Herbst und Winter und im Sommer die Hitze – unter derartigen Bedingungen versuchen die Internierten zu überleben.

Im Januar 1990 begeben wir uns auf die Suche nach diesem ehemaligen Internierungslager und lassen uns von der Idee leiten, daß dieses lag – wie berichtet wurde – an einer Eisenbahnlinie liegt. Wir finden auch die Eisenbahnlinie und überqueren sie noch innerhalb der Stadt bzw. unmittelbar am Stadtrand in westlicher Richtung. Wir vermuten die Ziegelei weiter außerhalb und fahren nun schon in die Umgebung von Les Milles. Wir kehren nach zwei Kilometern um, da uns keine fabrikähnliche Anlage zu Gesicht kommt. Wir fahren wieder in den Ort Les Milles zurück und sehen nun vor dem Ort, dort wo die Eisenbahn die Straße gekreuzt hat, linker Hand, ein Baustofflager und alte Gebäude. Wir waren also am ehemaligen Internierungslager vorbeigefahren. Erst jetzt erkennen wir den rot-braunen Sand einer Ziegelei, erst jetzt erkennen wir die Architektur, die uns aus Bildern und aus Schilderungen von Internierten bekannt war: Eine alte Fabrikationsanlage, sehr staubig, mit einer Fabrikuhr und einem Bahnanschluß. Die Uhr steht übrigens.

Unsicher gehen wir auf das Gelände dieser Ziegelei und sehen zu unserer Überraschung gleich rechts auf dem Fabrikhof eine Plakette angebracht: Wir freuen uns, daß hier an den früheren »Verwendungszweck« erinnert wird. Als wir näher treten, sehen wir, daß es sich um eine Plakette zur Erinnerung an diejenigen Fabrikarbeiter handelt, die im Ersten Weltkrieg ums Leben gekommen waren. Aber kein Hinweis auf die Zeit, als diese Fabrik als Internierungslager diente. Wir trauen uns weiter auf das Gelände und erreichen so etwas wie ein Fabrikbüro. In diesem alten Gebäude befindet sich eine moderne Büroeinrichtung, und eine Angestellte ist dort tätig. Wir fragen sie nach den früheren Bestimmungen dieses Geländes und ob es das ehemalige Lager Les Milles sei. Sie bejaht und betont mehrmals, daß es sich um ein Transitlager gehandelt habe. Wichtig ist ihr der Ausdruck »Transit«. Wir fragen danach, ob es in diesem Büro Informationen über den früheren Verwendungszweck gäbe. Sie verneint; meint aber, daß beim Bürgermeisteramt ein Prospekt vorhanden sein müsse. Wir gehen zurück auf das Fabrikgelände und sehen nun die alte Anlage, wie sie auch den Emigranten und Internierten bekannt gewesen ist: lange schmale und nicht sehr hohe Gänge, Brenn- und Trocknungsanlagen für Ziegel, auf dem Hof sorgsam gestapelte bzw. abgepackte Lagen von frisch gebranntem Material. Hinter dem Gelände die Öfen und Abfallhalden. Ab und an fährt ein Lastwagen vorbei. Wir sehen nur wenige Personen. Überall sichtbar ist der Staub, rötlich, bräunlich, ockerfarben. Um das gesamte Gelände ist ein Gitter von etwa 2 1/2 Meter Höhe ange-

Les Milles 1990

bracht. Auch dieser Zaun, wie wohl fast alles, was wir jetzt sehen, kann noch aus der Zeit von 1940/41/42 stammen. Die inzwischen wenig befahrene Eisenbahnlinie führt nur einige Meter an der Ziegelei entfernt vorbei. Die Gleisanlagen und eine Rampe sind erhalten geblieben.

Wir verlassen diese Fabrikanlage und nehmen die Idee der Büroangestellten auf, zum Bürgermeisteramt zu fahren. Hier werden wir sehr freundlich empfangen, als wir nach Materialien über das Lager Les Milles fragen. Es sind Zeitungsartikel vorhanden, die etwa Ende 1970 erschienen sind. Es gibt einen Hinweis auf ein Drehbuch und Skript für einen Film über das Lager Les Milles. Der Autor dieses Films ist ein Franzose, der zeitweilig in West-Berlin lebt: Bernard Mangiante. Im Januar 1989 wird sein Film, in dem er 55 Zeitzeugen befragt hat, mit dem Titel »Les Camps du Silence« (»Lager des Schweigens«) in Lyon uraufgeführt. Fünf Jahre später können wir ihn in Berlin sehen. Bereitwillig werden uns in Les Milles Fotokopien von den vorliegenden Materialien angefertigt.

Danach verlassen wir diese Stadt, die mit ihren kleinen grauen Häusern wie eine Industriearbeiteransiedlung wirkt. Nur mit Mühen können wir uns wieder in den großen Verkehrsstrom, der nach Aix und weiter nach Nordost führt, einfädeln.

Zurück in das Jahr 1939

Kantorowicz bleibt etwa sieben Tage im Lager. Über Marseille gelangt er wieder an seinen Wohnort Bormes. Als Kantorowicz freikommt, werden aus Sanary eingeliefert: Hasenclever, Feuchtwanger, Reinhardt. Kantorowicz kann sie noch kurz begrüßen.

Als er in Sanary eintrifft, sind die zurückgebliebenen Frauen außerordentlich verstört, denn in der Zwischenzeit war das Zirkular des Innenministeriums in Kraft getreten, daß auch alle Frauen sich in Sammellagern einzufinden hätten. Alfred Kantorowicz Gefährtin Friedel lebte illegal in Frankreich, sie war nicht registriert und war auch nicht die angetraute Frau Kantorowicz – deshalb lebte sie (wie viele andere, die in Spanien gekämpft hatten) gefährdet. Kantorowicz schreibt:

> »Zurückgekehrt fand ich in Bormes Nachrichten von Ernst und Karola Bloch und anderen nahen Freunden aus den USA vor. Sie alle schreiben so vorsichtig, als stünden wir deutschen Emigranten in Frankreich bereits vor der Füsilierung. Die Kunde von den französischen Internierungslagern und dem Kampf der französischen Bürokratie gegen die Ausländer... hatte sich rasch in der Welt herumgesprochen.« (14, 67)

Die Folge der ersten Einweisung in ein Sammellager ist der Beginn des sogenannten Transiteur-Status! Von nun an bedeutet das Leben in Südfrankreich, sich Pässe zu besorgen, sich zu melden, sich um ein Transitvisum für Spanien und Portugal zu kümmern usw. Es gilt, sich an Marseille zu orientieren, dem letzten Schlupfwinkel und zugleich der letzten Hoffnung auf eine Ausreise aus Frankreich.

Kantorowicz schreibt, daß aus den anderen Lagern, namentlich den sogenannten Pyrenäen-Lagern, schlimme Post kommt: Die Lebensbedingungen seien dort um einige Grade schlechter als die, die Kantorowicz in Les Milles erfuhr. Die Lager sind auch dort überfüllt, zugleich aber macht das feuchte Klima zu schaffen, die Kälte des Nachts führt zu Erfrierungen und Erkrankungen. Etwa eine halbe Millionen ehemaliger Spanienkämpfer aus verschiedenen Nationen befindet sich nun in diesen Internierungslagern. Kantorowicz schreibt ca. 200 Briefe an die Internierten. Es gibt eine Reihe von Selbstmorden. Die Kommunikationswege sind gestört.

Alfred Kantorowicz wird zum zweiten Mal in Les Milles interniert:

»Am 20 Mai (1940) sind mit einem Rotstift die Worte (in mein Tagebuch) eingetragen: ›Ab nach Les Milles!‹ ... Der alte Bürgermeister, der mir den ›Sauf Conduit‹ für die Fahrt von Bormes nach Les Milles übergab, wünschte mir viel Glück und versicherte mir nochmals, daß ich mir um meine Frau keine Sorgen machen solle. Mein Bündel war gepackt; in ihm befanden sich die 800 Manuskriptseiten des ›Spanischen Tagebuches‹ und Kapitel aus einem Roman... Diese Manuskripte sind (übrigens) in Feuchtwangers Bücherkisten nach den USA gebracht und mir vor meiner Heimkehr von ihm zurückgegeben worden... In Toulon stieg ich in den Zug nach Sanary um und verbrachte den Abend mit Feuchtwanger.« (14, 97)

Feuchtwanger erinnert sich:

»Wir waren unser viere, die morgen nach Les Milles abzugehen hatten; jener Anton R. (Räderscheidt, Anm. d. Verf.), mein Nachbar, dann sein Sohn, der gerade siebzehn geworden war und also auch daran glauben mußte, dann ich, schließlich noch der Schriftsteller K. (Kantorowicz, Anm. d. Verf.), ein Deutscher, der in Spanien auf seiten der Republik gefochten hatte. (5, 23)

Wir standen und warteten. Wir hatten es uns alle anders vorgestellt, als wir nach Frankreich gekommen waren. Liberté, Egalité, Fraternité stand riesig über dem Portal des Bürgermeisteramtes (von Sanary). Man hatte uns gefeiert, als wir vor Jahren gekommen waren, die Zeitungen hatten herzliche, respektvolle Begrüßungsartikel geschrieben, die Behörden hatten erklärt, es sei eine Ehre für Frankreich, uns gastlich aufzunehmen, der Präsident der Republik hatte mich empfangen. Jetzt also sperrte man uns ein. Wir nahmen es hin mit einer Art bitteren Gleichmutes, diese Jahre hatten uns die Unbeständigkeit des menschlichen Verhaltens sehr anschaulich vor Augen geführt, wir ergingen uns nicht in Klagen, wir besprachen Sachliches, wie man am besten nach Les Milles gelange, wieviel Geld man mitnehmen solle und ähnliches.« (14, 97)

Am nächsten Morgen nehmen sie gemeinsam ein Taxi ins Lager Les Milles.

Lion Feuchtwanger beschreibt den »Alltag« im Lager eindringlich in seinem Buch *Der Teufel in Frankreich*, das er nach geglückter Flucht aus den Internierungslagern während der Schiffsüberfahrt nach Amerika 1940 zu schreiben begann. Im mexikanischen Exilverlag El Libro erscheint es 1942 unter dem Titel *Unholdes Frankreich*.

Am 24. Dezember 1941 notiert Bertolt Brecht in seinem Arbeitsjournal: »Lese im deutschen Manuskript Feuchtwangers ›Unholdes Frankreich‹ (Devil in France). Wahrscheinlich sein schönstes Buch. Merkwürdiger Epikureismus zwischen Pinien, Stacheldraht, Exkrementhäufchen, wenig Privatinitiative, Zivilcourage beträchtlich. Er bleibt auch in der zusammengetriebenen Horde der Herr, mit ein bis zwei Dienern, und bei einem gelegentlichen Durchbrennen unter Lebensgefahr vergißt er nicht, den Tafelwein sorgfältig auszusuchen. Sein Humanismus hat eine gesunde Grundlage.« (1, 341)

Das Lager Les Milles wird im August/September 1942 »aufgelöst«. Mehr als 1800 Menschen werden in das Vernichtungslager Auschwitz deportiert.

Im Rahmen der Einrichtung »Kulturelle Denkmäler Frankreichs« wird es am 16. September 1990 einmalig möglich, das ehemalige Lager Les Milles kostenlos zu besichtigen: Denn die internierten Maler im Lager, unter ihnen Hans Bellmer, Max Ernst, Wols, Franz Meyer hinterließen ihre »Spuren« in acht nicht datierten und nicht signierten Wandmalereien in der Ziegelei Les Milles.

Das Ende von Sanary – das Ende von Franz Hessel

Wir begannen unseren Bericht über das Leben im Exil in Südfrankreich mit dem Tod von Franz Hessel. Über das Leben von Franz Hessel und seiner Familie berichten wir nun zum Schluß.

Franz Hessel, geboren 1880 in Stettin, lebte und arbeitete in Paris und Berlin. Seit 1922 war er Lektor und Übersetzer beim Ernst Rowohlt Verlag in Berlin und schrieb als »literarischer Flaneur« Bücher über beide Städte.

Seinem letzten, zu seinen Lebzeiten publizierten Buch hatte er den Titel *Ermunterungen zum Genuß* gegeben – und das im Jahre 1933! Seine Frau Helen Hessel lebt mit den beiden Söhnen Stéphane und Ulrich – geboren 1917 und 1914 seit 1925 in Paris. Sie arbeitete als Modekorrespondentin in Paris für die *Frankfurter Zeitung* bis 1938.

Ab 1933 gilt Franz Hessel als »Nicht-Arier«, seine Eltern waren nichtgläubige Juden gewesen, und Franz Hessel war protestantisch getauft. Stéphane und Ulrich Hessel sind nach den Rassegesetzen des Hitler-Regimes nun zu »Halbjuden« geworden.

1933 beginnt sein Sohn Ulrich eine Lehre beim Rowohlt Verlag in Berlin, kehrt jedoch 1935 nach Paris zurück – nun als Exilierter. Franz Hessel bleibt bis zur Aufgabe des Verlages durch Ernst Rowohlt 1938 in Deutschland. »Das Hitler-Regime hielt mein Vater für eine bald vorübergehende Erscheinung«, so sein Sohn. 1938 verläßt Franz Hessel Berlin, seine Frau zwingt ihn förmlich dazu und fährt nach Paris zu seiner Familie.

Die autobiographischen Erinnerungen Ulrich Hessels, die dank der Bearbeitung durch Manfred Flügge als Dokumentarerzählung aufgenommen worden sind, dienen uns als Abschlußbilder.

»Im April 1940, noch rechtzeitig vor der großen Massenflucht aus Nordfrankreich, bin ich mit meinen Eltern von Paris nach Sanary-sur-Mer gekommen. Wir fuhren mit dem Auto, einem kleinen Rosengart-Wagen, meine Mutter saß am Steuer. Die Entfernung von Paris bis Sanary ist recht groß, und so dauerte es einige Tage, ehe wir in der Villa von Aldous Huxley eintrafen, die uns dessen Schwägerin überlassen hatte. Die ›Villa Huxley‹ lag etwas außerhalb von Sanary auf halber Höhe seitlich der abschüssigen Landstraße von Bandol. Soweit ich mich entsinne, war sie grün und weiß angestrichen und besaß zwei Stockwerke sowie einen Garten. Nach einiger Zeit mußten wir diese Bleibe aufgeben... Wir zogen also um, und zwar in den Ortsteil Portissol zu Madame Richarme, einer ehemaligen Opernsängerin, deren Gesicht durchaus in eine klassische französische Tragödie gepaßt hätte... sie behandelte uns sehr liebevoll. Eine Treppe führte vom Garten in das etwas höher gelegene breite Geschoß, welches meine Mutter und ich bewohnten... Von dort aus stieg eine ziemlich steile Treppe zum Zimmer meines Vaters, eine Art Turmzimmer, wo mein Vater all seine Schreibsachen hatte, von der winzigen ›Erika‹ an, auf der er sein Leben lang getippt hatte, bis zu den diversen beschriebenen und unbeschriebenen Blättern, die überall herumlagen. Es sollte sein letztes Arbeitszimmer sein... Um die Küche kümmerte sich meine Mutter, wir beiden Männer machten die Besorgungen. Insbesondere gelang es meinem Vater, die uns zustehenden Kohlen vom Händler bis zu unserem Hause auf der Schulter zu tragen. Er nannte sich selbst dabei den ›Lastträger von Bagdad!‹« (9, 227f.)

Dieser für uns heutige Zeitgenossen eher hoffnungsvoll anmutende Beginn des Exil-Lebens wird jäh im Mai 1940 unterbrochen, also einen Monat später: »... als die deutsche Wehrmacht Frankreich überrannte, wurden mein Vater und ich im Lager Les Milles bei Aix-en-Provence interniert, zunächst ich, eine Woche später er, da jetzt die Altersgrenze heraufgesetzt worden war.« Und in einer beinah heiteren, anekdotischen Weise ergänzt Ulrich Hessel – vermeidend die Haftbedingungen im Lager zu benennen – diese Begebenheit:

»Einige Zeit später sollten auch die deutschen Frauen interniert werden, aber meine Mutter dachte nicht daran, sich so einfach zu fügen, wie wir es getan hatten. Als die Gendarmen sie abholen kamen, legte sie sich nackt unter die Bettdecke und sagte: ›Sie werden Frankreich nicht entehren und die Mutter eines französischen Offiziers abholen.‹ Die Gendarmen ließen einen Arzt kommen, der ein Attest ausstellte, daß sie aus Krankheitsgründen transportunfähig war.«

Gemeint war Stéphane Hessel, der seit 1937 französischer Staatsbürger war und 1939 in die französische Armee eingezogen worden war. Ihm gelang im Juni 1940 die Flucht aus der deutschen Kriegsgefangenschaft. Versteckt lebte er mit seiner französischen Frau russisch-jüdischer Herkunft in Toulouse, in Montpellier. Er erhält ein Visum mit Hilfe von Varian Vry und ist ab Mitte 1941 in England tätig für das »freie Frankreich«, das von dort Kontakte zu französischen Widerstandsgruppen herstellt. 1944 gerät Stéphane in Frankreich in Gestapo-Haft und wird in das KZ Buchenwald transportiert. (vgl. 8, 111) Ihm gelingt mit Hilfe anderer im Lager der Austausch seiner Identität. Als angeblich bereits im Oktober 1944 an Typhus verstorbener Deutscher entgeht er der Hinrichtung. Seine Biographie erzählte Stéphane Hessel im September 1993 im Institut Français in Berlin.

Zurück in das Jahr 1940, zum Monat Juli. Unter den 2000 Internierten im sog. »Gespensterzug«, der vom französischen Wachpersonal und einigen Internierten »organisiert« worden war, befanden sich auch Franz Hessel, Ulrich Hessel und Alfred Kantorowicz. Dieser Zug mit Richtung Bordeaux sollte eine letzte Fluchtmöglichkeit vor dem Zugriff der sich nähernden deutschen Wehrmacht sein.

Während Alfred Kantorowicz von den Strapazen dieser mißlingenden Fahrt in überfüllten Waggons spricht und die mangelhafte Versorgung und die sich zunehmend verschlechternden hygienischen Verhältnisse nennt, die die schwere Erkrankung Franz Hessels an Dysenterie zur Folge haben, hören wir von Ulrich Hessel ein poetisches Bild und eine knappe, sachliche Beschreibung:

»Da sich die Deutschen auch dieser Stadt näherten, kehrte der Zug wieder um und brachte uns in die Nähe von Nîmes, wo wir im Zeltlager Saint-Nicolas untergebracht wurden. Auf dem Rückweg hielten wir längere Zeit in einem kleinen Bahnhof. Auf dem Nebengleis stand ein Zug, der mit deutschen Frauen und Kindern belegt war. Die hellen Stimmen aus dem anderen Zug klangen angenehm in unseren Ohren, für einen Augenblick war die Welt wieder vollständig, aber dann fuhr der Zug weiter, und wir blieben mit unseren tiefen Männerstimmen allein. An meinem Geburtstag, dem 27. Juli 1940, kamen wir wieder frei.« (9, 229)

Kantorowicz nennt als Grund für die Freilassung die »Haftunfähigkeit« Franz

Hessels: »Er klage nie, obwohl er mit seiner zarten Konstitution ganz besonders unter den Unbilden der Lagerhaft litt.« (14, 103)

Kantorowicz war bei dem Halt des Zuges bei Nîmes geflohen, wurde ins Gefängnis gebracht und war im August 1940 wieder in Sanary-sur-Mer.

Franz Hessel lebte noch fünf Monate und machte noch zwei Fahrten nach Le Lavandou, wo er E.A. Reinhardt besuchte. Ulrich Hessel erinnert sich:

»Als er am 20. November zum zweiten Mal nach Le Lavandou wollte, mußte ich ihn inständig bitten, noch einen Tag abzuwarten, nämlich bis zu seinem Geburtstag, den er vergessen zu haben schien. Er blieb dann auch noch ein wenig, aber ich konnte nicht ahnen, daß es ihm nicht mehr wichtig war, Geburtstag zu feiern...

Dann plötzlich, am 6. Januar, dem Tag der Heiligen Drei Könige, legte er sich am frühen Nachmittag auf das Bett, stieß einen oder zwei Seufzer aus und verstarb innerhalb einer halben Stunde... « (9, 229)

47 Jahre nach dem Tod seines Vaters schickt Stéphane Hessel »... einen Schreibblock mit karierten Blättern... Auf dem einst violetten Deckblatt stand Bloc-Notes.« (12, 174)

Die vermutlich letzten Textfragmente Franz Hessels sind nach Mitte 1939, vielleicht erst 1940 in Sanary oder im Lager Les Milles geschrieben worden. (vgl. 12, 174) Die Texte beginnen mit den Worten: »Heimkehr, letzte Heimkehr war meine Reise nach, meine Ankunft in Paris im Oktober 1938.« (12, 7ff.)

Auf dieser Reise erinnert sich Hessel in zarter, heiterer und oft komischer Weise an Stationen, auch Warte-Stationen, seines Lebens.

Die letzten Sätze dieses Textfragmentes lauten: »Das Leben – eine Wanderschaft ewiger Gegenwart ohne Gestern und Morgen. Kommt man ans Ende der Welt, wird man Zeit haben, halt zu machen. Bis dahin aber laßt uns leben und singen, lieben und trinken. Denn das kann man überall. Unser, unser ist die Freiheit.« Das Wort Freiheit ist sehr groß geschrieben. Darunter steht: Liberté; das Wort ist aber durchgestrichen. (vgl. 12, 40)

Verwendete Literatur

(1) Bertolt Brecht: *Arbeitsjournal 1938-1942*, Frankfurt a.M. 1973
(2) Hans-Hagen Bremer: Ich, General de Gaulle, zur Zeit in London..., in: *Frankfurter Rundschau*, 18.6.1990
(3) Ursula Büttner: Alfred Kantorowicz im französischen Exil, in: *Exil, Nr. 1*, Jahrgang 1989
(4) *dtv-Lexikon*, München 1973
(5) Lion Feuchtwanger: *Der Teufel in Frankreich, Erlebnisse*, Frankfurt a.M. 1987

(6) Lion Feuchtwanger: Brief an Bertolt Brecht, Sanary, 16.2.1936, in: Michael Winkler (Hg.): *Deutsche Literatur im Exil 1933-1945*, Stuttgart 1982

(7) Marta Feuchtwanger: *Nur eine Frau*, München 1983

(8) Manfred Flügge: *Paris ist schwer. Deutsche Lebensläufe in Frankreich*, Berlin 1992

(9) Manfred Flügge: *Gesprungene Liebe. Die wahre Geschichte zu »Jules und Jim«*, Berlin 1993

(10) André Fontaine: *Le camp d'étrangers des Milles 1939-1943*, Aix-en-Provence 1989

(11) Jacques Grandjonc, Theresia Grundtner (Hg.): *Zone der Ungewißheit. Exil und Internierung in Südfrankreich 1933-44*, Reinbek 1993

(12) Franz Hessel: Letzte Heimkehr, in: Manfred Flügge (Hg.): *Letzte Heimkehr nach Paris. Franz Hessel und die Seinen im Exil*, Berlin 1989

(13) Ulrich Hessel: Ein deutscher Franzose, in: Manfred Flügge (Hg.): *Letzte Heimkehr nach Paris*, Berlin 1989

(14) Alfred Kantorowicz: *Exil in Frankreich*, Frankfurt a.M. 1986

(15) Alfred Kantorowicz: Auszüge aus den »Französischen Tagebüchern«, in: *Exil, Nr. 1*, Jahrgang 1989

(16) Hermann Kesten: *Dichter im Café*, Berlin 1983

(17) Erika und Klaus Mann: *Riviera*, Berlin 1989

(18) Klaus Mann: *Der Wendepunkt. Ein Lebensbericht*, Reinbek 1984

(19) Ludwig Marcuse: *Mein 20. Jahrhundert. Lebenserinnerungen*, München 1960

(20) Anton Räderscheidt: Aus dem Tagebuch des Malers, in: *Das Spätwerk des Malers Anton Räderscheidt*, Begleitheft zur Ausstellung, Düren 1978

(21) *Sanary-Info. No. 17*, Décembre 1987

(22) René Schickele: Brief an Annette Kolb, in: Hans Bender (Hg.): *Briefe im Exil 1933-1940, Annette Kolb, René Schickele: Die Mainzer Reihe*, Bd. 65, 1987

(23) René Schickele: Brief an Thomas Mann, Oktober 1933, in: Hans Wysling und Cornelia Bernini (Hg.): *Jahre des Unmuts: Thomas Manns Briefwechsel mit René Schickele 1930-1940, Thomas Mann Studien*, Bd. 10, Frankfurt a.M. 1992

(24) René Schickele: *Die Witwe Bosca*, Berlin (DDR) 1976

(25) Klaus-Peter Schmid: Gefangen in der zweiten Heimat, in: *Die Zeit*, 25.5.1990

(26) Michael Winkler (Hg.): *Deutsche Literatur im Exil 1933-1945. Texte und Dokumente*, Stuttgart 1982

Gerd Koch
Dichtertage bei Hans Grimm, Autor des Romans *Volk ohne Raum,* in Lippoldsberg an der Weser

1926 wird ein Autor mit einem Roman bekannt: Hans Grimm (1875 – 1959) veröffentlicht seine über 1000 Seiten umfassende »Erzählung« *Volk ohne Raum* im renommierten Verlag Albert Langen (München). Um was geht es in dem Roman? Cornelius Friebott, aus der Gegend von Reinhardswald und Solling von der Oberweser stammend, wird Ende des 19. Jahrhunderts ins südliche Afrika verschlagen, weil in Deutschland keine zufriedenstellende Arbeits- und damit Entfaltungsmöglichkeit für einen fleißigen Menschen besteht. Doch in Afrika (selbst im deutschen Kolonialgebiet »Deutsch-Südwestafrika«, dem heutigen Namibia) muß der Roman-Held feststellen, daß »der Engländer« immer schon da ist, Positionen in materieller, geopolitischer und geistiger Hinsicht bezogen hat. Ihm – dem englischen »Händlervolk« – gehört die Welt; ein »Volk mit Raum« also. Und die deutsche, ehrbare Handwerker- und Bauernmentalität kann sich nicht frei entfalten – nicht in der Enge des eigenen Landes und nicht im Weltmaßstab. Raum wird zur nationalen Frage. Nach dem Verlust der deutschen Kolonien in Folge des Ersten Weltkriegs versucht Cornelius Friebott für diese Ideen in der Heimat zu werben. Von einem Steinwurf eines (politisch) »Roten« wird er tödlich verletzt. Friebott war selbst anfänglich als »Roter«, d.h. an der sozialen Frage Interessierter, in Deutschland und Afrika aktiv. Er meinte aber im Laufe seiner politischen Sozialisation zu erkennen, daß die nationale Frage mindestens zur sozialen hinzukommen müsse – wenn sie nicht gar die entscheidende sei...

Hans Grimms Werke sind in dem von ihm 1951 gegründeten Klosterhaus-Verlag in Lippoldsberg noch heute in 35 Bänden zu erhalten. Buchhandlungen in Namibia stellen sie aus, und die Versandbuchhandlung des Klosterhaus-Verlags vertreibt Bücher aus dem politischen Umfeld: Nationale (Erinnerungs-)Literatur, Veröffentlichungen zu den Weltkriegen, zur »Kriegsschuld«, zur »Neuen Rechten«, zum »Revisionismus« in der Bewertung der nationalsozialistischen Verbrechen. Autoren, die bei Hans Grimm und nach seinem Tode während der Dichtertage gelesen haben, sind ebenfalls vertreten.

1918 kann sich Hans Grimm einen Teil eines ehemaligen Klostergutes in Lippoldsberg an der (Ober-)Weser kaufen.[1] Dort finden von 1934 bis 1939 von ihm veranstaltete Dichtertreffen statt – zur Selbstverständigung im Männer-Freundeskreise; das Kriegserlebnis 1914-1918 ist bindend; englische Autoren und Wissenschaftler werden hinzugebeten[2]: der »Herr« und »gentleman« Hans Grimm hat eine »(Haß-)Liebe« zu England; denn auch dieses Land gehört immerhin – bei aller geopolitischen Differenz – wie auch sein Heimatland zum Land der »Nordmänner«... Von 1949 bis 1959 führt Hans Grimm wieder Dichtertage durch. Seine Nachfahren halten die Tradition bis in die achtziger Jahre aufrecht.

1927 wird Hans Grimm zum Ehrendoktor der Universität Göttingen (sog. Lagarde-Doktorat)[3] ernannt. 1932 bekommt er die Goethe-Medaille, und 1933 wird er Mitglied und Senator der Preußischen Akademie der Künste, Sektion Dichtkunst, und Präsidialrat der Reichsschrifttumskammer[4].

Hans Grimm war kein Mitglied der NSDAP, wohl aber ein konservativer Autor, der in Hitler und seiner »Bewegung« Möglichkeiten sah, den »deutschen Menschen« inneres Selbstbewußtsein und Weltgeltung zu geben (die Übernahme des Slogans« Volk ohne Raum« für die nationalsozialistischen Eroberungszüge gen Osteuropa können nur bedingt Hans Grimm angelastet werden – sein geopolitisches Credo ist weltpolitisch anders und z.T. idealistisch-kulturell ausgerichtet). Hans Grimm rühmte sich jedoch gelegentlich, der NS-Bewegung als bürgerlicher Mensch, der er mit Stolz war, viele Mitglieder und Wähler zugeführt zu haben. Er befand sich mit der nationalsozialistischen Bewegung im gleichen geistig-politischen Horizont, verabscheute jedoch die »unsaubere«, tugendlose »Parteimethodik« (ein konservatives Argumentationsmuster, das sich häufig findet: »gute Ideen« – »schlechte Praxis«, der »gute Führer« und die »schlechten Mitläufer«). Gegen »Auswüchse« der NSDAP und ihrer Organisationen ging Hans Grimm mit (englischer?) Zivilcourage vor.[5]

Hans Grimms Hauptwerk *Volk ohne Raum* wird millionenfach verkauft. Die Dichtertreffen, die von 1934 bis 1939 (und wieder nach 1949) einen öffentlichen Dichtertag mit Lesungen und musikalischer Umrahmung umfassen, ziehen tausende Menschen an. In einer vervielfältigten Einladung zum Lippoldsberger-Dichtersonntag am 16. Juli 1950 hieß es:

»Die Dichtersonntage entstanden 1934, als Hans Grimm nach einer Vortragsreise in England englische Germanisten und Literatur-Historiker zusammen mit deutschen Dichtern für 10 Tage zu sich auf sein Klosterhaus in Lippoldsberg einlud. Wie zufällig entstand der Gedanke, die anwesenden Dichter aus ihren Werken lesen zu lassen. Das Dorf, umliegende Schullager und Freunde in Göttingen wurden schnell unterrichtet... Man beschloß, die Zusammenkunft jährlich zu wiederholen. Die Akademische Orchestervereinigung Göttingen bot sich ab 1935 an, zu dem Tag ein Kirchenkonzert in der schönen, alten Klosterkirche zu geben und die Lesungen der Dichter mit Musik zu umrahmen... Die vielen Zuhörer aus allen Teilen Deutschlands wurden angezogen durch die Zwanglosigkeit und durch die Unabhängigkeit dieses Tages, es war wohl eine der wenigen Zusammenkünfte jener Zeit, auf der keine Fahnen gezeigt wurden und die frei von Parteireden waren; zum anderen lockte neben Musik und Dichterwerk die schöne Sommerlandschaft der Weser.«

Besondere Leseabende gibt es für die Dorfbevölkerung und immer wieder für die Wehrmacht: »Wahrscheinlich wieder Lesen vor der Wehrmacht, wohl an drei Abenden.« (Hans Grimm an Edwin Erich Dwinger, 8.6.1937, handschriftlicher Zusatz, nicht von Grimm, wohl von seiner »Schreibhelferin« [Sekretärin])[6]

Die musikalische Gestaltung der Dichtertage liegt ab 1935 in der Hand der Akademischen Orchestervereinigung Göttingen. Sie bietet vormittags ein eigenes Musikprogramm in der Klosterkirche und begleitet nachmittags die öffentlichen Dichterlesungen im Klosterhof. Der Dichtertag wird in der Regel von Hans Grimm im Einvernehmen mit dem Leiter der Akademischen Orchestervereinigung, Willi Rehkopf, geplant. Manchmal gewinnt man den Eindruck, daß dieser Dichtertag gänzlich in der Hand von Rehkopf und der Akademischen Orchestervereinigung liegt: Sie wirbt, lädt ein, organisiert den Sonderzug ab Göttingen usw. Hans Grimm »fügt« die Autoren hinzu, und er stiftet das jeweilige Motto des Tages. Er nennt sich gelegentlich einen »Gast« der Göttinger Musiker (da die nationalsozialistische Kulturpolitik in Grimms Unternehmungen Konkurrenz-Veranstaltungen sah, war es manchmal [taktisch] klug, statt Grimm »die Göttinger« als Veranstalter in der Öffentlichkeit erscheinen zu lassen).

Veranstalter und Publikum bilden eine Gemeinschaft, die sich vom modernen Kulturbetrieb dadurch unterscheidet, daß sie eine soziale und kultur-ideologische Einheit bildet bzw. stiften will. In der vervielfältigten Einladung zum Lippoldsberger-Dichtersonntag am 16. Juli 1950 heißt es im Rückblick:

»Die Lippoldsberger-Dichter-Sonntage sind eine ›Veranstaltung ohne Veranstalter‹. Hans Grimm ist zwar der Hausherr, der die Dichter einlädt und sich gemeinsam mit ihnen zum Lesen und Sprechen zur Verfügung stellt. Und der in den Jahren vor dem Kriege auch die hauptsächlichsten geldlichen Unkosten trug. Hans Grimm hatte aber immer eine Abneigung, aus dem Dichtersonntag eine Veranstaltung zu machen. Er lehnt es auch heute ab, daß zur Deckung der Unkosten bei der Lesung auf dem Hofe irgendwelche Eintrittsgelder erhoben werden.«

Die konservative, kulturpessimistische, dem mittelalterlichen Werkleute-Gedanken und der Hausmusik-Ideologie anhängende Gemeinschaft findet ihr publizistisches Sprachrohr in zwei Zeitschriften, die der traditionellen Musikbewegung zugehörig sind: *Lied und Volk*, 1937 als neue Folge von *Lied und Volk* unter dem Namen *Die neue Schau* erscheinend.[7] Regelmäßig wird hier über die Dichtertage, mit ihrem Ansatz sympathisierend, berichtet.

Die Mitarbeit der Akademischen Orchestervereinigung wird rückblickend ebenfalls ausführlich gewürdigt. Nach dem Vorstellen der Berichterstattung über die Dichtertage während des »Dritten Reiches« in den Zeitschriften *Lied und Volk* und *Die neue Schau* wird auch der Blick auf das erste Heft der *Neuen* (eigentlich *alten*, weil so wenig geänderten) *Schau* nach dem 2. Weltkrieg geworfen, und es gilt zu vermelden, daß ab 1949 wieder Dichtertage bei Hans Grimm in Lippoldsberg stattfinden.

Nachfolgend wird der Dichtertag von 1937 ausführlich vorgestellt; die Dichtertage 1934, 1935, 1938 und 1939 werden im Überblick portraitiert.[8]

Zum Dichtertag 1934

Hans Grimm ist 1934 in England auf Lesereise. Er resümiert seinen Aufenthalt folgendermaßen:

> »Ich begriff nach solchen Unterhaltungen und Gesprächen, daß von uns einzelnen, unabhängigen Deutschen, die alle guten Geister ihres Volkes und der Menschheit bewahrt wissen wollten, Sichtbarliches und womöglich, Gemeinsames unternommen werden müsse als Zeugnis für unser Dasein in einem verhemmten und vom allgemeinen Umbruch der Zeiten am stärksten beunruhigten Lande... Ich will trachten, im Sommer einige bekannte junge deutsche Dichter bei mir einzuladen für etliche Tage und vielleicht Freund Binding hinzu. Die Männer werden alle den Krieg mitgemacht haben, sie werden wahrscheinlich alle überzeugt sein, daß die Welt im Umbruch stehe und daß schon um der Dauer Europas willen den Deutschen ein gleiches europäisches Recht für ihre guten Gaben zugestanden werden muß; sie werden meinen, daß dies durch uns selbst vor aller Welt aufgezeigt zu werden habe gegenüber der politischen Propaganda und werden von sich aus nicht weniger weltoffen sein, als Goethe und Schiller es waren. Und wenn diese Männer dann bei mir sind, nehmen Sie (gemeint ist William Rose, Germanist vom London College, Anm. G.K.) an der Begegnung teil.«[9]

In *Suchen und Hoffen* schreibt darüber Hans Grimm:

> »Aus dem Vorschlag entstand das erste sogenannte ›Dichtertreffen‹ im

Klosterhause und Klosterhofe. Gäste jenes Anfangs waren Paul Alverdes, Werner Beumelburg, Walter Julius Bloem, der sich später Kilian Koll nannte, Joachim von der Goltz und Ernst von Salomon. Binding und Mechow konnten nicht kommen. Das Treffen hatte noch keine feste Form wie die späteren gelungenen Treffen der Jahre 1935, 1936, 1937 und 1938... mit ihrem großen Zulauf von weither und den großen Namen der Gäste. Vorgetragen von den Teilnehmern wurde vor Göttinger Studenten, vor Arbeitsdienstlern und vor Bewohnern unseres Dorfes. Der einzige Fremde englische Gast war der Dozent Rose.«[10]

Hans Grimm hatte den Klosterhof nach dem Ende des Krieges gekauft, »der durch ihn im ganzen genannt, von vielen Dichterfreunden aufgesucht und auch dann noch mit seinem Namen verbunden ist, wenn Hans Grimm nicht mehr selbst dort wohnt.« (Bernhard Martin: Hans Grimm – Der Dichter von Volk ohne Raum, in: *Lied und Volk*, H. 8, 1938, S. 102). Hans Grimm »hat die Lippoldsberger Dichtertage ins Leben gerufen und damit in einer in mancher Hinsicht zersplitternden Zeit einen Weg geistiger gemeinsamer Gestaltung nicht bloß gezeigt, sondern beschritten und andere für ihn gewonnen... Was Hans Grimm ›ist‹, das sieht man an den Lippoldsberger Treffen...« (S. 104)

Jürgen Schüddekopf charakterisiert in seinem Bericht vom Dichtertreffen 1935 die Teilnehmer von 1934 als »einen Kreis zwar wesensverschiedener, aber auch durch das eine große Erlebnis des Krieges und denselben geistigen Raum der Zucht, der Verantwortung, des Deutschseins geeinter Dichter.« (Jürgen Schüddekopf, Das Lippoldsberger Dichtertreffen der Akademischen Orchester-Vereinigung, in: *Göttinger Tageblatt*, 2.7.1935)

Aus einem Brief von Hans Grimm an Bruno Brehm vom 26.6.1934 geht hervor, daß auch Ernst Jünger, Friedrich Wilhelm Heinz und Bruno Brehm selbst eingeladen worden waren. In eben diesem Brief schreibt Hans Grimm, wie er den Dichtertag planen will:

»Am Samstag abend, am 28. Juli, möchte ich gern, dass wahrscheinlich im Wald vor Studenten und Leuten aus meinem Dorf und vor den Insassen der nächsten Arbeitslager jeder kurz liest oder etwas sagt.« [Bei den Arbeitslagern handelt es sich wohl um Lager von »Arbeitsdienstlern«, Anm. G. K.[11]] »Am Sonntag morgen hätte ich gern alle in unserer alten romanischen Kirche. Ich selbst gehöre zu keiner bestimmten Konfession, aber die Kirche gehört eigentlich zu meinem Haus, und ich werde zusehen, dass gute Musik da ist. Am Montag soll ein Ausflug sein. Schiff auf der Weser, Reinhardswald, Sababurg, Fahrt zurück mit Wagen.« (Hans Grimm an Bruno Brehm, 26.6.1934).

1934 Beumelburg, v. d. Goltz, Kilian Koll, Mr. Rose, Addi Grimm, Grimm, v. Salomon, Alverdes; Foto aus: Hans Grimm: Suchen und Hoffen 1928-1934, Klosterhaus-Verlag, Lippoldsberg 1972, S. 305

Zwischenfall:
Walter Julius Bloem bekennt sich zum Nationalsozialismus

»Während der Vorträge an jenem ersten Sonntag im Klosterhofe fiel etwas Regen, und ältere Zuhörer saßen unter aufgespannten Schirmen. Aber diese Zugabe störte uns andere weniger, uns verstörte eine Zeit lang, daß der frohe knabenhafte, taube Berufsgenosse Walter J. Bloem (Kilian Koll), der als letzter zu Worte kam, wohl angeregt durch die Fahnen der Arbeitsdienstler und die Versammlung frischer junger Männer, ganz mißverstanden zu haben schien, um was es sich hier handele. Denn er fing da zu bekennen an mit leuchtenden Augen und mit unzweifelhafter Inbrunst, warum er sich dem Nationalsozialismus angeschlossen habe und warum er auf Hitler vertraue. Politische Phrasen brachte er keineswegs vor. Es war ein Selbstbekenntnis durchaus. Er fing an, von dem Zusammenbruch zu reden, wie er ihn als blutjunger Soldat unter noch standfesten empörten Soldaten 1918 in Frankreich erlebt hatte, er berichtete von den innerdeutschen Klassenkämpfen und Länderkämpfen zwischen 1918 und 1932 und ihrer Qual und von deren endlichen Aufhören und von der neuen Gemeinsamkeit der Arbeit und von dem Glück, das er selbst darüber empfinde, und von seiner Dankbarkeit für den Mann aus dem Volke, der solches Glück herbeigeführt habe. Und er riß durch sein unverkennbares frohes und gutes Wesen wohl die meisten jungen Männer-Hörer auf seine Seite... Ich sehe noch Ernst von Salomons erstaunte Augen vor mir, als er leise zu mir hin sprach: ›und nun?‹ Aber mit Heilrufen schloß die Vortragsfolge doch nicht, die jungen braun gebrannten Hörer drängten nur völlig an uns vorbei und umringten Bloemchen und reichten Hände hin und ließen sich in ihre Liederbücher schreiben; und ich hörte wohl, wie viele ausdrückten, er habe ihnen geholfen, weil er eben kein politischer Redner sei, weil er aus dem Herzen heraus spreche über das für sie Notwendigste... Zu dem Hergang gehört eine Erklärung. Ich hatte den jungen Walter J. Bloem im ersten Weltkrieg in Charleville kennengelernt. Ich war als Kanonier in arg vertragener Uniform dienstlich zu seinem Vater befohlen ins Feldpressequartier und wurde zum Geburtstagsessen des Vaters zugezogen. Der Junge kam auf den Tag zum Vater mitten aus dem Frontkampf, er war noch nicht 19 Jahre alt und war Feldwebel und trug das eiserne Kreuz erster Klasse.«[12]

Nach diesem Treffen im Felde gab es eine Krise im Verhältnis zwischen Bloem und Grimm; die aber hin zu einer Freundschaft entwickelt werden konnte.

»Als ich ihn einlud zu jenem ersten Anlauf parteifreier deutscher Dichterbegegnungen, wußte ich einiges Notdürftige – nicht mehr – über drei seiner ringenden Bücher. Ich hätte ihn dieser Bücher wegen noch nicht gerufen. Aber ich wußte auch, daß sein Ringen nicht aufhören und immer näher an den Kern der Dinge gelangen werde, ich wußte vor allem, daß in dem knabenfrischen Frontkämpfer mit den schweren Verwundungen einem empfindliches Herz reichen Erlebens sich noch scheu berge, ich wußte endlich, auf welche seltene Weise die Geschehnisse der Gegenwart dem Tauben zugebracht wurden.«[13]
»Ja, und nun gehört her, wie dem Tauben das lebendige Geschehen der Zeit vermittelt wurde. Er hatte ein paar Jahre nach dem Krieg eine junge blonde Frau gefunden, von der er mir meldete: ›Sie ist etwas von einer zweiten Melsene.‹«[14] [Melsene ist eine Figur des Romans *Volk ohne Raum*, Anm. G. K.]
»Weil Walter Julius Bloem (Kilian Koll) als junger deutscher Mensch seiner Zeit mir beispielhaft erscheint [Hans Grimm spricht von den »lachenden Soldatenaugen« Bloems, Anm. G. K.], will ich sein Leben nach 1934 hier zu Ende erzählen, zum wahrscheinlichen Ende ... Noch im Frühjahr 1936 schrieb er mir: ›Im übrigen habe ich jetzt anderthalb Jahre für den Papierkorb gearbeitet... Ich mußte mir zugestehen, daß das Thema

selbst makellos war, einer der wenigen großen Funde, die einem gelingen können, aber eben deshalb nicht geeignet, unfertig zu erscheinen; der bisherige Fehlschlag liegt nur an der Persönlichkeit des Verfassers, dem *einstweilen* der nötige Tiefgang fehlte, ich sage ganz mutig ›einstweilen‹ und betone diese eigene Unzulänglichkeit gegenüber anderen läppischen Versuchen, die unternommen werden und die grundsätzlich den innerlich unfertigen, die noch vor ein literarisches Jugendgericht gehören, die Reife der Dichtung zusprechen möchten...‹ Im Herbst 1936 war er nach Nikolaiken in Ostpreußen übersiedelt in ein Siedlerhäuschen mit großem Garten an einem masurischen See und war dort Segelflieger geworden an der Spitze von anderen ausgezeichneten Jungen. Im Dezember 1936 teilte er mir mit: ›In Anbetracht der sehr brenzligen Lage Polen-Deutschland steigen meine Aussichten eines Wiedereintritts in die Wehrmacht...‹ Er schwieg dann jahrelang. Erst im März 1940 kam wieder ein Brief. Da las ich: ›... Ich denke, daß Ihnen jetzt im Krieg mit England wenig nach Feiern zumut ist. Sie haben Zeit Ihres Lebens für den Gedanken eines deutsch-englischen Ausgleichs gekämpft und erleben nun zum zweitenmal diesen Niederbruch... Ich habe seit dem Tage meiner Übersiedlung nach Ostpreußen immer nur Glück in allem gehabt... Beruflich geht es ganz erfreulich mit mir vorwärts... Das Gehör ist nicht besser geworden, aber das spielt keine Rolle; ich bin voll ausgebildet und einsatzfähig. In großer Höhe kam ich mehrfach über Lippoldsberg. Für Ihren Geburtstag bearbeite ich soeben meinen Staffelkapitän, daß er die Erlaubnis zu einem Luftbesuch gibt, ich möchte, da ich sowieso in der Gegend Hannover-Hameln zu fliegen habe, in geringer Höhe über Lippoldsberg kreisen. Sollten wir also erscheinen, so mögen Sie wissen, wer er ist...‹ Ein paar Tage nach dem Geburtstag kam ein Flugzeug und zog dröhnende knatternde Kreise um Klosterhaus und Kirche. Wir winkten sagten: ›Er ist es‹ und hörten in Gedanken sein gutes Knabenlachen. ... Acht Wochen später war im nächtlichen Einzelkampf mit einem französischen Morane-Flugzeug... sein Flugzeug qualmend abgestürzt... Er wurde im November 1943 als Schwerverletzter ausgetauscht. Er kam böse nach Hause und schrieb mir einen bösen Brief gegen die Engländer... Er arbeitete zunächst als Major in der kriegsgeschichtlichen Abteilung des Generalstabes der Luftwaffe. Er machte sich so lange unbeliebt, bis man ihn gehen und eines der neu aufgestellten Bataillone der Luftschutztruppen übernehmen ließ. Ihm gelang in dieser Stellung, ein Stadtviertel Magdeburgs vor dem Untergang retten zu helfen. Von dem Bataillone aus meldete er sich, als die Not stieg, zur Waffen-SS an die Westfront und ließ sich, weil man dem Tauben auch dort zunächst keine Kompanie anvertrauen wollte, zum Oberleutnant zurückversetzen... An der Spitze dieser Kompanie empfing er eine Kieferverletzung... Im April 1946 teilte mir sein Vater mit: ›Seit dem Auseinander fehlt jede Nachricht von ihm. Bekannte haben ihn in Berlin während der wahnwitzigen letzten Verteidigung der Stadt von Weitem gesehen...‹ Das ist nun die knappe Geschichte von Walter Julius Bloem – Kilian Koll, der, wie mir scheint, durch das deutsche Schicksal verbraucht wurde, ehe er mit seinem Knabenmut und seiner Frohnatur und mit dem Reichtum seines scheuen Herzens und der Fülle seines Erlebens und mit seiner von einer reizenden Frau nach jeder Möglichkeit hin behüteten tauben Ausgesondertheit zum ausgereiften Schriftsteller wurde... Ich erzählte die Geschichte, um seine Art Ausbruch auf dem ersten Dichtertreffen zu erklären, der uns anderen damals unerwartet kam.«[15]

Für Hans Grimm hat die biographische Skizze seines Freundes und Schriftstellerkollegen Walter Julius Bloem alias Kilian Koll so etwas wie symbolische Bedeutung: Zuerst einmal ist es der Bezug Bloems auf eine Hans Grimm sehr wichtige Figur seines Romans *Volk ohne Raum*, nämlich auf Melsene, die gleich zweifach in dem Roman auftaucht als Frau und Tochter des Protagonisten Cornelius Friebott; dann akzentuiert Hans Grimm die Jugendlichkeit von Bloem *bis* in die Jahre des Zweiten Weltkrieges: hier wird Jugendlichkeit stilisiert und als eine Charaktereigenschaft eines doch mittlerweile schon älteren Mannes gesetzt. Dann wiederum bekommt die Taubheit und damit Abgesondertheit des Autors, wie Hans Grimm schreibt, eine ähnliche Bedeutung wie die der blinden Seher des klassischen Griechentums: Die körperliche Beschränkung macht sie sensibel für das »Eigentliche«.

Hinzuzufügen ist, daß Walter Julius Bloem aus der Kriegsgeneration von 1914-1918 stammt: das Erlebnis des Krieges war gewissermaßen die Eingangsbedingung für die Teilnahme der Männer an den Dichtertagen/Dichtertreffen ab 1934 in Lippoldsberg. Es ist aber anzumerken, daß der Erste Weltkrieg und das Kriegserlebnis für Hans Grimm nicht ins Titanische gesteigert wurde wie bei Ernst Jünger, sondern gewissermaßen eine volksadelige Kameradschaft im Mittelpunkt stand. Bürgerliche Tugenden und Jugendbewegtheit kamen hier zusammen. Deshalb ist auch nicht verwunderlich, daß sich Hans Grimm in den dreißiger Jahren auf die bündische Jugend bezieht, die ihm gewissermaßen zu Füßen lag. Ähnlich wie der Schriftsteller Walter Flex[16], der 1917 im Kriege fiel, wird Hans Grimm von der Jugendbewegung, namentlich der rechten bündischen Jugend als einer der ihren verstanden. Andere Richtungen des Wandervogel oder der Jugendbewegung lehnen Hans Grimm wegen seiner martialischen und zum Teil auch militaristischen Argumentationen in *Volk und Raum* ab, z.B. im »Zug des Hauptmann Erckert«.

Zum Dichtertag 1935

Am Dichtertreffen nahmen Paul Alverdes, Rudolf G. Binding, Walter Julius Bloem, Bruno Brehm, Joachim von der Goltz, Georg Grabenhorst, Moritz Jahn, Karl Benno von Mechow, Ernst von Salomon und als ausländischer Gast Sir Bennett teil. Der publikumsöffentliche Dichtertag ist am 30.6.1935.

Es liest nur Binding aus seinem *Sankt Georgs Stellvertreter*.[17] Das Motto des Dichtertages war »Musik und Dichtung.« Zusätzlich war daran gedacht, daß Studenten mit Dichtern von Mensch zu Mensch zusammentreffen könnten. Aus einem Brief von Hans Grimm an Ernst von Salomon vom 30.1.1935:

> »Bei den Zusammengerufenen kommt es mir neben dem Können auf Menschen von Haltung an oder auch auf Menschen, von denen Haltung zu erwarten ist.«

Im Frühjahr hatten Hans Grimm und Willi Rehkopf, der Leiter der Göttinger Akademischen Orchester-Vereinigung, miteinander hinsichtlich der Durchführung der Dichtertage, insbesondere was das Musikprogramm anbetraf, korrespondiert. Am 18.1.1935 schreibt Willi Rehkopf an Hans Grimm über den »Termin unserer Veranstaltung« (hierbei ging es um Terminabsprachen zwischen dem Dichtertag und den Händel-Festspielen in Göttingen):

> »Ich würde vorschlagen, daß wir uns mit dem Rundfunk in Verbindung setzen, der die Morgenveranstaltung und das Konzert übertragen könnte. Vielleicht wäre ein Vortrag über die Kirche, die Geschichte von Lippoldsberg usw. für den Rundfunk sehr erwünscht. Aber da würde ich keinen Kunstwissenschaftler vorschlagen, sondern es für das beste halten, daß Sie den Vortrag selbst übernehmen.«

Am 5.4.1935 schreibt Rehkopf mit dem Briefkopf der Akademischen Orchester-Vereinigung an Grimm:

> »Unser Programm liegt in den Umrissen fest, wir hoffen, es Ihnen bald vollständig vorlegen zu können. Wenn ich von Ihnen die Zustimmung für den Tag erhalte, werde ich mich sofort an den Rundfunk wenden.«

Es kommt aber wohl zu keiner Übertragung. Am 30.1.1935 schreibt Grimm an Ernst von Salomon, daß »ein Konzert erster Kräfte von Göttingen aus« zu erwarten sei.

Die eingeladenen Dichter übernachten im Haus des Göttinger Pädagogikprofessors Herman Nohl, dort wird eisgekühlter Tee gereicht, und am Sonntagabend treffen sich die Dichter zum Bier-Umtrunk im Nohl-Haus. Die Teilnehmer der öffentlichen Lesung und Musikveranstaltung (Zahlenangaben schwanken von fast eintausend bis zu mehreren tausenden) stillten ihren »mittäglichen Hunger... aus den ›Gulaschkanonen‹ der Mündener Pioniere, die als Manövergäste in Lippoldsberg waren.« (Jürgen Schüddekopf, *Göttinger Tageblatt*, 2.7.1935).

Die Presseberichterstattung reicht von Regional-Zeitungen des norddeutschen Raums bis zur süddeutschen Ausgabe des *Völkischen Beobachters*.

Eine umfangreiche Berichterstattung für verschiedene Zeitungen liefert der Autor Jürgen Schüddekopf. Unter dem Titel »Das Lippoldsberger Dichtertreffen der Akademischen Orchester-Vereinigung« schreibt Schüddekopf im *Göttinger Tageblatt* vom 2.7.1935:

»Das Lippoldsberger Dichtertreffen am 30. Juni stand im Zeichen des Zusammenklangs von Musik und Dichtung, im Zeichen einer Dichtung aus nationalem Verantwortungsgefühl, mannhaft heroischer Lebenshaltung, und nicht zuletzt im Zeichen der starken, schlichten Persönlichkeit *Hans Grimms*... Wenn sich nun in diesem Jahre die bei Grimm versammelten Dichter entschlossen, einen Tag ihres Zusammenseins dem anonymen Leser zu widmen, so war das der Freundlichkeit Hans Grimms und der Initiative von Studienrat *Rehkopf* zu danken. Daß der Einladung der von ihm geleiteten Akademischen Orchestervereinigung Göttingen so viele, fast tausend Teilnehmer folgten, zeigt, wie stark das Bedürfnis nach persönlicher Berührung mit dem Dichter bei Freunden zeitgenössischer Dichtung ist. Dieser persönliche Kontakt gab dem Lippoldsberger Dichtertreffen sein ganzes eigenes Gepräge... Am späten Nachmittag, in der Zauberstunde norddeutscher Romantik, im großen Klosterhof vor dem weinberankten Hause Hans Grimms und angesichts der stolzen wehrhaften Kirche... las *Rudolf G. Binding* seine Legende ›S. Georgs Stellvertreter‹... Man kann nichts Schöneres von dieser Abendstunde sagen, als daß es Binding gelang, das tausendköpfige Rund der Zuhörer, die in atemlosen Schweigen lauschten, zu einer großen Hörergemeinschaft zusammenzuschweißen. Einer Gemeinschaft, die aus allen ›Schichten‹, aus Reichswehr, SA und Schülern, aus Studenten und Landarbeitern gebildet war.«

Unter der Überschrift »Bei Hans Grimm zu Haus. Dichter und Studenten zu Besuch in Lippoldsberg« schreibt ein Ha. Me.:

»Aus dem Munde des Gastgebers selbst erfuhren wir das Ziel dieses Tages: die studentische Jugend sollte einmal mit den hier anwesenden Vertretern des deutschen Schrifttums von Mensch zu Mensch bekannt werden. Fürwahr, ein schöner Gedanke, der ja zutiefst der Wesensart gerade Hans Grimms entspricht, der ja zuerst und immer ein Mann der Wirklichkeit ist und sein will. Für ihn ist die Wirklichkeit nicht nur etwa die reine, materielle Form des Daseins, sondern die Sammlung der im Blut- und Bodenzusammenhang aufstehenden Kräfte, die das Schicksal des einzelnen wie der Gemeinschaft bestimmen. Der Annäherung zwischen Dichter und deutscher Jugend also sollte dieser Tag dienen.«

Aus dem *Hannoverschen Tageblatt* vom 4.7.1935, 1. Beilage, erfährt man folgendes:

»Musiker, Dichter, Studenten. Ausklang der Göttinger Festwoche./Das Erlebnis von Lippoldsberg./Ein Dichter besucht Studenten« [mit der in der Überschrift genannten Göttinger Festwoche sind die Händel-Festspiele gemeint, Anm. G. K.]: »Und nun ergibt sich – aus einem glücklichem Zufall vielleicht –, daß wenige Tage nach dem Abschluß dieser Ereignisse ein neues Erlebnis sich fast spontan entwickelte, ein Erlebnis, das vielleicht bestimmend sein wird für das literarische Leben der Zukunft: die

Wallfahrt zum *Dichtertreffen in Lippoldsberg*. ... In der Kunst zeigte sich Aehnliches allerhöchstens in Bayreuth... Wallfahrten sollen eine irgendwie *dauernde* Einrichtung sein. Und das können sie nach dem Eindruck in Lippoldsberg werden. Wann wäre es früher jemals geschehen, daß Tausende zu einem Dichter zogen, daß sich um sein Haus ein kleines Lagerleben entspann, daß er ohne jedes Entgelt, nur um den Zusammenhang mit dem ›unbekannten Leser‹ zu bekommen, vor diesen Tausenden aus seinen Werken vorgelesen hätte? Es ist ein beglückendes Zeichen für den Hunger der Gegenwart nach Verinnerlichung. Bemerken wir nicht überhaupt in den letzten Jahren, daß sich plötzlich die Vortragssäle zu füllen beginnen, wenn ein Dichter aus seinen Werken liest. Früher waren sie doch höchstens halb gefüllt... Bald war der [von der Göttinger Orchestervereinigung bestellte Sonder-, Anm. G. K.] Zug regelrecht ausverkauft. Viele fuhren in Kraftwagen und mit dem fahrplanmäßigen Zuge. Ja, aus Nachbarstädten, die durch die Göttinger von der Veranstaltung hörten, setzte eine rege Beteiligung ein. Aus Kassel kamen mehrere Schulklassen. Aus Hannover strömten sie herbei, aus Braunschweig, aus allen Teilen Niedersachsens traf man Vertreter... Mehrere tausend waren es schließlich, die sich auf dem Klosterhof in Lippoldsberg einfanden, die Dichter zu sehen... Um das Grimmsche Haus herum sammelten sich die Massen. Wernt Grimm, der Sohn des Dichters, der sich als Organisator betätigte, hatte alle Hände voll zu tun, die nötigen Sitzgelegenheiten zu beschaffen. Aus den Schulen die Bänke, aus den Bauernhäusern die Stühle, schließlich Holzklötze und Bretter, alles wurde herbeigeschafft, und doch mußten viele Hunderte noch stehen.«

Schüddekopf berichtet, daß Wernt Grimm »in den Nachmittagsstunden durch die Kirche (führte) und in schlichter Form Interessantes aus der bewegten Geschichte des Klosters« erzählte (Jürgen Schüddekopf, *Göttinger Tageblatt*, 2.7.1935).

In der süddeutschen Ausgabe des *Völkischen Beobachters* vom 3.7.1935 heißt es:

»Sommerfest bei Hans Grimm. Um das sonst so still und verträumt dagelegene Klosterhaus Hans Grimms in Lippoldsberg im Wesertal herrschte am Sonntag reges Leben und Treiben. Die Akademische Orchester-Vereinigung Göttingen hatte gemeinsam mit Freunden eine Pilgerfahrt zu Hans Grimm veranstaltet, bei dem gerade die Dichter... zu Gast waren. Tausend Studenten und Fahrtteilnehmer... studentische Jugend...«

Ein etwas skurriler Zeitungsausriß aus einer polnisch-sprachigen Zeitung ist vorhanden, die mit folgender Überschrift aufmacht:

»Grimm schreibt immer noch Märchen.« ... »Grimm, der Verfasser der wunderschönen Märchen für Kinder, lud auf sein Gut eine Menge Schriftsteller und Jugend aus der Umgebung ein. Diesen Zuhörern las Grimm seine Märchen vor.«

Zu diesen Zeilen findet sich ein Scherl-Pressefoto des vorlesenden Rudolf G. Binding.

Verwechselungen geschahen auch schon vor den Dichtertagen. Von etwa 1931 stammt ein Erlebnisbericht von Th. Engelmann[18] mit dem Titel: »Ein Besuch bei dem Dichter von ›Volk ohne Raum‹. Wiedersehen mit Hans Grimm«:

»Diesmal sind es Schulkinder aus einem benachbarten Dorfe. Die möchten gerne den ›Dichter Grimm‹ sehen, ihr Lehrer habe ihnen davon erzählt, und auch allerlei Geschichten vorgelesen... Schließlich gefragt, welche von Grimms Erzählungen sie denn kennten, zählen sie triumphierend auf: Schneewittchen, Dornröschen, Aschenbrödel! – Lachend klärt Grimm die kleine Verwechslung mit dem Märchen-Brüderpaare auf.«

Der Dichtertag 1937

Die Vorbereitung

In einem Brief von Hans Grimm an Willi Rehkopf (12.1.1937) heißt es:

»Ich möchte Ihnen vertraulich etwas schreiben: Entgegen ursprünglichen Absichten will ich vielleicht in diesem Juni oder Anfang Juli noch einmal eine Dichterzusammenkuft hier stattfinden lassen. Und zwar möchte ich dazu die Zeit wählen, in der die Göttinger Universitätsfeier stattfindet. Ich will dann an dem Sonntag der Dichterlesung in meinem Hof die Gäste der Universität besonders einladen. Das ist nun also die Absicht, die ich aber nicht irgendwo besprochen wünsche, ehe ich nicht bestimmt weiß, daß ich die Sache machen kann. Ist das möglich, so muß die erste Nachricht der Rektor erhalten... Von Ihnen möchte ich zunächst hören, ob an diesem Sonntag das akademische Orchester die Sache wie bisher mit mir machen will... am Nachmittage rückten wir Autoren dann an die erste Stelle und erhielten von Ihnen die Musik dazu... (ich) frage bei Nohl an, ob ich das Landheim wieder pachten kann auf 8 Tage. Wenn ich die Sache mache, wird der Kreis der englischen Teilnehmer noch erweitert.«

An Paul Fechter hatte Hans Grimm am 15.4.1937 geschrieben, daß er »wirklich nicht zu ›Dichterversammlungen‹ (neige).« Weiter heißt es:

»Ich spreche am 28. [April, Anm. G. K.] abends in Berlin-Charlottenburg. Ich hatte die Aula erwartet und habe nun den großen Hörsaal in der Techn. Hochschule und bin nicht beglückt darüber. Aber der Vortrag ist wichtig: Englisch-deutsche Probleme im Wandel unserer Zeit. Ich halte ihn noch in Stuttgart, in München, in Leverkusen und in Göttingen. Es wird eine

Lied und Volk ♌

Bezug in Deutschland, Österreich und der Schweiz nur durch die Post (monatlich eine Folge, vierteljährlich 60 Pfennig, zuzügl. Bestellgeld). In Polen durch den Verband Deutscher Volksbüchereien in Polen t. 3. Katowice, ul. Marjacka 17, in Rumänien durch die Vertriebsstelle für die Deutsche Jugend, Hermannstadt-Sibiu, Huetpl. 5. Verantwortlich für die regelmäßig erscheinenden Führerblätter „Alingende Saat": Dr. Walther Hensel, Stuttgart. Für Inhalt und Anzeigen: Adolf Martin, Kassel-Wilhelmshö., Heinrich Schütz-Allee 21. Fernruf 34141. Rücksendung unverlangter Manuskripte erfolgt nur, wenn Porto einliegt. Bärenreiterdruck und -Verlag Kassel-Wilhelmshöhe. Postscheckkonto: Frankfurt/Main Nr. 55112.

Siebentes Jahr
Nr. 4/5 Juli/August 1937

Hans Grimm spricht zur Begrüßung im Klosterhof Lippoldsberg   Bild: Willi Rehkopf, Göttingen

Erbetenes Wort zu den Dichtertagen in Lippoldsberg
von Hermann Claudius

Nein; es ist kein durch Stammesart oder durch die Landschaft bedingter Kreis von „Werkleuten des Wortes" — wie Hans Grimm uns in seiner Ansprache im Klosterhofe am Julisonntag nannte — sondern, wenn man denn schon ein Gemeinsames suchen will, so ist es das Erlebnis des großen Krieges, das uns alle geformt hat.

Meine persönliche Freundschaft zu dem Herrn vom Klosterhause geht ganz und gar darauf zurück. Und unser Senior, Rudolf G. Binding, war Rittmeister seiner eisernen Schwadron, vor die er beim Auszug hingeritten war und gesagt hatte: Niemand wisse, wer von ihnen wiederkehren werde. Wer aber an Wiederkehr denke, der wähle eine andere Schwadron.

Das ist, was wir alle meinen und sind: deutsch bis in die Knochen.

Warum spreche ich nicht von deutscher Seele?

Ich will ganz gewiß nicht spotten: aber Knochen sind härter. Wir sind wohl Männer, die hart in ihrem Glauben und hart in ihrem Willen sind — hart in ihrem Glauben und Willen gegen sich selbst.

Es gedeiht auch kein Werk der Kunst ohne Zucht. Und Ehrfurcht und Liebe und Redlichkeit — wie Hans Grimm es wohl nennt — sind in diese Zucht eingeschlossen.

furchtbare Fahrerei in den nächsten Tagen. Und gleich danach werde ich wohl doch nach Italien gehen, obgleich das in England mißverstanden werden kann, was gerade eben sehr ungeschickt wäre.«

Das Dichtertreffen 1937 dauerte vom 30.6.1937 (»abends [wollen] alle zusammen sein«, so Hans Grimm an Bruno Brehm, 19.4.1937) bis zum 7.7.1937. Am 4.7.1937 fand ab 11 Uhr das Konzert in der Kirche statt. Um 17 Uhr war die Lesung mit Musikbegleitung. Am Tag darauf, am 5.7.1937, war ein Ausflug der versammelten Dichter mit dem Dampfer nach Holzminden zum Landschulheim im Solling geplant. Mit dem Landschulheim am Solling bei Holzminden verband Hans Grimm längere Zeit schon einiges: Er war im Kuratorium der »Stiftung Landschulheim am Solling«, und sein Sohn besuchte die Schule. Aus Anlaß der geplanten Dampferfahrt mit seinen Dichterfreunden nach Holzminden schreibt am 22.5.1937 der Leiter des Landschulheimes an Hans Grimm unter anderem dieses:

»Das Landschulheim würde es zu schätzen wissen und sich eine besondere Freude daraus machen, wenn Sie mit Ihren Schriftsteller-Freunden für Ihren Ausflug am 5. Juli das Landschulheim zum Ziel nehmen würden. Wenn Ihre Gesellschaft Ihrem Plan entsprechend mit dem Dampfer herkommen würde, würde ich alle Teilnehmer bitten, das Mittagessen und einen etwa anschliessenden Kaffee im Landschulheim als unsere Gäste einzunehmen, und wir würden gerne die Sorge für die Rückfahrt durch den Solling auf uns nehmen. In der Zwischenzeit würden wir hoffen, dass wir Ihren Gästen etwas von der Anlage des Landschulheimes und soweit es geht auch von dem Leben darin zeigen zu können. Schon aus dem letzteren Grunde würde ich vorschlagen, dass bei dem Mittagessen unsere Gäste auf die verschiedenen Kameradschaften verteilt sein würden. Wir würden versuchen, dem Ganzen einen etwas festlichen Anstrich zu geben. Allerdings würde der Tischwein zu unserem Lebensstil nicht passen. Würden meine Frau und ich Sie privat empfangen, so würden wir auch in diesem wahrscheinlich nicht nebensächlichen Punkte gern allen Erwartungen entsprechen. Im Rahmen unserer ganzen Schule aber würden wir auf Bedenken stossen. Andererseits könnte ich mir denken, dass gerade die Gegenwart unserer Jugend bei der Empfänglichkeit Ihrer Gäste den Mangel eines Weinkellers im Landschulheim vergessen machen würde. Im übrigen würde ich denken, dass ein Einblick in unser sportliches, kunsterzieherisches und musikalisches Leben sich gut in den Rahmen Ihrer Dichterwoche einfügen würde.«

Hans Grimm hat in der Regel selbst die Organisation des sog. leiblichen Wohles seiner Gäste geplant. Er hat die Tischordnung festgelegt und auch die Speisefolge. Das geht aus handschriftlichen Notizen hervor: Am Anreisetag, dem 30.6.1937, werden um 8 Uhr abends Brühsuppe auf Teller, Forellen, Schinken in Burgunder, Erdbeeren und Schlagrahm, Käse und Kaffee gereicht. 10 Flaschen Wein sind zum Umtrunk gedacht, ferner 9 Flaschen Sekt.

Bier soll nach einer dichterischen Vorlesung gereicht werden. Am 1.7. gibt es um 1 Uhr mittags kalte Brühe in Tasse, Speckkuchen mit Salat. Um 4 Uhr wird der Kaffee gereicht, und um 7 Uhr abends gibt es Roulade mit frischen Kartoffeln und Creme Celeste. Am 2. 7. ist um 1 Uhr Mittagessen mit Fleisch, Makkaroni und grünem Salat, Kompott. Der Kaffee wird wieder um 4 Uhr gereicht. Um 7 Uhr abends gibt es Langusten mit Mayonnaise, Kalbskeule mit Blumenkohl und Obstkuchen. Nach dem dichterischen Vortrag wird Champagner gereicht. Am 3.7. um 1 Uhr mittags Filet mit Schoten und Karotten, Schokoladencreme. Um 4 Uhr wieder Kaffeekrem. Um 1/2 8 Uhr abends kalter Aufschnitt, Kompott, Käsestangen. Am 4. 7. 1 Uhr mittags Hühnerfrikassee mit Reis, Kaffeekrem mit Fressgut. Um 4 Uhr Kaffeetrinken. Am 4.7. geht es abends nach Karlshafen. Am 5.7. gibt es zum Mittag Zunge mit Gemüse, Rote Grütze mit Rahm. Um 4 Uhr wieder das Kaffeetrinken. Um 7 Uhr Fleischbrühe, Rehbraten oder Rehrücken und Zuckerkrem (in Anlehnung an Hans Grimms Schreibweise wiedergegeben).

Aus den Einladungen Grimms an seine Dichterfreunde, die etwa im März und April 1937 herausgingen, wird klar, wie in diesem Jahr die Dichtertage ablaufen sollen:

»An drei Abenden werde ich wohl Wehrmacht hier haben. Am Sonntag findet um 11 Uhr das Bachkonzert der A. O. V. statt, bei dem wir Gäste sind. Um 5 Uhr ist unser Lesen im Hofe, ich rechne mit etwa 4000 Menschen, die zuhören, ungerufen alle. Am Montag wollen wir zusammen mit dem Dampfer nach Holzminden, und wollen das Landschulheim am Solling besichtigen... Am 7. morgens soll die Tagung zuende gehen.« (Hans Grimm an Hans Carossa, 7.6.1937)

An Dwinger schreibt Grimm am 17.4.1937:

»Am 4. wird die Feier im Hofe sein, die unter der Überschrift stehen wird: Was auf einem Dorfplatze im Laufe der Jahrhunderte vorgetragen wurde. Das Hauptstück wird Schröder beisteuern mit einem Gesang aus der Ilias.«

In einem Einladungsbrief an Paul Fechter vom 19.3.1937 schreibt Hans Grimm:

»Kolbenheyer, der nie begreift, worum es geht, kommt wieder nicht und Börries [von Münchhausen, Anm. G. K.] dieses Mal auch nicht. Ihm ist der Schreck der Hetze in die Glieder gefahren, der im vergangenen Jahre von gewissen Herrschaften ausging, die ich nicht eingeladen hatte.«

An von der Goltz schreibt Grimm am 6.4.1937: »An zwei Abenden werde ich wohl Wehrmacht hier haben.« Derselbe Tatbestand wird am 16.3.1937 an von Mechow so formuliert: »Zu zwei Abenden will ich Reichswehr einladen.« Es gibt einen Schriftverkehr zwischen den Regimentern, in denen auch detaillierter darüber gesprochen wird, welche Dienstgrade – ob mit Frauen oder ohne – sich an den Dichtertagen zu den speziell für die Wehrmacht gedachten Lesungen bereitstellen werden.

Wie im Vorjahre, so sollen auch dieses Mal einige der anwesenden Dichter-Kollegen von Hans Grimm im Landheim von Herman Nohl untergebracht werden:

»Ich habe mit Professor Nohl verabredet, daß ich wieder sein Haus pachte... Nohl ist inzwischen aus dem Amte geschieden. Seine Professur soll in Zukunft eingespart werden. Ich weiß nicht, ob er nun das Haus mir freigibt... Aber das ist nur eine ganz entfernte Möglichkeit, und mir ist heute schon gesagt worden, dass ich damit keineswegs zu rechnen habe, denn das Haus ist Privatbesitz.« (Hans Grimm an Erich Edwin Dwinger, 17.4.1937)

Hans Grimm wurde als Ehrendoktor der Göttinger Universität zu den jeweiligen Universitätsfeiern eingeladen. So ist es nicht verwunderlich, daß er seine Aktivitäten in die zeitliche Nähe von Veranstaltungen der Universität Göttingen bringt. In diesem Falle muß er seine Planungen vom Januar ändern; er schreibt am 6.4.1937 an Joachim von der Goltz:

»Der Rektor der Universität hat mich vor ein paar Tagen darum gebeten, die Feier bei uns im Hofe zu verlegen. Ich bin dem Wunsche nachgekommen und habe um eine Woche verschoben.« [Auch in diesem Brief weist Hans Grimm darauf hin, daß er zweimal die Wehrmacht als Hörerschaft zu Gast haben werde. Anm. G. K.]

Der kleine Weserort Lippoldsberg[19] ist für den Fremdenverkehr wichtig geworden. So schreibt etwa das städtische Verkehrsamt von Karlshafen an der Weser am 4.7.1937:

»Auf Erkundigung hin können wir unseren Lesern über den Verlauf des Dichtertreffens folgendes mitteilen... Von 17–19 Uhr ist das Dichtertreffen im Klosterhofe. Zu dieser Feier ist jeder, dem es Freude macht, zum freien Besuch eingeladen. Es wird lediglich gebeten, daß nicht geraucht und Ruhe gehalten wird.« [Es gibt den Hinweis, daß das morgendliche Konzert in der Klosterkirche bereits ausverkauft sei. Anm. G. K.] »Bei gutem Wetter wird das Konzert jedoch auch auf den Klosterhof mit Lautsprecher übertragen.«

Der Ablauf

Hans Grimm hält die Begrüßungsrede am Nachmittag des 4.7.1937:

»Er sagte etwa folgendes: ›Zum 4. Male begrüße ich in diesen alten Klostermauern, in denen ich zur Zeit der Hausherr bin, die Werkleute des Wortes und der Musik und denke an ein Wort Hölderlins, das ich so sehr liebe: Was wir sind, ist nichts,/Was wir suchen, ist alles.

Dieses Wort schließt den Glauben ein an die Ehrfurcht, die Liebe, die Ehrlichkeit des Gedankens und die Sauberkeit. Ich danke dem lieben Gott für den Sonnenschein, den er uns gesandt hat und allen, die mit einem freundlichen Gesicht hierhergekommen sind. Ich denke dabei aber auch an die, die für uns gelitten haben und noch leiden.‹« (Aus dem Fahrtentagebuch der Oberprima des Reform-Realgymnasiums zu Kiel, S. 5f.)

In der Beschreibung des Ablaufes des Dichtertages wird weiter dem Berichterstatter der *Deister- und Weserzeitung* vom 6.7.1937 gefolgt:

»Mit Spannung erwartet wurde die Vorlesung von Proben aus der Ilias-Übersetzung des Dichters Rudolf Alexander Schröder.[20] Paul Alverdes führte die Hörer zunächst in dieses große Dichtwerk ein, die vor rund 3000 Jahren entstandene Götter- und Heldensage der Griechen, die diesem Volk eine Heilige Schrift war, die ihnen auf den Märkten und am Brunnen durch fahrende Sänger zugänglich gemacht wurde und die danach eine ganze Welt zu hören nicht müde geworden ist. Es ist das große sichtbare und unsichtbare Geschehen in diesem frühen Volke, das uns der Dichter in lebendigen, wenn auch teils grausamen Bildern vor Augen führt, und was uns dies Dichtwerk so groß erscheinen läßt, das ist die Kunde von einem großen Menschen- und Heldentum. Rudolf Alexander Schröder las aus seiner Übersetzung Szenen von der Unterhaltung der Thetis mit Hephaistos im Olymp, wo Thetis neu Waffen für Hektor erbeten hatte. Die Plastik der Bilder auf dem neuen Schild des Hektor, die uns einen tiefen Einblick in das ganze Leben der damaligen Menschen, in ihr Denken und Fühlen gibt, ließ Schröder unter Wahrung von Metrum und Form, von griechischer Gedankenwelt und Wohlklang der Sprache, vor den Hörern erstehen, und gab so eine Probe der ebenso dichterisch-meisterlichen Übersetzung wie von der Ehrfurcht, mit der er an sein Werk gegangen ist. Ihm wurde stürmischer Beifall seiner Hörer zuteil.«

In dem Reisebericht der Schülergruppe aus Kiel heißt es: Zur Ilias-Übersetzung von Prof. Schröder gab Paul Alverdes eine »kurze Inhaltsangabe dieses ältesten Heldengedichtes der nordischen Rasse und stellte dann die Frage: ›Warum lesen wir noch heute die Ilias?‹ ... ›In der Ilias sind zum ersten Male von einem großen Dichter die wertvollsten Züge und Eigenschaften eines Volkes niedergeschrieben worden. Die Ilias ist mehr als ein Gedicht. Sie ist die heilige Schrift der Griechen. Sie wurde zuerst an den Abenden von den Alten des Volkes auf dem Marktplatz erzählt. Dann ist eine ganze Nation nicht müde geworden, sie zu lesen, und noch heute lesen wir in Deutschland gerne von Helden und Göttern Griechenlands... Möchte den hier auf dem Hofe Versammelten etwas von dem Licht und von dem gottbegnadeten Volk ins Herz leuchten, das einst begnadet war, dieses hervorzubringen!‹« Der Schüler berichtet dann, daß der Vortrag von Schröder einen überwältigenden Eindruck auf ihn gemacht habe, so »daß ich nicht im entferntesten im Stande bin, auch nur etwas hiervon wiederzugeben. Es läßt sich nicht schildern, das muß man erlebt haben.« (Fahrtentagebuch der Oberprima des Reform-Real-gymnasiums zu Kiel, S. 6)

In der *Deister- und Weserzeitung* war über den Dichtertag zu lesen:

»August Winnig erwies sich als volkstümlicher Erzähler von großer Ge-mütskraft mit seiner wahren Geschichte von Simon Finke.[21] Die Erzäh-lung spielt im 17. Jahrhundert in Norddeutschland und berichtet von ei-nem Helden und warum er ein stiller Mann wurde. Es liegt ebenso viel Kraft wie besinnliche Verträumtheit über diesem Werk. – Dann traten die Lyriker auf den Plan. Hermann Claudius las aus dem Manuskript Gedichte voll naturschöner, kraftvoller und geistiger Durchsonntheit. In ihnen wohnt eine leuchtende Klarheit, und doch ist zugleich darin ›das Lachen ein heimliches Traurigsein‹. – Friedrich Bischoff gab seiner Freude dar-über Ausdruck, als Schlesier nun zum zweiten Mal hier sprechen zu dür-fen. Er ist ein in die Ferne schauender und zugleich aus der Gegenwart und der Naturnähe seiner Heimat schöpfender Seher. Die harmonisch ab-gewogene Sprache weiß er mit seiner sonoren Stimme zu vertiefen. Seine Heimatbilder, ›tief von Innen‹ geschaut, sind von symbolischer Schönheit. Besonders gefielen mir auch in diesem Jahre wieder die volkstümlichen Heimatlieder, die voll Rhythmus und Musik stecken, ja gleichsam selbst Tanzlieder sind. Bischoff gab in Folge des nicht enden wollenden Beifalls ein im Vorjahr gehörtes Gedicht aus dem ›Schlesischen Psalter‹ zu.[22] – Dann las Carossa. Er ist der Mystiker unter den Lyrikern, voll geistiger Tiefen, voll symbolischer Wahrheit, voll traumschöner und dabei weltli-cher Plastik und verfügt über eine alliterierende Sprache, die die seiner Gedichte mit vollendeter Form umkleiden. Den Schluß bildete eine zur Allgemeingültigkeit ausgeweitete Kriegsepisode. – In seiner ›Ballade vom unbekannten Soldaten‹ offenbarte sich Heinrich Zillich, der bekannte Sie-benbürger Dichter und Verfasser des preisgekrönten Romans ›Zwischen Grenzen und Zeiten‹ als der kraftvolle kämpferische deutsche Mensch, dessen Schollenverbundenheit aus einer sehnsüchtigen Liebe zum Vater-land spricht und aus tief inneren Bezirken als ein inneres Muß geboren wird. Seine Naturlieder sind empfangenes Urtum. Sie gaben dem Men-schen viel. – Als letzter las Rudolf Binding. Er unterstrich einleitend, daß jeder der Zuhörer fühlen solle, daß hier in diesem Kreis von ernsten Din-gen die Rede ist, wie schon die Musik bewies und wie es der Hausherr, Hans Grimm, von jeher pflegte. Diese Stunden sollen den Hörern Kraft geben, im Kampf um das Bestehen in unserem Schicksal. Die Gedichte, die Rudolf Binding las[23], handelten von Tod und Leben, vom Tod als dem Vasallen des Lebens, und vom Leben als dem Künder des Geistes. Die strenge, eherne Form, die Lebendigkeit der Bilder und die Kraft der Spra-che machten den tiefen Eindruck der Vorlesung aus. Es war schon spät geworden, als das Orchester mit dem Händelschen Trauermarsch aus dem ›Saul‹ das Dichtertreffen 1937 in Lippoldsberg beschloß, dessen mannigfache Eindrücke noch lange nachklingen werden.« (Gustav Becker, *Dei-ster- und Weserzeitung*, 6.7.1937, unter dem Titel »Dichtertreffen in Lip-poldsberg. 3. Lippoldsberger Fahrt der Akademischen Orchester Vereini-gung Göttingen«)

In einem Bildbericht der *Stuttgarter Illustrierten* von Fred Koch und Hans Weber heißt es als Bildunterschrift: »Edwin Dwinger, der als Schriftsteller mehrere Monate des spanischen Bürgerkriegs miterlebte, erzählt vor Besu-chern [in Lippoldsberg, Anm. G. K.] aus der Wehrmacht von seinen Erleb-nissen.« Auf dem Bild sind fünf Wehrmachtsangehörige am Tisch mit Dwin-ger im Hause von Hans Grimm zu erkennen. In einem Zeitungsbeitrag, des-sen Datierung nicht vermerkt wurde, heißt es:

> »Wer das Glück hatte, schon am Tage zuvor [d.h. vor dem öffentlichen Dichtertag, Anm. G. K.] in Lippoldsberg zu sein, und wer dann vielleicht in abendlicher Stunde hinaufstieg nach dem Wohnsitz Hans Grimms, ei-nem alten ehemaligen Benediktinerinnenkloster, dem konnte es gesche-hen, daß er plötzlich seinen Schritt verhalten mußte und daß seine Augen sich weiteten. Denn dort, vor dem dicht mit Grün bewachsenen Hause sa-ßen auf Stühlen, Bänken und Brettern ein paar hundert Menschen, mei-stens Soldaten des Pionier-Regiments Hann. Münden (Freitag waren es Soldaten aus Göttingen gewesen), dazu andere von Hans Grimm geladene Gäste und zufällige Besucher, sie saßen und horchten der Stimme eines Mannes, der am Hauseingang vom erhöhten Platze aus bei Lampenschein aus seinem Buche vorlas. Eine wahrhaft erschütternde Stunde war es, so unvermutet hier Rudolf Binding, Hans Carossa, Georg Grabenhorst, Paul Fechter sprechen zu hören und Zeuge zu sein eines geradezu andachtsvol-len Sichhingebens deutscher Menschen an die Werke der Dichtkunst.«

Die literarische Geselligkeit

Ein Auszug aus dem Fahrtentagebuch der schon zitierten Oberprima des Re-form-Realgymnasiums zu Kiel soll einige Impressionen zum literarischen und geselligen Leben und Wirken[24] in Lippoldsberg während des Dichtertags beisteuern:

> »Schon um 10 Uhr morgens kamen wir nach einem Marsch in glühender Sommerhitze in Lippoldsberg an. Obwohl wir nur knapp 1 1/2 Stunden gegangen waren, hatte doch die unerträgliche Hitze alle sehr schlapp ge-macht. So setzten wir uns denn auf die Treppe vor der Kirche, in der das die heutige Tagung einleitende Bach-Konzert stattfinden sollte. Hinter uns sammelten sich langsam mehr und mehr Menschen an, die alle auf den Einlaß warteten. Als dieser freigegeben wurde, ließen wir sie etwas nie-dergeschlagen an uns vorüberziehen – denn wir besaßen keine Einlaßkar-ten – und mancher fragte sich schon, was sollen wir denn hier.« [Bis auf

drei Schüler können die anderen das Konzert nur durch eine Übertragung auf einem schattigen Platz des Klosterhofes miterleben. Anm. G. K.] »Nach Beendigung des Konzertes gelang es uns zum ersten Male, ein paar Worte mit den Dichtern zu sprechen. Während Hans Grimm leider sehr beschäftigt war, konnten wir uns doch eingehender mit Erich Edwin Dwinger, Paul Alverdes und Grabenhorst unterhalten.« (Fahrtentagebuch der Oberprima des Reform-Realgymnasiums zu Kiel, S. 2-7)

Ein Schriftsteller, der seit 1937 regelmäßig teilnimmt, Hermann Claudius, hat sich am 6. Juli 1937 im *Hamburger Tageblatt* zu den Dichtertagen im Klosterhause zu Lippoldsberg unter dem Titel »Was wir suchen, ist alles« geäußert.

»Seit vier Jahren lud Hans Grimm seine Dichterfreunde in der letzten Juliwoche des Jahres ein, zu ihm zu kommen und vorlieb zu nehmen. Es ist durchaus keine Tagung, es gibt kein Programm, es sei denn das Sonntags-Programm der Akademischen Orchestervereinigung Göttingen, die nun schon das dritte Mal die Lippoldsberger Fahrt in Bewegung brachte. Wenn dennoch eine seltene Geschlossenheit über dem Kreis der hier versammelten Dichter und Gelehrten liegt, so ist es die Persönlichkeit des Hausherren vom Klosterhofe selbst nur allein, die solches Wunder bewirkt... Da stand Hans Grimm an dem rohbrettenen Podium. Und da waren bei ihm die Musikanten unter Georg Brand und der Kammerchor unter Walter Blankenburg. Und da saßen Binding, Carossa, Winnig, Fechter, von Mechow, Alverdes, Bischof, Zillig, Rud. Alex. Schröder, die drei englischen Herren Dr. Bennet, Dr. Blundon, Mr. Hansen aus den USA. und der Schreiber dieser Zeilen. Um uns saßen oder standen in greller Juli-Sonntagssonne an die 3000 Volksgenossen aus Göttingen und Kiel und Hamburg, Kassel und Berlin und hundert anderen Orten und hörten in wahrhaftiger Hingabe von 5 – 8 Uhr nachmittags den Darbietungen der Spieler, Sänger und Sprecher zu. Wir hörten Rud.-Alex. Schröder aus seiner Übertragung von Homers unsterblicher Ilias gegen eine halbe Stunde lesen. Das war Meisterung und Verewigung des Volkhaften im Wort... Wir hörten die köstliche ›Serenata im Walde zu singen‹ von Matthias Claudius von Joh. Schultz in der Bearbeitung von Walter Rein: ›Wenn hier nur kahler Boden wär‹,/wo jetzt die Bäume stehen...‹ Und mir klingt Hans Carossas Gedicht noch in der Seele, das Lied von dem Mädchen Dobrowlany[25], wie es in frommer Einfalt und unbekümmert um die angreifenden Sieger die Leichen der Gefallenen mit dem Totenhemde bekleidet und mit Blumen schmückt. Danach der Chor: Innsbruck, ich muß dich lassen. Was vorher ging: Die Gespräche im wegverlorenen Klostergarten, die Feier der Tischgenossenschaft bei den Mahlzeiten, das Aufleuchten herzlicher Kameradschaftlichkeit auch nach England hinüber und nach Italien (der Herr Professor Galletti [Gabetti, Anm. G. K.] kam am Sonntag, in Klammern gesprochen, er lud mich für den kommenden Winter zu einem Besuch in Rom ein). Besonders aber das Gartenkonzert des Musikchors des I.-R. 82, das Oberst Straube geschickt hatte, als Dank für die Leseabende im Klosterkeller am Freitag und Sonnabend vor den 200 Offizieren und Soldaten des Regiments und der Pioniere aus Holzminden unter Oberst von Schewen. August Winnig erzählte dort seine werkechte Geschichte von den vier betrunkenen Bauleuten. Bleibt noch das Kirchenkonzert der Göttinger in der alten Lippoldsberger Klosterkirche: Johann Sebastian Bachs ›Kunst der Fuge‹. – Rudolf G. Binding, der Senior unseres Kreises, macht den Beschluß mit einer Lesung aus den ›Gesprächen mit dem Tod‹: ›... aber das Leben sei der Herrscher‹.[26] Und dann schrieben wir Autogramme und schrieben Autogramme... und schrieben, daß ich diesen Bericht aus purer Schreibmüdigkeit kürzer und schlechter geschrieben habe, als die unvergeßlichen Tage es erheischten.«

Ein namentlich nicht weiter genannter »Freund der Dichtertage« steuert ein Gedicht »Zum vierten Juli 1937« – gewissermaßen als Danksagung – bei:

»Seit uns willkommen ihr werten Gäste,
Die ihr erschienen in großer Zahl,
Wir grüßen euch am heutigen Dichterfeste
In Lippoldsberg, dem trauten Ort der Wahl.

Auch grüßen wir die teure Dichterschar
Durch sie hat ja das Volk viel schöne Werte.
Sie bietet Schätze deren Inhalt klar
Stets redet von dem Geist der andre lehrte.

Willkommen auch du lieber Sängerchor,
Dein hoher Dienst er schallt in froher Weise
Er hebt das Herz zu Gott empor
Uns zum Genuß, dem Ewigen zum Preise.

Ja Lippoldsberg, einst ein stilles Fleckchen Erde,
Erlebt durch Schriftsteller u. Dichter ein neues Werde,
Ist zum Ruhm gekommen in letzter Zeit,
Weil hier Schriftstellerarbeit das Volk erfreut.«

[Es wurde die originale, z.T. falsche Rechtschreibung übernommen, Anm. G. K.]

Ein mit Bleistift geschriebener anonymer Brief, ohne Datum, nur gezeichnet mit »Ihr alter Freund« hat folgenden Inhalt:

»Lieber Herr Doktor Grimm! Aus der Zeitung sehen wir, daß Sie demnächst wieder ein Dichtertreffen in Ihrem Hause veranstalten. Die Liste der Gäste ist recht interessant. – Sie werden ja jedenfalls darauf Rücksicht nehmen, daß über die Gespräche bei dieser Zusammenkunft an eine bestimmte Dienststelle berichtet werden wird, aber es wäre vielleicht emp-

Lippoldsberger Fähre; Der Verkehr zum anderen Ufer war früher nur an wenigen Furten möglich. Hier entstanden die Siedlungen. Später führten Brücken über den Fluß, oder von der Strömung getriebene Fähren setzten Wagen und Menschen über. (Bild: Hans Wagner, 1960)

fehlenswert, Ihre Gäste auf diese Tatsache in geeigneter Form aufmerksam zu machen – Dichter sind ja oft in diesen Dingen naiv, – G. Sch. [wohl Georg Schumann, Anm. G. K.] freilich nicht. Bitte bewahren Sie den Brief nicht auf.«

Dieser Brief ist ein Hinweis darauf, daß die Dichtertage, die Hans Grimm durchführte, nicht von allen geliebt wurden, besonders sind es wohl national-sozialistische Literatur- und kulturpolitische Stellen, die in Hans Grimms Treffen eine konkurrierende Aktivität innerhalb der nationalsozialistischen Kulturpolitik sehen.

Zum Dichtertag 1938

Am 18.5.1938 schreibt Hans Grimm vom »Klosterhaus Lippoldsberg, Weser/bei Bodenfelde. Drahtanschrift: Grimm, Lippoldsberg«:

> »An die Dichter, die in den letzten Jahren die Begegnung in Lippoldsberg mitgemacht haben, möchte ich ein paar Zeilen richten. Ich will in diesem Jahr die gewohnte Tagung nicht veranstalten. Ich hoffe, in diesem Jahr meinen Umzug auf ein Gut machen zu können. Ich habe auch das Nebenhaus nicht zur Verfügung. Ich kann also lediglich ein paar Altersgenossen einladen auf kürzere Zeit, die ich im Hause selbst unterbringen kann. Ich hoffe, dann im nächsten Jahr an einem neuen Wohnplatze wieder zur größeren Begegnung bitten zu können und hoffe, daß die Freunde, für die wie für mich das Kriegserlebnis von der großen dichterischen Bedeutung in ihrem Leben war, meiner Bitte der Zusammenkunft dann wieder folgen werden.«

Am Dichtertag lesen von den Eingeladenen: Binding, Claudius, Schröder, Winnig und der Einladende selbst. Auf der Einladungsliste befanden sich noch Beumelburg und von Salomon, die nicht lasen und auch nicht als Anwesende des Dichtertreffens vor dem Tag der Lesungen genannt wurden. »Es war das erstemal in all den Jahren, daß Hans Grimm selbst las.« (Willi Rehkopf, Dichterstunde bei Hans Grimm. Erlebnisreiche Vorlesungen und Konzerte in Lippoldsberg, *Rostocker Zeitung*, 7.7.1938)

Was für die Anwesenden 1938 wie eine Überraschung aussah, daß nämlich der Hausherr Hans Grimm selbst das Wort ergreift, befand sich Monate zuvor in Planung: Bleibt es dabei, fragt Willi Rehkopf Hans Grimm, »daß Sie am Abend die Legende aus ›Volk ohne Raum‹ lesen?« (Willi Rehkopf an Hans Grimm, 28.3.1938)

Die Dichtertage sind mittlerweile eine Einrichtung in der Region geworden, so daß es nicht verwundert, wenn das »Städtische Verkehrsamt Solbad Karlshafen – Oberweser, der Bürgermeister« am 16.6.1938 an Grimm schreibt:

> »Sehr geehrter Herr Dr. Grimm! Wie ich aus der Zeitung ersehe, findet bei Ihnen am 3. Juli das traditionelle Dichtertreffen statt. Ich würde mich außerordentlich freuen, wenn Sie gelegentlich dieser Zusammenkunft mit Ihrer Gattin und dem Dichterkreis Karlshafen besuchen könnten. Ich darf Sie in das Hotel Zum Schwan im Namen der Stadt alle herzlich einladen. Die Zeit bitte ich Sie, zu bestimmen .... Heil Hitler!«

Hans Grimm antwortete (am 25.6.1938) kurz, formal und kühl, daß er nicht genau wisse, ob er diese Einladung annehmen könne, da er selbst schon ein Essen im »Schwan« arrangiert habe (es solle Forelle gereicht werden):

> »Ich weiß das vor allem deshalb nicht, weil ich nicht weiß, an welchem Abend ich Hörer der Wehrmacht hier haben werde... Mit deutschem Gruße.«

Doch das Dichtertreffen hat nicht nur eine regionale Bedeutung. Eberhard

Apel, der Hauptschriftleiter der *Deister- und Weserzeitung* weiß, daß Lippoldsberg »weit über den Rahmen der literarisch Interessierten hinaus... seit einigen Jahren nun schon zu einem Begriff im geistigen Raume der deutschen Gegenwart geworden (ist)... Im Klosterhof... wohnt und werkt seit nun mehr 20 Jahren der Dichter Hans Grimm, als eine der wesentlichsten Gestalter der deutschen Schicksalsfragen, berühmt geworden durch sein gewaltiges Epos ›Volk ohne Raum‹, und weit und breit im deutschen Volke geliebt auch in seinen anderen Novellen und Erzählungen, die – zum größten Teil – ebenfalls vom Schicksal deutscher Menschen in Übersee, Südafrika, mit hoher Meisterschaft und bezwingender Dichte künden. Als zu Beginn der Nachmittagslesung dann Hans Grimm als Hausherr auf dem kleinen Podium vor das Mikrophon trat, umrauschte ihn der Beifall derer, die auf diesen Augenblick gewartet hatten und nun ihre Verbundenheit durch eine herzliche Kundgebung zum Ausdruck brachten.« (Eberhard Apel, *Deister- und Weserzeitung*, 4.7.1938)

Auch diese Dichtertage haben wieder ein Motto für den öffentlichen Vorlesungs- und Musikdarbietungsteil am Sonntag. Diesmal hatte Hans Grimm die Stichworte »Vater – Mutter – Elternhaus« ausgewählt. In der Presseberichterstattung werden folgende Variationen, die sicher nicht ganz untypisch für die damalige Zeit sind, referiert: »Heimat, Eltern und Vaterhaus«, »Autobiographisches«, »Blut und Boden – Vater und Mutter – Elternhaus!« (General a.D. Dr. Friederichs, *Westfälische Zeitung*, 8.7.1938)

Gustaf Dessin beschreibt die »Einkehr in Lippoldsberg: Dichter und Volk bei Hans Grimm – auch Gütersloher machen sich auf« (*Westfälische Zeitung*, 6.7.1938): »Mit dem Glockenschlag 11 Uhr wendet sich der Strom der Besucher in das Gotteshaus. Eine Viertelstunde später ist es bis auf den letzten Platz gefüllt; als letzte ziehen Hans Grimm und seine Dichter-Gäste ein.« Hier gilt ein festes Ritual, das bei allen Dichtertagen eingehalten wird: Die Kirche ist bis 11 Uhr geschlossen, um 11 Uhr wird sie geöffnet, und bis 11.15 Uhr müssen die Gäste ihren Platz (es werden Platzkarten ausgegeben) eingenommen habe. Dann sollen diejenigen Einlaß finden, die keine numerierten Plätze haben. Erst dann ziehen Hans Grimm und seine Gäste ein.

Ganz ähnlich das Ritual am Nachmittag zur Stunde der Lesungen: »Nach vorn geht der Blick auf den Haupttrakt des Klosterhauses. An dessen Tür treten rechterhand die Dichter heraus und nehmen zu Füßen des erhöhten Lesetisches Platz.« (Dessin)

General a.D. Dr. Friederichs schreibt in der *Westfälischen Zeitung*, 8.7.1938, nachdem er sich über die kräftige Erbsensuppe gefreut hat, die mittags gereicht wurde:

»Pünktlich um die fünfte Nachmittagsstunde sind die Alten und besonders zahlreiche Jugend fröhlich vereint im Klosterhof. Im Rechteck säumen diesen die Kirche, das langgestreckte, mir wohl bekannte Wohnhaus, Scheunen und Ställe... Nach kurzer Unterbrechung lauschen wiederum mit Andacht die weit über tausend Hörer der Serenade. Es marschieren die

Fackeln auf, Hans Grimm spricht – ›Volk ohne Raum‹ wird in uns lebendig! Leidenschaftlich ergriffen und alle mit sich reißend, schließt er mit den Worten, die sein großes Werk einleiten: Deutschland hat wie jedes andere Volk das gleiche Recht auf Leben wie auf Raum! Das Abendlied von Heinrich Schütz beschließt die denkwürdigen Stunden – Seelisch erquickt und aufrichtig dankbar ersehnen wir das... Treffen im kommenden Jahr!«

In einem Beitrag ohne Verfasser- und Erscheinungsortsangabe heißt es unter dem Titel »Feier der Heimat. 4. Dichtertreffen in Lippoldsberg«:

»Die vor einigen Monaten bekanntgewordene Absicht Hans Grimms, seinen Wohnsitz Lippoldsberg zu verlassen, um nach Ostpreußen überzusiedeln, gab dem 4. Dichtertreffen am Sonntag eine besondere Note. Es lag so etwas wie Abschiedsstimmung über dem Ganzen, obwohl Hans Grimm versicherte, daß die Reihe der Zusammenkünfte nicht aufzuhören brauchte und daß er sich weiter als Gast an ihnen beteiligen wolle, wie jetzt als Hausherr. Was ist Lippoldsberg ihm und man darf sagen: dem deutschen Volk, gewesen! Als er das Klosterhaus 1918 erworben hatte, begann an dieser Stätte seiner Vorfahren alsbald ein harter Kampf ums tägliche Brot. Jahre des Mangels und der Entbehrung brachen herein; unter den schwierigsten Lebensumständen entstand hier das große Werk ›Volk ohne Raum‹. ›In diesen Jahren, sagte Hans Grimm bei seiner Ehrenpromotion zum Doktor der Göttinger Universität, ›geschah es mir, der das größte und älteste und geschichtliche und beherrschende Haus zu eigen hatte und der viel ärmer war an Einkommen bei nicht geringerer Anstrengung als der kleinste Tagelöhner im Dorfe, daß ich wiederum wie in der Lehrzeit in England und Afrika und wie in der Rekruten- und Kanonierzeit fühlbar an die Wirklichkeit des Lebens herangebracht wurde, aber es waren die Wirklichkeiten des deutschen Lebens, und die Geister der Heimat meiner Ahnen waren fortwährend um mich.«

Georg F. Binding hat 1938 seinen letzten Auftritt auf den Dichtertagen. Er stirbt einen Monat danach, am 4. August 1938. Auf diesen Tatbestand wird vor allen Dingen beim folgenden Dichtertreffen 1939 hingewiesen. In einem Rückblick und Gedenkblatt zu Rudolf G. Binding schreibt Elisabeth Ihle unter der Überschrift »Das Kapitel vom Tode« (*Deutsche Zukunft*, 14.8.1938) zu Rudolf Bindings Lesung im Juli 1938 in Lippoldsberg. Es heißt dort, daß Binding seine Lesung so begonnen habe:

»Ich lese das Schlußkapitel aus meinem Buche ›Erlebtes Leben‹...[27] Ich habe es bis heute noch nie vor einem größeren Zuhörerkreise gelesen. Es ist das Kapitel vom Tode meines Vaters, von der Entrechnung des Todes.‹ ... Er wiederholte sein herrliches Wort: ›Ich werde es mir nie verzeihen, Vater, daß die Revolution nicht wir gemacht haben, sondern Unbefugte!‹ ... Aber die Stunde gab noch ein anderes als diese Begegnung mit dem Tode. Sie zeigte etwas, um dessen Ausdruck wir heute alle, jeder auf seine

Weise kämpfen: Das Deutsche. In seiner höchsten, adligsten Form. Hier war die Haltung, die dem Kunstwerk sein Gepräge gegeben hatte, identisch geworden mit der Haltung seines Träger auch im Menschlichen. Eins ohne das andere nicht zu denken, so wie der Anspruch großer deutscher Dichtung es fordert und immer wieder fordern wird mit seinem unsichtbaren ›Ich lasse dich nicht, du segnest mich denn!‹ Hier lebte der Mut und hier lebte die Kraft, große Geschichte nicht nur träumend zu gestalten, sondern sie in selbstverständlicher Erfüllung auch im Leben, im Persönlichen zu verwirklichen. Ohne Gnade, aber der Segnungen ihrer Macht gewiß. Deutsches Gepräge trug dieser ganze Tag. So wie es noch einmal aufklang und zu sich selber fand, als Hans Grimm am Abend das Wort nahm, der Hausherr, dessen Persönlichkeit den Grundton des Tages bestimmt hat. Er sprach zu den Menschen vor ihm von der Dankbarkeit, die ihn mit der alten Kirche und dem Klosterhaus verbindet, von der Bedeutung, die sie für ihn und sein größtes Werk ›Volk ohne Raum‹ haben. Er erzählte, wie er dazu gekommen sei, dieses Werk zu schreiben und es trotz allen Entbehrungen zu Ende zu führen. Mit sprödem Laut fielen die Stundenschläge vom Turm, als er das Glockenkapitel und das Tanzkapitel aus ›Volk ohne Raum‹ las. In gesammelter Kraft spröde auch seine Stimme. Er hätte kein würdigeres Wort für den Abschluß des Tages finden können als das Wort Hölderlins, des Genius alles Deutschen, das er den scheidenden Menschen als Letztes mit auf den Weg gab: ›Wir sind nichts. Was wir suchen, ist alles‹«.

Betrachtet man die Berichterstattung in der Presse von 1938, so fällt im Vergleich zu den Jahren vorher und auch zum folgenden Jahr 1939 auf, daß sich sehr viele entfaltete Hinweise auf die Landschaft als Grund für das Wirken von Hans Grimm finden. Das liegt natürlich an dem Thema Vater, Mutter und Elternhaus, da damit ja auch der Aspekt der Heimat angesprochen ist. Möglicherweise gibt es aber auch einen anderen Grund: Das Gerücht, daß Hans Grimm Lippoldsberg verlassen werde, hatte sich in den Jahren vorher schon gehalten und wurde jetzt, 1937 und 1938, immer stärker, so daß einige der sympathisierenden Berichterstatter wohl die Absicht hatten, Hans Grimm und *seine* Landschaft sehr eng zusammenzubringen, damit er Lippoldsberg zu den Dichtertagen erhalten bleibe. So faßt der Beitrag von Grete Koehler (Das Dichtertreffen bei Hans Grimm, in: *Kölnische Volkszeitung*, 7.7.1938) die Absichten Grimms zusammen und stellt sie in Bezug zu seiner niedersächsischen Heimat:

»Der Dichter und die Landschaft seiner Heimat [hier mit Bezug auf die niedersächsische Heimat bezeichnet, Anm. G. K.], das ist eine untrennbare Zusammengehörigkeit von Wäldern, Wiesen, Wasser und Wind, die die Landschaft formen, wie der Dichter ihr Bild schafft. Niedersachsen gehört – außer der schmalen, hohen Greisengestalt, die vor der Schule in

Eschershausen steht: Wilhelm Raabe – wohl mit keinem deutschen Dichter enger zusammen, als mit den Lippoldsberger Gutsherren, mit Hans Grimm. Deshalb, weil Grimm nicht nur das Bild der Landschaft sah, sondern auch ihre dämonischen Bezüge, weil er sah, wie sich Niedersachsen in den breiten Mündern seiner Ebenen und Flüsse weiter als irgendein anderes deutsches Land zum Meer öffnet, weil er niedersächsisches Schicksal gestaltet. – Und doch wird Grimm von dieser Landschaft Abschied nehmen, er wird Lippoldsberg verlassen, um ungewiß bis jetzt, in welcher Gegend Deutschlands – einen größeren Landbesitz zu erwerben. Als er am Abend dieses... Lippoldsberger Dichtertags einige kurze Stellen aus ›Volk ohne Raum‹ las, war keiner unter den Tausenden, die nicht die tiefe Bewegung, die überströmende Fülle des Dankes an diese Landschaft, die Grimm nach seinen eigenen Worten erst ›zum deutschen Schriftsteller machte‹, gespürt hätte; keiner, der nicht mit Ehrfurcht in der Erschütterung, mit der dieser Dank und heimliche Abschied ausgesprochen wurde, einen ›Augen-Blick‹ tat in die tiefsten und im Grunde stets unsagbaren Zusammenhänge zwischen Geist und Boden. Hans Grimm hat uns mit diesen Lippoldsberger Tagen einen neuen Weg gezeigt, wie das dichterische Wort, das jahrhundertelang zum Buchstaben verstummt war, auf die Resonanz der Vortragssäle und die Theater angewiesen, wenn nicht nur auf die ›schwarz-weiße Zwiesprache‹, wieder zum Volk, zum freien Himmel über diesem Volk, zur freien Landschaft, aus der es wuchs, zurückkehren kann. Ein großer, wesentlicher Kreis deutscher Dichter hat in diesen vergangenen Jahren hier zu Tausenden von Hörern gesprochen, und diese Station auf dem Wege der neuen deutschen Dichtung ist nicht mehr wegzudenken, dafür haben wir Hans Grimm zu danken – ... Ob nun – wie Grimm in seiner Begrüßungsrede sich ausdrückte – ›im nächsten Jahre noch als Hausherr oder Gast der freundlichen Göttinger‹ – in Lippoldsberg anwesend – auch Grimm wünscht das Fortbestehen dieser Lippoldsberger Dichtertage, und wir dürfen hoffen, daß das Band, das sich durch die Jahre wand in diesem großen Gemeinschaftserlebnis des dichterischen Wortes nicht abreißen wird!«

Zum Dichtertag 1939

Die Dichtertage von 1935 bis 1938 waren gemeinschaftliche Planungen und Veranstaltungen von Hans Grimm und der Akademischen Orchestervereinigung Göttingen, wobei Hans Grimm den Akzent setzte. Der erste Dichtertag (1934) dagegen war nur Hans Grimms Planung zu verdanken. Der letzte Dichtertag (1939) ist das Werk vornehmlich der Akademischen Orchestervereinigung. Zwar hatte Hans Grimm schon vorher davon gesprochen, daß man am Dichtertag bei der Akademischen Orchestervereinigung *zu Gast* sei, er jedoch sprach jedesmal als Hausherr die Begrüßung und hatte schon vorher mit dem Leiter der Akademischen Orchestervereinigung, Willi Rehkopf, geplant, wie der Ablauf zu gestalten sei. Auch diesmal »steuert« weitgehend Hans Grimm die Dichter bei, die er zu sich eingeladen hatte. Die Begrüßung aber erfolgt durch Prof. Karl Brandi für die Akademische Orchestervereinigung. Erst dann spricht Hans Grimm. Und noch etwas unterscheidet diesen letzten Dichtertag (vor dem 2. Weltkrieg) von seinen Vorgängern: Das Gedenken an den im Vorjahr verstorbenen Rudolf Georg Binding. Schon einmal, 1936, stand Binding im Mittelpunkt des Dichtertages. Damals las er als einziger Dichter.

Zusätzliche Abschiedsstimmung stellt sich dadurch ein, daß die Gewißheit gewachsen scheint, daß Hans Grimm Lippoldsberg nun doch verlassen werde (vgl. die langjährige Suche nach einem Gutshof seit 1933/34 und die Berichte dazu in Hans Grimms Buch *Suchen und Hoffen*). Schon 1938 hatte Hans Grimm davon gesprochen, daß es nicht sicher sei, wer die Dichtertage weiterführen würde – er oder die Akademische Orchestervereinigung. Die Zeitschrift *Die neue Schau* (H. 3, 1939, S. 88) kündigt den Dichtertag so an:

»Der ›Lippoldsberger Sonntag‹, mit Vorlesungen der Dichter-Gäste Hans Grimms und Darbietungen von Chor und Orchester der Göttinger Akad. Orchester-Vereinigung, hat unter Kennern und Liebhabern einen guten Klang. Am 2. Juli soll der Klosterhof wieder die große Schar der ehrfürchtigen Hörer vereinigen. Es werden lesen: Hermann Claudius, Moritz Jahn, Rudolf Alexander Schröder und August Winnig. Am Abend findet eine Gedächtnisfeier für Rudolf G. Bindung statt, bei der R. A. Schröder[28] spricht und Leonard Lechners Sprüche von Leben und Tod gesungen werden. Näheres durch die A. O. V. Göttingen, Nikolausberger Weg 30.«

Kurt Buchheld macht kritisch zum Lippoldsberger Dichtertreffen »Einige weltanschauliche Anmerkungen zur Gefahr seiner einseitigen Entwicklung« (*Die Bewegung*, 25.7.1939):

»Professor *Brandi*, Göttingen, machte sich zum Wortführer der Gefühle der Anwesenden, wenn er mit einer gewissen, aber doch akademisch verhaltenden Wehmut von Hans Grimm Abschied nahm... Ohne Zweifel ist er es gewesen, um den sich die anderen Schriftsteller bisher scharten, sein glücklicheres Gegenbild war der noch im vorigen Jahr anwesende und nun unter den Toten weilende ›Ritter ohne Furcht und Tadel‹, *Rudolf G. Binding*. An seine Stelle ist nun ohne Zweifel *Moritz Jahn* getreten, begabt mit der Härte und Wirklichkeitsschau des Westfalen und dem Till-Eulenspiegel-Schalk und der kernigen Hintersinnigkeit des Niederdeutschen. Ein scharf meißelnder Gestalter von unbeugsamer Form, die in sich Trotz und Schicksal bändigt. Er las die Geschichte ›Die Ehrengabe‹ aus dem ›Weiten Land‹ (Langen-Müller-Bändchen), in der sich die unverbogene und pfiffige Lebensweisheit des Dorfschusters der engeren Sicht von Pfarrer und Kirchenvorstand in Warftfleckchen Lübbersum als durchaus überlegen erweist. Moritz Jahn hat mit der Auswahl dieser Erzählung durchaus ins Schwarze getroffen, denn im übrigen war die Atmosphäre dieses Lippoldsberger Treffens der Leistung Hans Grimms und Rudolf G. Bindings nicht ebenbürtig. Dem Ganzen haftete unverkennbar eine Tendenz nach mehr *geistlicher* als *geistiger,* noch mehr *dogmatischer* als *schöpferischer* Richtung an. August *Winnig* hat im vorigen Jahr nach der Dichterlesung in Göttingen in der Kirche für die Bekenntnisfront gesprochen. Man konnte daher nicht erwarten, daß Andersgesinnte das diesjährige Treffen ohne jeden kulturpolitischen Argwohn betrachten, nachdem Winnig ihm eine so konfessionelle Note gegeben hat. Er las diesmal aus einem neuen Roman [*Wunderbare Welt,* Anm. G. K.], der nach unserer Meinung keine dichterischen Qualitäten aufweist, da Winnigs Vorzüge auf dem Gebiete des sozialpolitischen Schrifttums liegen. Die Verse, zu denen Italienerlebnisse von dem im Lichte Hans Grimms sonnenden Hermann *Claudius* gereimt worden waren, wären besser ungesprochen geblieben, denn Gelegenheitsgedichte schaffen kein dichterisches Ansehen. Waren diese Darbietungen recht harmlos, so mußte man die Worte Rudolf Alexander *Schröders* in Versrhythmus und freier Rede im Sinne einer bestimmten Tendenz als durchaus gefährlich erachten. Er nannte unsere Zeit eine ›gottgeschlagene‹, und das war kühn; er sprach voller Untergangsstimmung von einer ›Welt, die am Abend steht‹, und das war noch kühner, er glaubte schließlich feststellen zu müssen, daß die Millionen unbekannter Soldaten des Weltkrieges heute vergessen seien, und das war am kühnsten; nannte er es doch im gleichen Atemzuge die Aufgabe des Dichters, ›das Wahrwort seherisch zu künden‹! Für uns ist aber herrliche Wahrheit, daß wir voll tiefsten Dankes unsere Zeit nicht als eine ›gottgeschlagene‹, sondern als eine gottgesegnete empfinden, denn Deutschland hat sich erhoben wie nie zuvor und hat sich von den Untergangspropheten, zu denen sich der einem alten humanistischen Ideal nach rückwärts gewandte Rudolf Schröder gesellte, abgewendet. Auch gehört es zu unseren unauslöschlichen Erlebnissen, die unbekannten Kämpfer der einsamen Entscheidung und der gemeinschaftlichen Not sowohl des Weltkrieges wie des Kampfes der Bewegung in unserem Reich *zuhöchst geehrt* zu sehen. In den marschierenden Kolonnen der neuen Wehrmacht ist dazu der unbekannte Soldat zahllos auferstanden!«

Rudolf A. Schröder hatte die Zuhörer gebeten, sich zum Gedenken an den Tod von Rudolf G. Binding zu erheben und mit ihm auch den unbekannten Soldaten zu ehren. Für Kurt Buchheld steht Rudolf Alexander Schröders Gedenkrede wohl »auf hoher metaphysischer und philologischer Warte«, aber Schröder sage ja selbst, »daß Rudolf G. Bindings Welt und die seinige sich fremd gegenüberstanden hätten. Es war deshalb ein Verwischen der Grenzen von Gestalt, Bild und Gehalt, wenn der Jenseitige den sich sträubenden Diesseitigen in den Bereich seiner Gesetze ziehen wollte.«

In Schröders Gedächtnisrede hieß es:

»Hier, auf dem ihm wie uns allen ans Herz gewachsenen alten Lippoldsberger Klosterhof, zwischen Kirche, Wohnung und Wirtschaftsgebäuden
hat er uns, als wäre es in einer prophetischen Anwandlung, vom Tode gesprochen und gelesen, nicht von seinem freilich, aber wohl von einem Tode, den er im eigenen Blute trug. Es war das wundersame Sterben seines
Vaters, von dem er uns erzählte... Wie nahe dem selbst schon Siebzigjährigen dies längst verjährte Sterben ging... so stark, daß der vielgewandte
Sprecher und Vorleser Mühe hatte, die Lesung zu Ende zu führen. Es war
ein Tag wechselnden Wetters, Wolkenschatten gingen über der weiten
Fläche des Klostergutshofes her und hin; mir ist, als sähe ich Rudolf Binding unter einem solchen Wolkenschatten stehen, als er geendet. Und
doch, wie blitzte sein Auge auch an jenem letzten Tag unserer gemeinschaftlichen Begegnungen im alten, verheißungsvollen Feuer: ›Nichts
vom Vergänglichen‹, die goethesche Losung schien aus seinem Blick zu
leuchten.«[28]

Anders setzt Ernst Schieber die Akzente. (Heilig Vaterland. Bericht über den
Lippoldsberger Tag, 2. Juli 1939, *Die neue Schau*, H. 5, 1939) Ernst Schieber
hat seinen Bericht über das Lippoldsberger Dichtertreffen mit dem Wort
»Heilig Vaterland« überschrieben, also in bezug auf Rudolf Alexander
Schröders »Deutschem Schwur« zu Beginn des Ersten Weltkrieges:

»1. Heilig Vaterland! In Gefahren
deine Söhne sich um dich scharen.
Von Gefahr umringt, heilig Vaterland,
alle stehen wir Hand in Hand.

2. Bei den Sternen steht, was wir schwören.
Der die Sterne lenkt, wird uns hören.
Eh der Fremde Dir Deine Kronen raubt,
Deutschland, fallen wir Haupt bei Haupt.

3. Heilig Vaterland, heb zur Stunde
kühn dein Angesicht in die Runde.
Sieh uns all entbrannt, Sohn bei Söhnen stehn.
Du sollst bleiben, Land, wir vergehn.«

»Dieses Gedicht, das in der Vertonung von Heinrich Spitta das Bekenntnislied der Hitler-Jugend geworden ist« (Bernhard Martin: Rudolf A. Schröder –
ein Dichter des Lebensernstes, *Lied und Volk*, H. 9, 1937, S. 117), wird hier
nicht im Zeilenbruch des Gedichtes, sondern als Lied-Text wiedergegeben
(im Gedicht lautet die 5. Strophe, hier als Nr. 3 beziffert: »Heilig Vaterland,/Heb zur Stunde/Kühn dein Angesicht/In die Runde./Sieh uns all entbrannt,/Sohn bei Söhnen stehn:/Du sollst bleiben, Land!/Wir vergehn.«) Mit
diesem Gedicht »hat der Dichter die gesamte Jugend des Volkes erreicht.

Zum Gedächtnis an Rudolf G. Binding

Gemeinsamer Gesang in der Gedächtnisfeier in Lippoldsberg am 2. Juli 1939:

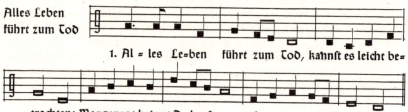

Alles Leben
führt zum Tod

1. Al = les Le = ben führt zum Tod, kahnst es leicht be =
trachten: Morgenrot bringt A = bendrot, und was tagt, muß nach = ten.

2. Alles Leben führt zum Tod. Hab Geduld: es endet. Also grimm ist keine Not, die der Tod nicht wendet.

3. Laß die Toten denn im Tod Grab an Grab verwesen, du, ob Tod und Todes Not, weil du's weißt, erlesen,

4. weißt, an dir ist keiner Not fürder Macht gegeben: All dein Leben führt zum Tod, all dein Tod zum Leben.

Worte: Rudolf Alexander Schröder   Weise: Hans Friedrich Micheelsen

heilig
Vaterland

1. hei = lig Va = ter = land! In Ge = fah = ren
dei = ne Söh = ne sich um dich scha = ren.
Von Ge = fahr umringt, heilig Vaterland, al = le stehen wir hand in hand.

2. Bei den Sternen steht was wir schwören. Der die Sterne lenkt, wird uns hören. Eh' der fremde Dir Deine Kronen raubt, Deutschland, fallen wir Haupt bei Haupt.

3. heilig Vaterland, heb zur Stunde kühn dein Angesicht in die Runde. Sieh uns all entbrannt, Sohn bei Söhnen stehn. Du sollst bleiben, Land, wir vergehn.

Worte: Rudolf Alexander Schröder   Weise: Heinrich Spitta

Aus: »Die Neue Schau«, Heft 4. 1939, S. 128

Man gewahrt in ihm zugleich die starke Hingabe an Deutschland, das Bekenntnis zum Opfer, den Willen des ungeteilten Einatzes und die eigenartige, eigenwillige Formkraft des Dichters...« (Ebd., vgl. *Die neue Schau*, H. 4, 1939, S. 122)

Dieses Lied und das Lied über Leben und Tod sind 1939 »unter dem nächtlichen Himmel von der Menge stehend« gesungen worden:

»1. Alles Leben führt zum Tod,
kannst es leicht betrachten:
Morgenrot bring Abendrot,
und was tagt, muß nachten.

2. Alles Leben führt zum Tod.
Hab Geduld: es endet.
Also grimm ist keine Not,
die der Tod nicht wendet.

3. Laß die Toten denn im Tod
Grab an Grab verwesen,
du, ob Tod und Todes Not,
weil du's weißt, erlesen,

4. weißt, an dir ist keiner Not
fürder Macht gegeben:
All dein Leben führt zum Tod,
all dein Tod zum Leben.«

Ernst Schieber schrieb über dieses Ereignis (in der *Neuen Schar*, H. 5, 1939):

»Das Lied schloß sich würdig an das Wort seines Verfassers Rud. Alexander Schröder, das er zum Gedenken des verstorbenen Dichterfreundes sprach. Er endete mit der Aufforderung, sich zu Ehren des Dichters zu erheben und Rudolf Binding zugleich als ›unbekannten Soldaten‹ zu ehren. Es war aber dabei spürbar – und darin wurde wieder einmal der zum Volk sprechende Dichter zugleich in seinem hohen Erzieher- und Seherberuf erkannt – daß in seinen Worten der Soldat *überhaupt* geehrt wurde; der Mann, der *tat*-sächlich bereit ist, die Worte jenes Liedes zur Tat werden zu lassen. Man war, ohne den Schritt mit Bewußtsein getan zu haben, in den Augenblick versetzt, in dem dieses Lied einst ein Lied der wehrhaften deutschen Jugend zu werden begann: August 1914. Und weil man ein Lied – vollends nach einer solchen Rede und zum Abschluß eines solchen Tages, und vollends in einer solchen Zeit – nicht gedankenlos singen darf, so hat gewiß ein großer Teil der zur Gemeinde gewordenen Menge im Klosterhof zu Lippoldsberg am Abschluß und im Nachklang dieses Tages sich Gedanken gemacht über *Gestalt und Wert dieses Vaterlandes*, für dessen Kronen die Söhne zu fallen bereit sind, Haupt bei Haupt. Es hatte da eben nicht bloß jeder Haus und Wohnung, Beruf und Arbeitsstätte,

Weib, Kind, Nachbar und Kamerad, Fluß und Wald, Dorf und Stadt und den weiten Himmel darüber vor Augen, sondern er hatte Teil an dem Schicksal des Volkes, das darin lebt, und an dem Kampf um seine heiligsten Güter, die uns Vaterland bedeuten und bereiten. Das ist der eigentliche Ertrag des Lippoldsberger Tages, daß es wieder einmal klar wurde: unser Vaterland ist da, wo die wahre deutsche Kultur der heiligen Güter, von einem heilsbegierigen Volk aufgenommen, als Gut des Volkes erkannt und ehrfürchtig bewahrt wird, und wo sie den Gliedern des Volkes das Bewußtsein der Gemeinschaft gibt und einen mannhaften Mut und demütige Hilfsbereitschaft, sie zu bewahren und sich für sie zu opfern.«

Die beiden von Rudolf Alexander Schröder gedichteten Lieder, die gemeinsam stehend gesungen wurden, ehrten nicht nur Rudolf G. Binding, sondern scheinen zugleich eine Aufrüstung geistiger Art in bezug auf den bevorstehenden Krieg gewesen zu sein. Diese Vermutung wird in einem Zeitschriftenbeitrag deutlich, der in den *Mitteilungen für die Gesellschaft der Freunde Wilhelm Raabes* erschienen ist. Im einleitenden Beitrag des Heftes heißt es, daß »der Krieg seine eisernen Würfel an Deutschlands Grenzen (rollt). Unser Volk steht in einem neuen Daseinskampf, ihm aufgezwungen von einem Klüngel feindseliger Mächte, welche ihm die durch Adolf Hitler folgerecht und mit unerhörter Kraftanstrengung erarbeitete Freiheit und Macht nicht gönnen und es in die Pariastellung zurückversetzen möchten, welche sie ihm frevler Weise durch das Versailler Diktat zugewiesen hatten.« (S. 81) Der Beitrag ist mit »Krieg!« überschrieben. (*Mitteilungen für die Gesellschaft der Freunde Wilhelm Raabes*, herausgegeben von der Mittelstelle Braunschweig. 29. Jg., 1939, Nr. 3) In demselben Heft der *Mitteilungen* erscheint ein Beitrag von Roeder mit der Überschrift: »Dichter sollen im Volke stehen. Der Lippoldsberger Tag 1939.« Hier geht es um das sog. Deutsche und um die Gemeinschaft der Zuhörenden und Lesenden. Der Verfasser schreibt, daß diese Dichtertage »so herrlich *deutsch*« waren, daß Wilhelm Raabe seine helle Freude daran gehabt hätte!

»Ich dachte mir ihn oft unter dieser Gemeinschaft als stillen Zuhörer, der mit gütigen Augen diese nach Tausenden zählende Menschenmenge betrachtete und dessen Herz warm erglühte, wenn er dieses Ringen um die deutsche Seele bei den Dichtern der Gegenwart so deutlich spürte. Wie sagte es Hans Grimm? Der Lippoldsberger Tag sollte das zum Ausdruck bringen, was ›an der deutschen Seele am deutschesten‹ ist. Wie hätte Meister Raabes Auge geleuchtet bei den Worten des Gedichtes ›an einen Danziger Freund‹ von R.A. Schröder: ›Noch blüht's in deutschen Landen/von Meer zu Land voll Herrlichkeit!‹ Daß es sich bei diesem Treffen um eine Angelegenheit im Sinne des Reiches Adolf Hitlers handelte, war auch dadurch dargetan, daß der Vertreter des Landeskulturwalters, ferner der Landesleiter der Reichsschrifttumskammer anwesend waren. Der Lippoldsberger Tag ist nach dem Willen Hans Grimms eine Begegnung von

Dichtern, für die der Krieg entscheidend war im Schaffen, und er entstand, weil Hans Grimm schon vor dem Umbruch die Volksgemeinschaft teilhaben lassen wollte an diesem Gedankenaustausch zwischen Dichtern und ihrer Gemeinde.« (Roeder, in: *Mitteilungen für die Gesellschaft der Freunde Wilhelm Raabes,* S. 121)

Ernst Schieber schreibt am Schluß seines Beitrages »Heilig Vaterland« über diesen letzten Dichtertag vor dem Zweiten Weltkrieg, auf dem sich Hans Grimm sehr zurückzog:

»Zwei Dichterpersönlichkeiten traten umso stärker hervor, je mehr sie durch den äußeren Ablauf des Lebens verhindert waren, den Platz des Vorjahres einzunehmen: Hans Grimm, dessen Grußwort zu Anfang zeigte, daß er dennoch der geistige Führer dieser Tage ist und bleibt – das Wort des Vorsitzenden der Akademischen Orchestervereinigung Göttingen, Professor Brandi, hat es ihm besonders bezeugt, und die Vereinigung unter künstlerischer Leitung von Brandt und der verdienstvollen Führung von Rehkopf hat ihre ausgezeichneten, mit allerhand Opfern erkämpften Leistungen sicher in erster Linie als Dankesgruß an Hans Grimm dargebracht, – und bei der Abendfeier Rudolf Binding, der nun still Gewordene, der umso beredter sprach, als sein Wort und Werk nun abgeschlossen ist und den Weg des Wirkens in die Ewigkeit angetreten hat.

Was Rudolf Alexander Schröder über Binding sprach und wie er in ihm den Dichter erstehen ließ, die Gestalt und den Beruf des Dichters überhaupt, das war zielweisender Höhepunkt des Tages. Das wird auch immer wieder gelesen und bedacht werden müsen, wenn diese Rede einmal im Druck vorliegt. Denn hier war der Sinn des Lippoldsberger Tages für alle erfaßbar und enthüllt: der Dichter, der Bringer deutscher Kunst überhaupt, dessen Wort und Werk um die Seele des Volkes als Hüter und Wächter kämpft und dem Volk das deutsche Land als heilig Vaterland erstehen läßt.

> ›Sieh uns all entbrannt,
> Sohn bei Söhnen stehn,
> Du sollst bleiben, Land,
> Wir vergehn.‹«

Der Dichtertag von 1939 ist – zumindest, was die Presseberichterstattung anbetrifft – in eine große weltanschauliche Kontroverse geraten: Auf der einen Seite wird ihm zugesprochen, daß er im Sinne Adolf Hitlers eine Kampf- und Volksgemeinschaft stütze, auf der anderen Seite wird ihm Rückwärtsgewandtheit, Dogmatismus und Religiosität im Sinne der bekennenden Kirche zugeschrieben.

Die Dichtertage spiegeln sich in Berichten der Zeitschriften *Lied und Volk/Die neue Schau*

Zum 4. Dichtertag 1937 gibt es zum ersten Male eine ausführliche Berichterstattung in der Zeitschrift *Lied und Volk*. Die Zeitschrift erscheint 1937 im 7. Jahr und wird herausgegeben im Bärenreiter-Verlag Kassel. Dieser Verlag hatte sich durch jugendbewegte, völkische und volkstümliche Musikpolitik hervorgetan.[29] Vermutlich ist es der Verantwortliche für Inhalt und Anzeigen, Adolf Martin, der unter der Initiale »M.« zum Inhalt des Doppelheftes Juli/August 1937 schreibt:

> »Lippoldsberg und die seit 1934 jährlichen Dichtertreffen bei Hans Grimm haben für das kulturelle Geschehen unserer Zeit und unseres neuen Reiches eine solche Bedeutung erlangt, daß wir es als Aufgabe und Auftrag unserer Zeitschrift betrachten, auf diese Tage einmal ausführlich mit Bildern, Berichten und vom Grundsätzlichen her hinzuweisen. Es ist uns ein Bedürfnis, Hermann Claudius zu danken für die feinen Worte, die er unserem Lippoldsberger Bericht voranstellte und für die gern gegebene Erlaubnis, das in Lippoldsberg aus dem Manuskript gelesene Sommergedicht erstmalig hier zu veröffentlichen. Auch Hans Grimm gilt unser Dank, der uns die faksimilierte Wiedergabe seiner Begrüßungsworte gestattete. Wenn an der Gestaltung und dem Erfolg der Lippoldsberger Dichtertage die Akademische Orchester-Vereinigung, Göttingen, einen wesentlichen Anteil hat, scheint es gerechtfertigt, auch der Entwicklung und dem Wirken dieser Vereinigung einen besonderen Beitrag zu widmen« (S. 60).

Das eben angeführte »Erbetene Wort zu den Dichtertagen in Lippoldsberg« von Hermann Claudius lautet folgendermaßen:

> »Nein; es ist kein durch Stammesart oder durch die Landschaft bedingter Kreis von ›Werkleuten des Wortes‹ – wie Hans Grimm uns in seiner Ansprache im Klosterhofe am Julisonntag nannte – sondern, wenn man denn schon ein Gemeinsames suchen will, so ist es das Erlebnis des großen Krieges, das uns alle geformt hat. Meine persönliche Freundschaft mit dem Herrn vom Klosterhofe geht ganz und gar darauf zurück. Und unser Senior, Rudolf G. Binding, war Rittmeister seiner eisernen Schwadron, vor die er beim Auszug hingeritten war und gesagt hatte: Niemand wisse, wer von ihnen wiederkehren werde. Wer aber an Wiederkehr denke, der wähle eine andere Schwadron. Das ist, was wir alle meinen und sind: deutsch bis in die Knochen. Warum spreche ich nicht von deutscher Seele? Ich will ganz gewiß nicht spotten: aber Knochen sind härter. Wir sind wohl Männer, die hart in ihrem Glauben und hart in ihrem Willen sind – hart in ihrem Glauben und Willen gegen sich selbst. Es gedeiht auch kein Werk der Kunst ohne Zucht. Und Ehrfurcht und Liebe und

Redlichkeit – wie Hans Grimm es wohl nennt – sind in diese Zucht eingeschlossen. Um Gottes Willen soll dies kein Vorrecht sein, das wir hier *vor*
anderen Gruppen von Dichtern hier oder dorten erheben. Und ich sage es
auch nur erbeten. Und mein alter Vater sagte, wenn einer eine aufgeblühte
Rose im Garten zu laut bewunderte: schweig still, du redest das Beste
davon! Aber ich habe diese Zucht, diese Innerlichkeit bis auf die Knochen
in unseren Lippoldsberger Tagen wieder und wieder empfunden: im
vertrauten Gespräch unterm Schatten des tausendjährigen Klostergartens,
in angeregter Rede inmitten der Feierlichkeit der mittäglichen Tafel unterm uralten Eichengebälk des Klosterhauses – wie bei den Leseabenden
vor den Soldaten in den kerzendämmrigen Kasematten des einstigen Zi-
sterzienserklosters [richtig: Benediktinerinnenkloster, Anm. G. K.] oder
vor der dreistündigen andächtigen Stille der dreitausend Hörer auf dem
sonnenhellen und sonnenheißen Klosterhofe. Sage mir, was ein Blatt sei –
und sage mir, was eine Blüte sei. Und so ist auch die Freundschaft unter
Männern des deutschen Wortes ein sonderliches Ding und ein Unsagbares.
Man muß sich schon zufrieden geben, daß sie da sei und sich freuen, daß
sie einen getreuen Gärtner und Heger gefunden habe. Es strömt fühlbar
Kraft von dort her. Nicht nur auf mich und nicht nur auf uns, die nun von
Lippoldsberg in ihre eigenen Behausungen zurückgekehrt sind – sondern
auch auf dich, lieber Leser – irgendwie – und auf alle. Und daß die edle
Musica uns schwesterlich verbunden gewesen: Johann Sebastian Bach und
die Serenata im Walde zu singen – das will uns im Ernst unseres Dienens
ein freundliches Zeichen am Wege bedeuten.« (S. 49 f.)

Hermann Claudius, ein ständiger Gast in Lippoldsberg, spricht deutlich ein
Selbstmißverständnis von Hans Grimm aus: Der stellt die sogenannte Stammesart oder die Landschaft in den Mittelpunkt des gemeinsamen Treffens
von Werkleuten des Wortes. Hier ist Hermann Claudius durchaus realisti-
scher als Hans Grimm, indem er nämlich auf das gemeinsame Kriegserlebnis,
das alle geformt habe, zurückgeht. Und Hans Grimm hatte in der Tat 1934
zum erstenmal unter dem Aspekt des Kriegserlebnisses Autoren zusammen-
gerufen. Zugleich hat er jedoch in seinen jeweiligen Einleitungsworten zu
den Dichtertagen sowie im Schriftverkehr auf die Landschaft und die Geschichte dieser Landschaft und seiner Stämme als Beweggrund des Treffens
hingewiesen. Vor allem aber sind es die vielen Zeitungsartikel, die das Land-
schaftliche und das »Volkliche« in den Mittelpunkt stellen. Natürlich gibt es
auch eine Reihe von Berichterstattungen, die alle drei Bedingungen, nämlich
Landschaft, Stammesart und Kriegserlebnisse in eins führen. Dies tut im übrigen auch wieder Hermann Claudius, indem er Naturallegorien wählt (die
Blüte und das Blatt, die aufgeblühte Rose). Ferner ist Hans Grimm für ihn
der getreue Gärtner und Heger, der die Freundschaft unter deutschen Männern aufrechtzuerhalten wisse.

Hermann Claudius Beitrag erscheint als Einleitung auf der ersten Seite der

Zeitschrift *Lied und Volk* unter einem Foto, das Hans Grimm bei der Eröffnung des Lippoldsberger Dichtertages zeigt. Das Foto stammt von Willi Rehkopf aus Göttingen. Rehkopf ist Leiter der Akademischen Orchestervereinigung, die von Hermann Claudius in seinem Einleitungsbeitrag als Trägerin der schwesterlichen Kunst, der Musik, gegenüber der Literatur bezeichnet wird. Hans Grimm hat des öfteren in seiner Begrüßung die Werkleute des Wortes und die Werkleute der Musik gleichermaßen angesprochen. Für Hermann Claudius gibt die »edle Musica« das freundliche Zeichen zum Ernst »unseres Dienens am Worte« und zur Erbschaft des Kriegserlebnisses.

Eigentlich erscheint es etwas ungewöhnlich, daß eine Zeitschrift, die sich der Musik verschrieben hat, so ausführlich über das Lippoldsberger Treffen von Dichtern berichtet. Das ist aber nur auf den ersten Blick so, denn die Akademische Orchestervereinigung aus Göttingen ist fast von Anfang an an den Dichtertagen beteiligt, zumindest aber ab 1935. Außerdem muß berücksichtigt werden, daß eine Zeitschrift mit dem Titel *Lied und Volk* eine Zeitschrift ist, die das Musikantische und die Hausmusikidee weitertreiben möchte. Das heißt: Hier ist ein kultureller bzw. ein kulturpolitischer Ansatz formuliert, der alle kulturellen Aktivitäten unterstützen möchte, die antimodernistisch sind, die den Gemeinschaftsgedanken pflegen, die die Gefühle, wie sie durch Musik geäußert werden können, auch in der sprachlichen Formulierung bei Dichtern und Schriftstellern wiedererkennen wollen. So heißt es dann auch im Beitrag von Ernamarie Schmidt (in: *Lied und Volk*, H. 4/5, 1937, S. 50), der den einleitenden Worten von Hermann Claudius folgt:

»Die aus der soziologischen Struktur des ›Vereins‹ oder der ›Gesellschaft‹ erwachsenen Tagungen und Feste können sich einer Wandlung und Neuformung nicht länger entziehen. Wer an dem Dichtertreffen in Lippoldsberg teilgenommen hat, wird bekennen, daß hier deutsche Dichter ihrem Volke ein Beispiel sinnvoller, innerer Sammlung und eine prächtige Möglichkeit gezeigt haben, die es erlaubt, Tausende von Volksgenossen in lebendige Berührung mit großen Dichtern unserer Zeit zu bringen.«

Die Dichter stehen hier in einer Tradition, die das Singen und Sagen in Erinnerung rufen will:

»Über alledem taucht die Vorstellung der Sänger und Dichter in alten Zeiten auf. Wie frei haben dereinst die Barden an den Höfen gesungen! Wie unmittelbar floß der Sprachrhythmus dahin, wenn etwa das Nibelungenlied vorgetragen wurde, oder noch früher, die Ilias oder die Odyssee! ... in einer Zeit, in der so viel Echtes aus deutscher Vergangenheit wieder aufgesucht wird, sollte auch das Bild des lebensvoll wirkenden ›Sängers‹ nicht vergessen werden.« (B. M.: Dichter lesen aus ihren Werken, in: *Die neue Schau*, H. 11, 1940, S. 292)

In dem schon zitierten Aufsatz von E. Schmidt heißt es dann auch:

»So wie im musikalischen Raum die ›Musiktage in Kassel‹ seit einigen

Jahren den immer erfolgreicheren Versuch durchführen, vom festgefahrenen Stil der üblichen Musikfeste loszukommen und eine neue Form zu entwickeln, so bedeutet das Lippoldsberger Dichtertreffen, das an *einem* Tag, an dem die ›Göttinger‹ kommen, zu einer öffentlichen Angelegenheit wurde, nicht nur eine völlig neue Form – für die eigentlich weder das Wort Tagung noch Treffen ausreichend ist – sondern auch ein Unternehmen, bei dem in überaus erfreulicher Weise das Wort der Dichter mit der Sprache der Musik verbunden wird. Lippoldsberg müßte überall da, wo ›Werkleute des Wortes und der Musik‹ (wie Hans Grimm sie in seinen Eingangsworten nannte) reif sind zu solch gemeinsamem Tun, eine Anregung zur Nachfolge sein. Es wäre sicherlich nicht der schlechteste Weg, Volk und Dichtung wieder in ein natürliches Verhältnis zu bringen. Konzerthaus und Literatenzirkel waren im Grunde die letzten verkümmerten, z.T. zur Karikatur gewordenen Formen, an deren Stelle Neues treten muß. Der Klosterhof in Lippoldsberg scheint uns ein besonders glückliches Beispiel zu sein.« (S. 50)

Die Mitwirkung der Akademischen Orchestervereinigung Göttingen

An der Entwicklung der Lippoldsberger Dichtertreffen ist maßgeblich die Akademische Orchestervereinigung aus Göttingen beteiligt. E. Schmidt schreibt dazu in *Lied und Volk*:

»Auch in diesem Jahr ging die äußere Gestaltung des Sonntags von der Göttinger Akademischen Orchestervereinigung aus, die, wie in den letzten Jahren, den Tag mit einer Musik in der alten Klosterkirche einleitete und die nachmittägliche Lesestunde auf dem Klosterhof musikalisch ausbaute.« (S. 50)

»Ein Laienorchester und ein angeschlossener Kammerchor, die Akademische Orchester-Vereinigung aus Göttingen, bringen als Dank der Allgemeinheit Hans Grimm und seinen Gästen eine musikalische Morgenfeier in der Klosterkirche dar und verbinden am Nachmittag die einzelnen Lesungen der Dichter auf dem Klosterhof mit wertvoller Instrumental- und Volksmusik. Will man den eigenen Reiz dieser Lippoldsberger Atmosphäre fassen, man wird ihn in diesem Freudebereiten auf Gegenseitigkeit zu suchen haben.« (Dichter und ihre Freunde bei Hans Grimm, in: *Literatur*, 1937, S. 641)

Wie nun diese Zusammenarbeit zwischen der Akademischen Orchestervereinigung Göttingen und Grimms Lippoldsberger Dichtertag im einzelnen ausgesehen hat, beschreibt M. Rehkopf (wahrscheinlich Minnie, die Frau des

Leiters Willi Rehkopfs) in der bereits zitierten Ausgabe von *Lied und Volk* (H. 4/5, 1937, S.52 ff.):

> Die Teilnehmer der Akademischen Orchestervereinigung rekrutieren sich »in der Hauptsache aus den Jung- und Altakademikern, die sich in Göttingen zum Studium oder berufshalber aufhalten. Es treten allerdings noch einige musikfreudige Bürger und Bürgerinnen unserer Stadt hinzu, die den Kerntrupp unter den naturgemäß häufig wechselnden akademischen Spielern bilden. Auch der Kammerchor der AOV setzt sich zum größten Teil aus ortsansässigen Sängern und Sängerinnen zusammen, so daß sein Mitgliederbestand auf Jahre hinaus der gleiche zu bleiben verspricht... Entscheidend für die Leistungshöhe unsres Orchesters war, ist und wird immer sein erstens die musikalische Vorbildung, die unsre Studenten daheim genossen haben, und zweitens die Frage, ob für sie die Möglichkeit besteht, freie Zeit zum Musizieren zu gewinnen. In beiden Punkten war in den letzten Jahren eine Verschlechterung gegen frühere Zeiten zu spüren. Viele Menschen sahen im Grammophon und Radio einen Ersatz für die aktive Hausmusik und unterließen es, ihren Kindern eine musikalische Ausbildung geben zu lassen... Noch verhängisvoller für die Arbeit der AOV wirkt sich die starke zeitliche Beanspruchung der heutigen Studenten aus. Es gehört wirklich eine große Liebe zur Musik und eine starke Begeisterungsfähigkeit dazu, ... den der Dienst am großen und heiligen Werk der deutschen Musik fordern muß.« (S. 53)

Die Akademische Orchestervereinigung wurde 1906 gegründet. Bekanntgeworden ist sie durch die sogenannte Händelrenaissance und ihre Mitwirkung an den »Göttinger Händeloperfestspielen« (S. 53). Dadurch hat sie nicht nur Universitätsgeschichte gemacht, »sondern, vor allem durch die Zeit, als die Wogen der Kriegs- und Nachkriegszeit in die still-fröhliche Welt der musizierenden Studenten hineinbrandete, auch ein Stück Weltgeschichte.« (S. 53)

Der Vorsitzende der Akademischen Orchestervereinigung, Willi Rehkopf, erinnert sich, daß während eines Ausfluges der Göttinger Akademischen Orchestervereinigung 1914 in die nahe Umgebung getanzt und musiziert wurde. Es erklang gerade ein Streichquartett, »als die Tür [zum Veranstaltungssaal, Anm. G. K.] aufgerissen wurde und einige Freunde hereinstürmten mit dem Rufe: ›Jetzt gibt es sicher Krieg, der Belagerungszustand ist über Deutschland verhängt.‹« Daraufhin wurde gerufen:

> »Seid ruhig und stört uns nicht, ihr hört doch, daß wir musizieren.« M. Rehkopf kommentiert dieses Erlebnis so: »In dieser Abwehr der Störung eines letzten gemeinsamen Musizierens lag gewiß die Ahnung, daß für lange, lange Zeit jegliches sorglose und unbekümmerte Zusammensein der Orchestermitglieder zu Ende sein würde.« (S. 53)

Es zeigt sich an dieser Stelle keine Ablehnung des Kriegertums, sondern ein Hinweis auf das »Eigentliche«, das durch das Musizieren gestaltet werden könne. Diese These wird dadurch bestätigt, daß M. Rehkopf später schreibt, daß es »am 26. Juli 1920, in den tiefsten Elendstagen des deutschen Volkes«, zum ersten Mal gelang, »in Göttingen Händels ›Rodelinde‹ nach fast 200jährigem Schlafe« (S. 54) aufzuführen. Die musikalische Arbeit erscheint hier als eine Arbeit im Dienste des Volkes.

Die Akademische Orchestervereinigung hat jedoch nicht nur die sogenannte Händel-Bewegung gestützt, sie hat auch Uraufführungen und Bearbeitungen ihrer eigenen Dirigenten vorgestellt. Außerdem brachte sie Werke von Bach, die bisher wenig gespielt wurden, zur Aufführung. M. Rehkopf schreibt, daß die Akademische Orchestervereinigung »zu Bach hin erzogen wurde« und daß ihr »früher der Händelstil theoretisch und praktisch nahegebracht« wurde.

»Die tiefe Vertrautheit mit der Musik des großen Barockmeisters trug reiche Früchte bei der Beschäftigung mit zeitgenössischen Werken.« (S. 55) Aber darin lag nach M. Rehkopfs Ansicht nicht die einzige musikgeschichtliche Leistung der Akademischen Orchestervereinigung; denn: »Ich glaube nämlich, ohne Überheblichkeit behaupten zu können, daß auch der nachschaffende, sich in das Werk des Tonschöpfers zutiefst einfühlende Mensch Musikgeschichte macht.« (S. 54) Das ist gewissermaßen das musikpädagogische Credo der Akademischen Orchestervereinigung. Hier wird an die Musikantengilden erinnert, die ein Gemeinschaftsgefühl hausmusikalischer Art entwickelten.

»Es liegt im Begriff des Laienorchesters von vornherein die Beschränkung auf die Streichmusik. Bläser sind in den meisten Fällen nur vereinzelt vorhanden und kaum in solcher Vollständigkeit und Qualität, daß Werke der klassischen oder romantischen Zeit zur Aufführung gelangen können. Es bleibt ihr also außer der Bach- und Händelschen und der zeitgenössischen Musik die des 17. Jahrhunderts und früherer Zeiten, und es ist gewiß, daß ihrer da noch wundervolle Überraschungen harren.« (S.55)

M. Rehkopf stellt nun dar, daß die Beschäftigung mit den Werken alter Meister am intensivsten wurde, als zum ersten Mal darüber beraten wurde, welche Musik »am besten zu dem wundervollen romanischen Bau der Lippoldsberger Klosterkirche und zu der mittelalterlichen Prägung des Klosterhofes passen würde«:

»Es ist ganz eigentümlich, daß mit dem Augenblick, da die erste Lippoldsberger Fahrt der AOV. in den Bereich der Möglichkeit trat, zu der die Gründung des Kammerchors durch Ludwig Dietz erfolgte, daß mit diesem Augenblick sich eine Entwicklung von Händel weg anbahnte ... die Einfühlung in die alten Meister trat neben der Erarbeitung zeitgenössischer Musik in den Vordergrund. Im Jahr der ersten Lippoldsberger Fahrt hatte das Akademische Orchester beim Händelfest noch eine Veranstaltung unter dem eigenen Dirigenten und bildete den Kern des Opernorchesters. Im zweiten Jahre stellte es einen Teil der Streicher zu zwei Hauptveranstaltungen. In diesem, dem dritten, Jahre spielte nur noch der Konzertmeister beim Händelfest mit.« (S. 55)

Es kann ein Schwerpunktwechsel festgestellt werden: Die Mitarbeit an den Göttinger Händelfesten wird in dem Maße geringer, als die Vorbereitung und Durchführung der Lippoldsberger Fahrten durch die Akademische Orchester-Vereinigung umfangreicher wird.

»Über das Entstehen dieser Fahrten schreibt Studienrat Willi Rehkopf-Göttingen, der langjährige 1. Vorsitzende der AOV. Folgendes: ›Ende Juli des Jahres 1934 lud Hans Grimm zum ersten Male einen Kreis von Schriftstellern in das Lippoldsberger Klosterhaus, damit sie in mehrtägiger Aussprache miteinander Fühlung nehmen könnten. Es war wohl das große Fronterlebnis, das diese Dichter miteinander verband. Hans Grimm, der durch seine beständige Bereitschaft, sich allen Besuchern von Lippoldsberg zu widmen, bekannt ist, benutzte diese Gelegenheit, während einer Feierstunde auf dem Klosterhofe alle anwesenden Dichter (Paul Alverdes, Werner Beumelburg, Walter Julius Bloem, Joachim von der Goltz und Ernst von Salomon), zu einer zahlreichen Zuhörerschaft sprechen zu lassen, die neben den Lippoldsbergern vor allem aus Mitgliedern der HJ, der SA., der Reichswehr und des Arbeitsdienstes bestand. Ich war gerade in einem Lager des Jungvolks an der Weser unmittelbar in der Nähe von Lippoldsberg, als mir zufällig eine Zeitung mit einem Bericht über die Feierstunde in die Hände fiel. Wie sehr habe ich bedauert, daß ich mit meinen Jungen nicht dabei sein konnte! Dieses Bedauern steigerte sich noch, als ich an einem der nächsten Tage die herrliche Lippoldsberger Klosterkirche besichtigte und in scheuer Ehrfurcht nach dem Klosterhaus hinüber sah. Da wurde der Gedanke in mir lebendig, mit der Akademischen Orchester-Vereinigung einmal einen Ausflug nach Lippoldsberg zu machen und in der schönen Kirche, die geradezu eine Musikkirche ist, zu musizieren. Das Programm unseres Weihnachtskonzertes von 1934 schien mir besonders für diesen Zweck geeignet, und ich wandte mich an Hans Grimm, um ihm den Vorschlag für ein Konzert in Lippoldsberg zu machen. Da die Kirche aber nicht heizbar ist, konnte der Plan leider nicht verwirklicht werden. Hans Grimm griff jedoch den Gedanken einer Konzertfahrt der Akademischen Orchester-Vereinigung nach Lippoldsberg begeistert auf und schlug von sich aus vor, diese Fahrt mit dem nächsten Dichter-Treffen zu verbinden. So gestaltete sich ganz allmählich die ›Lippoldsberger Fahrt der AOV.‹ vom 30. Juni 1935, die für alle Teilnehmer ein sehr starkes Erlebnis werden sollte. Gemeinsame Bahnfahrt, Kirchenkonzert, Mittagsverpflegung aus der Feldküche, gemeinsamer Tee und Dichtervortrag verbanden alle Teilnehmer zu einer festlich-frohen Gemeinschaft. Da im ersten Jahre die Dichter alle zu Wort gekommen waren, aber bei dem schnellen Wechsel der Dichter und Dichtungen die ein-

Akademische Orchester-Vereinigung Göttingen.

Mitglied der Fachschaft „Volksmusik" und des „Reichsverbandes der gemischten Chöre" in der Reichsmusikkammer.

Dritte
Lippoldsberger Fahrt der AOV.

am Sonntag, dem 4. Juli 1937.

Tagesverlauf:

8.55 Uhr: Abfahrt von Göttingen mit Sonderzug.
Die Fahrkarten werden ab Freitag, dem 2. Juli, in den Vorverkaufsstellen, am Sonntag morgen ab 8 Uhr 15 in der Bahnhofsvorhalle gegen Abgabe des Gutscheines ausgegeben.

gegen 10 Uhr: Ankunft in Bodenfelde.
Weg an der Weser entlang etwa 20 Minuten.

11 Uhr: Musik in der Kirche
Programm umstehend. Die Kirche wird erst um 11 Uhr geöffnet. Beginn: 11.15 Uhr. Die Karten sind an der Kirchentür bereitzuhalten.

ab 12.30 Uhr: Gemeinsames Mittagessen
in der Gastwirtschaft Schrader an der Fähre (Erbsensuppe). Es wird in zwei Abteilungen gegessen. Löffel mitbringen! Siehe Anweisungen Seite 4.

16—17 Uhr: Gemeinsamer Tee auf dem Klosterhof.
Der Tee mit einem großen Stück Kuchen wird gegen Abgabe des Teegutscheines ausgegeben. Außerdem sind Einzelportionen (Tee und ein Stück Kuchen nach Wahl) für 40 Pfennig erhältlich. Becher werden geliefert.

17—19 Uhr: Lesestunde auf dem Klosterhof
im Wechsel von Dichtung und Musik. Programm im Innern des Blattes.

20.20 Uhr: Abmarsch nach Bodenfelde
zum Bahnhof.

20.45 Uhr: Rückfahrt des Sonderzuges nach Göttingen.

Wir bitten, unbedingt Klappstühle mitzubringen. Eine größere Anzahl von Stühlen ist in Lippoldsberg zum Preise von RM. 1.— käuflich zu erhalten, wenn sie frühzeitig in den Vorverkaufsstellen bestellt werden. Weitere Anweisungen für die Fahrt siehe letzte Seite.

Wer Freude an der Fahrt zum Lippoldsberger Dichtertreffen gehabt hat, der bekunde seine Dankbarkeit dadurch, daß er auch die anderen Veranstaltungen der A.O.V. besucht oder sogar der Vereinigung als aktives oder passives Mitglied beitritt. (Semester-Beitrag 3.— RM.) Anmeldungen für das Wintersemester werden schon jetzt entgegengenommen.

zelnen Werke dem Zuhörer nur schwer zum Erlebnis werden konnten, wurde dieses Mal von der Vielheit der Vorlesungen abgesehen, um einem Dichter Gelegenheit zu geben, ein größeres Werk vorzutragen. So hörten wir Rolf G. Bindings Novelle ›Sankt Georgs Stellvertreter‹. Es ist wohl kaum möglich, sich eine innigere Verbindung zwischen schaffendem Künstler und dem aufnehmendem Publikum zu denken, als sie hier erreicht wurde. Diese ideale Verbindung, die beim bloßen Lesen eines Buches so selten vorhanden ist, knüpfte auch das Band zu den übrigen anwesenden Dichtern: Paul Alverdes, Bruno Brehm, Joachim von der Goltz, Moritz Jahn, Benno von Mechow und Ernst von Salomon.« (S. 55 f.)

In der Klosterkirche wurden Werke von Schein, Scheidt und Schütz vorgetragen, und damals wurden zum ersten Male auf dem Klosterhofe vom Kammerchor aus den 4- und 5stimmigen Liedern des 16. und 17. Jahrhunderts, die inzwischen Lippoldsberger Tradition geworden sind, gesungen:

»Während Ludwig Dietz der Ruhm gebührt, durch seine Gestaltung des ersten Lippoldsberger Programmes gewissermaßen ein Schema aufgestellt zu haben, führte Wilhelm Kamlah dieses im zweiten Jahr fort und erweiterte es mit Hilfe des Interimsdirigenten des Orchesters, Hans Boedecker. Das allen Teilnehmern, Sängern, Spielern und Hörern unvergeßliche Kernstück dieser Fahrt war: ›Es ging ein Sämann aus zu säen seinen Samen‹ mit dem immer wiederholten Mahnruf: ›Wer Ohren hat zu hören, der höre.‹ ... Wenn auch die AOV. nach der letzten, mit großem Widerhall durchgeführten Lippoldsberger Veranstaltung in ihren Bestrebungen gesichert erscheint, so weiß man doch nicht, was ihr die Zukunft bringen wird. Geht, wie oben angedeutet, die Pflege der Hausmusik weiter zurück, und nimmt die Hast des Lebens zu, oder wächst die Ablehnung jeder ernsten, geistige Aufgaben stellenden Musik, so sind die Aussichten trübe, denn es wird der AOV. dann allmählich nicht nur an Spielern, sondern auch an Hörern fehlen. Wir sollen uns aber durch solche pessimistischen Betrachtungen nicht den Mut rauben und die Kraft lähmen lassen, sondern auf die verborgenen Triebe im deutschen Herzen bauen, die unser Volk sich immer wieder um den unversiegbaren Born der deutschen Musik scharen heißen.« (S. 56)

Der Dichtertag:
Eine Gemeinschaft von Literatur und Musik

Wichtig ist der Hinweis auf die Pflege der Hausmusik, denn dieses Gemeinschaftsmodell steht auch Pate bei den Dichterlesungen in Lippoldsberg durch Hans Grimm. Es soll den Dichtern ihre Funktion zurückgegeben werden, Sprecher in und für Gemeinschaften zu werden. Sie sollen nicht länger dem modernen Kultur- und Literaturbetrieb eingemeindet sein, sondern zurückkommen in eine vermeintlich ursprüngliche kommunikative Situation, wie sie Sänger und Dichter in mittelalterlichen Zeiten oder früher und anderswo gehabt haben. Der Dorfplatz bzw. der Klosterhof ist gewissermaßen das kommunikative Paradigma für diese Veranstaltungen. Zugleich wird damit ein Ordnungsgedanke weitergereicht.[30] Nicht untypisch ist es, daß auf die Barockmusik zurückgegriffen wird, denn möglicherweise soll auch das gesellschaftliche Ordnungsmodell des Barock, nämlich die Zuspitzung auf einen Kern, Führer oder eine Autorität, mitgeübt werden.

Die Verfasserin des hier ausführlich zitierten Beitrages in *Lied und Volk* verweist am Anfang auf eine Analogie zwischen Lippoldsberger Dichtertagen und Kasseler Musiktagen. Beide Veranstaltungen sind ihrer Meinung nach neue Formen der Vergemeinschaftung. Die Zeitschrift *Lied und Volk* notiert in Heft 4/5 von 1938 diesen alt-neuen Ansatz:

> »Das große, in seinen Auswirkungen vielseitige Anliegen der Kasseler Musiktage ist die Neuverknüpfung von Musik und Leben. Von Jahr zu Jahr wird an wechselnden Beispielen herausgestellt, was sich auf diesem Gebiet an neuen Kräften und neuen Formungen zeigen läßt. Einmal stand mehr das chorische Musizieren im Vordergrund, ein andermal das instrumentale, einmal mehr die alte Musik, ein anderes Mal die zeitgenössische, – immer jedoch blieb alles Gebotene unter der gleichen Forderung: dem Leben zu dienen, den großen und kleinen Gemeinschaften des Volkes, den Sing-Spielkreisen, den Freunden der Hausmusik neue Wege zu einer gesunden Musikpflege zu zeigen. ... Um ein vollständiges Bild von der Breite der musikalischen Erneuerungsbewegung in unserem Volke zu geben, werden die anschaulichen Darbietungen diesmal durch zwei umfassende Vorträge ergänzt. Direktor Georg Götsch, der Leiter des Musikheims in Frankfurt/O., wird über die ›Ganzheit der musischen Erziehung‹ sprechen und Professor Dr. Friedrich Blume von der Universität Kiel über ›Erbe und Auftrag‹. Beide Vorträge werden als gedankliche Begründung und Vertiefung der praktischen Arbeit mit den übrigen Veranstaltungen ein Ganzes bilden.« (S. 60)

Ersetzt man in diesem Beitrag die Worte Musik durch Dichtung, dann könnte fast von den Lippoldsberger Dichtertagen gesprochen werden, geht es doch auch dort um eine Neuverknüpfung, nämlich von Leben und Dichtung.

In den *Göttinger Nachrichten* vom 5.7.1937 schreibt Gustav Adolf Trumpff unter Überschrift: »Ein Musiker sieht Lippoldsberg. Ein hohes Bekenntnis zu deutscher Musikkultur«:

> »Die *musikalischen Gaben* der Akademischen Orchester-Vereinigung zum Lippoldsberger Dichtertreffen waren ein hohes Bekenntnis dieser für die deutsche Musikkultur so wertvollen Vereinigung. Zwei Werke höchsten geistigen Gehalts, die sich einer musikalischen Verwirklichung so schwer

erschließen, Werke, die in ihrer geistigen Substanz den ganzen Menschen fordern... die ersten vier Fugen und die Tripelfuge aus Bachs letztem Werk, der ›Kunst der Fuge‹, und die Motette aus der ersten Leipziger Zeit, ›Jesu meine Freude‹, das waren Gaben, die Geber und Hörer in gleicher Weise ehren. Bei der Umrahmung der Lesestunde gab es noch eine große Überraschung: die Entdeckung des musikalischen *Biedermeier* mit Joh. Abr. Peter *Schulz*, die ›Serenata im Walde zu singen‹ nach Worten von Matthias Claudius, die bei dem großen Erfolg wiederholt werden mußte... warum soviel Geschrei um ein so harmloses kleines Stück? Es ist eben der wahrhaft echte naturhafte Liedgesang, der den Hörer einfach überwältigt, er muß allerdings einen Sinn für die Echtheit dieses Gefühls und das Naturverhaftetsein und den biederen Humor haben. Von Gerhard Maaß hörten wir eine ganz famose ›Feierliche Musik‹ und den ›Deutschen Choral‹, leider ein wenig zu zart angefaßt, das ist nun wirklich großer feierlicher Ton und innere Sicherheit.«

Viele Seiten widmet die Zeitschrift *Lied und Volk* 1938 dem Dichtertreffen im »Lippoldsberger Klosterhof«:

»Aus Anlaß der Lippoldsberger Dichtertage brachten wir im Vorjahr ein reichlich ausgestattetes Sonderheft. Auch in diesem Jahr möchten wir unsere Leser – da es uns wichtig erscheint – wieder auf das Dichtertreffen bei Hans Grimm hinweisen. Der Bericht von Ernst Schieber ist unter dem überraschenden und erstmaligen tiefgehenden Eindruck vom Lippoldsberger Dichtersonntag niedergeschrieben und ursprünglich auch nur für einen ganz kleinen Kreis von Menschen bestimmt, die noch nichts von der einzigartigen Feier gehört haben.« (S. 60)

Der Aufmacher des Heftes (»Dichtertreffen im Lippoldsberger Klosterhof«) ist in der sogenannten deutschen Schreibschrift abgefaßt. Über diesem Text, der schon auf dem Umschlag der Zeitschrift beginnt, ist ein Bild von Heinrich Pforr mit dem Titel »Bauernkapelle« eingerückt. Es zeigt mehrere ältere Männer, die Trompeten blasen. Mit dem Bild von Heinrich Pforr soll hingeführt werden »zu dem volksnahen Schaffen dieses hessischen Künstlers, dem wir eine weit größere verdiente Beachtung auch über den Heimatgau wünschen«. (S. 60) Irritierend, daß eine Blaskapelle abgebildet wird, da wohl nie Bläser an den musikalischen Darbietungen in Lippoldsberg teilgenommen haben (s.o.). Wichtig aber ist, daß ein sogenannter volksnaher Maler gezeigt wird: seine Volksnähe und die Gemeinschaftlichkeit des Musizierens sind es, die als Botschaft herüberkommen sollen.

Der Beitrag von Ernst Schieber hat eine ähnliche Funktion: Er wendet sich in der persönlichen Anrede (»Euch«) an die Leserschaft. Ferner wird darauf hingewiesen, daß dieser Beitrag eigentlich nicht zur Veröffentlichung, sondern zur Selbstverständigung eines vom Dichtertag Ergriffenen gedacht sei. Auch hier ist die Botschaft wichtig, die durch solch eine Textsorte transportiert wird: eine gewisse Erweckung, eine feierliche Stimmung, eine Bewegung. Der hausmusikalische Charakter solch einer Veranstaltung wird auch hier deutlich, wenn der Verfasser auf das »eigene Haus‹ und auf die Tatsache, daß Hans Grimm im Klosterhof Lippoldsberg alljährlich Dichterfreunde versammelt, verweist. Und diese Freunde sprechen zu einer reich bewegten Menschenmenge, die aus allen Städten und Altern kommt (vgl. S. 49).

In einem anderen Zusammenhang, ein Jahr später, hat Paul Alverdes auf den Unterschied von »Gemeinschaft und Masse« hingewiesen:

> »... das Wesen, das geheime und bindende Grundelement aller echten Gemeinschaften, (möchte ich) die Liebe nennen... , die Liebe zu den Kameraden, die Liebe zu einem Volk oder zu einem Führer; sie ist es, welche die echte Gemeinschaft von der bloß zufälligen einer Masse ein für allemal unterscheidet.« (Paul Alverdes, Gemeinschaft und Masse, *Die neue Schau*, H. 7, 1939, S. 205)

Auch Schieber (*Lied und Volk*, H. 4/5, 1938) ist es wichtig, darauf hinzuweisen, wie groß der Beitrag der einzigartigen Umgebung für das Gelingen der Veranstaltung sei. Es wird die »schöne und fromme Klosterkirche« erwähnt, ebenfalls das dicht bewachsene Klosterhaus Hans Grimms. Aus all diesen Impressionen wird – so Schieber – eine geistige Landschaft geprägt, die sehr stark an mittelalterliche Höfe, Klöster oder Bauhütten und Gilden erinnert. Ein Foto zeigt: »Das alte Klostertor, das zur Klosterkirche Lippoldsberg und zum Klosterhaus Hans Grimms führt. Hier in dem stillen, unvergleichlich schönen Weserwinkel entstand das deutsche Schicksalsbuch ›Volk ohne Raum‹«. (S. 50, Bildunterschrift) Die Klosterkirche ist ebenfalls abgebildet. Sie wird als »ein streng romanischer Bau aus dem Beginn des 12. Jahrhunderts, wahrhaft angemessen dem Ernst und der feierlichen Größe der Musik der deutschen Meister eines Joh. Seb. Bach, eines Dietrich Buxtehude« (S. 50, Bildunterschrift) bezeichnet. Der Autor sieht sich in der Lage, schon bei der »Anfahrt durch das sonntäglich stille, grüne Wesertal« (S. 50) zu merken, daß er sich hier in einer literarischen Landschaft befindet:

> »Man begegnet in diesem vornehmen Land mit seiner ernsten Bauernarchitektur überall den aus ›Volk ohne Raum‹ vertrauten Namen wie Gottstreu, Gieselwerder und Ödelsheim. Man bekommt hier schon die Gewißheit, daß dieses Buch aus dem Herzen Deutschlands stammt und daß hier urdeutsche Festlichkeit eine sinnvolle Heimstätte hat.« (S. 50)

In den Beitrag von Schieber eingerückt sind die »Grußworte des Hausherren Hans Grimm«:

> »Ich habe in den vergangenen Jahren hier die Werkleute des Wortes und der Musik begrüßt, die an dem Lippoldsberger Dichtersonntag zusammenwirkten. Ich möchte heute die freundlichen Hörer besonders grüßen

dürfen, denn zu der schönen Gemeinsamkeit hier sind sie genau so nötig wie wir und die alte Kirche und das Klosterhaus und die Schwalben in der Luft. Es soll in dem besonderen Gruße an die Hörer ein Dank liegen für die Offenheit und Freundlichkeit der Seele, ohne die es eine rechte Freude doch nicht gibt. Wir sind nur eine kleine Anzahl Dichter vor Ihnen in diesem Jahre, weil bis vor kurzem nicht feststand, ob ich noch hier sein werde. Aber ob ich nun in zukünftigen Jahren als Hausherr oder etwa nur als Göttinger Gast hier stehe, das Eine hoffe ich, daß der Lippoldsberger Dichtersonntag von Jahr zu Jahr dauert. Denn die alte Kirche und das Klosterhaus werden dauern, und Schwalben werden fliegen, und Dichter und Lieder und Menschen mit freundlicher, offener und hungriger Seele wird es immer geben.« (S. 52)

Interessant ist, daß von einer Gemeinschaft, hier als Gemeinsamkeit, gesprochen wird, daß es um die Freundlichkeit und Offenheit der Seele, um den inneren Menschen gehe. Außerdem werden die Kirche, das Klosterhaus, die Schwalben und die Menschen und die Dichter und die Sänger und die Seelen in einen Zusammenhang gebracht. Es ist angestrebt, eine ganzheitliche Gemeinschaft herauszubilden. Hier soll das eingeleitet und erlebt werden, was Paul Alverdes sich für die Jugend wünscht:

»Möchte sie sich in allem Denken und Handeln niemals vom Geist der Masse, sondern vom wahren Geist der Gemeinschaft bestimmen lassen. Er ist der höhere, denn er ist von jener Kraft, die immer nur das Gute geschafft hat, solange Menschen denken können: sie ist, und sie heißt: Liebe!« (Paul Alverdes, Gemeinschaft und Masse, *Die neue Schau*, H. 7, 1939, S. 205)

Ernst Schieber berichtet weiter von einer Besonderheit eines Gemeinschaftserlebens:

»Ich will gleich vorweg sagen, daß abends noch ein Höhepunkt war, den *Hans Grimm* gestaltete. Beim rötlichen Schein einiger Fackeln stand er nochmals vor der Menge und sprach davon, wie er geschlagen und verzweifelt am Ende des Krieges hierher gekommen war und wie ihm dies Dorf und die Bewohner, dieser Kirchenbau und das Land geholfen hätten, den Sinn der Zeit und des Lebens wiederzufinden. Da sei ihm das Wort gekommen, in welchem ihm des Geschehens Deutung liege, durch das er hoffte, den unseligen Krieg gegenseitiger Beschuldigungen über die Schuld am Kriegsende zu überwinden, das Wort: ›*Volk ohne Raum*‹. Sechs Jahre habe er an dem Werk geschrieben, und in Lippoldsberg sei es geworden. Es klingt einem ja auch an diesem Ort jeder Name so vertraut – man glaubt den Cornelius Friebott und die Melsene zu sehen. Dann las er das Kapitel, in dem Cornelius mit der Mutter tanzt, und am Schluß die... ersten Seiten seines Buches ›Volk ohne Raum‹.« (S. 50)[31]

Grimms Lesung aus »Volk ohne Raum« endete folgendermaßen:

»Du aber reckst überlegen den Kopf, du aber sagst, das deutsche Volk werde jedenfalls leben und allen Schicksalsfragen entgegen? Was heißt leben, Freund? Es lebt der Sieche und lebt der Dieb und lebt die Hure und lebt das Gewürm, das einander frißt, aber der deutsche Mensch braucht Raum um sich und Sonne über sich und Freiheit in sich, um gut und schön zu werden. Soll er bald zwei Jahrtausende umsonst darauf gehofft haben? Und wenn du gerade und adlig zu sein vermagst von Körper und Sinn, und wenn deine Kinder noch nicht kranke Krüppel und verstohlene Diebe und arme Huren geworden sind, ist das dein Verdienst? Schau um dich, schau vor dich um und bedenke die Enkel und Neugeborenen! *Es gibt eine Sklavennot der Enge, daraus unverzwungene Leiber und Seelen nie mehr wachsen können. Ich aber, mein Freund, ich weiß, daß meine Kinder und mein Geschlecht und das deutsche Volk ein und dasselbe sind und ein Schicksal tragen müssen.*« (S. 51)

Der Verfasser resümiert dann alle Lesungen:

»Die zwischen den Lesungen gesungenen Lieder des Chores waren beste Sätze aus der Hoch-Zeit deutscher Satzkunst. Tanzlieder, Liebeslieder – nicht *ein* Mißklang in Inhalt und Ausführung. Ebenso die ausgezeichnete Streichmusik, bei der Pachelbel, Biber und Philipp Emanuel Bach den Ton angaben. Ein wunderbarer alter Choral ›Nun will sich scheiden Nacht und Tag‹ von Heinrich Schütz beschloß den Abend, zu dessen Ausklang Rudolf Binding dem Freund Hans Grimm den Dank Aller aussprach. Ich habe gedacht, daß solche Feiern immer wieder die deutschen Höhepunkte wahren Volkstums sein müssen; zu zuchtvoller Fröhlichkeit und zum stillen Hören aus der Stille kommender Worte und Töne erziehend. *So* ist es dem deutschen Wesen angemessen, und *so* ehrt man den deutschen Arbeiter und Bauern am meisten, wenn ihm die Dichter und Propheten ihr Bestes auf solchem Wege anvertrauen. Ich habe mich von selbst im Geist ungefähr in der Mitte meines Heimatdorfes gefühlt, an einem schönen Sommertag – oder bei einem, auf freier Höhe vor dem Dorf für die Gefallenen gepflanzten Lindenhain und glaube, daß überall solche Feste möglich und notwendig sind, daß sie sein und bleiben müssen.« (S. 52)

Zu einem Bild »der andächtig lauschenden Menge« heißt es: »In diesem Tag ist Volkstum, Kultur und Kunst in höchstem Maß vereinigt.« (S. 51)

Ungebrochene Tradition:
von *Lied und Volk* zur *Neuen Schau*

Ab März 1939 erscheint die Zeitschrift *Lied und Volk* unter dem neuen Titel

Die neue Schau. Monatszeitschrift für das kulturelle Leben im deutschen Haus, herausgegeben von Karl Vötterle, dem Leiter des Bärenreiter-Verlages in Kassel. Vötterle stammt aus der Jugendbewegung. Die Schriftleitung liegt weiterhin in den Händen von Adolf Martin.

Im Juli 1939 druckt *Die neue Schau* an prononcierter Stelle, nämlich auf der Heft-Rückseite, zwei Lieder nach Texten von Rudolf Alexander Schröder ab. Diese Lieder sind in Lippoldsberg zu den Dichtertagen gesungen worden: »Zum Gedächtnis an Rudolf G. Binding. Gemeinsamer Gesang in der Gedächtnisfeier Lippoldsberg am 2. Juli 1939« (S. 128).

In einer redaktionellen Bemerkung der *Neuen Schau* heißt es unter dem Titel »Ein Wort zu unseren Liedern«:

»In Lippoldsberg, wo sich an einem Sommersonntag seit mehreren Jahren weit über tausend Menschen zu festlichem Beisammensein treffen (in diesem Jahr sind die Dichter Hermann Claudius, Georg Grabenhorst, Karl Kaltwasser, Moritz Jahn, Rudolf Alexander Schröder und August Winnig als Gäste der Akad. Orchestervereinigung anwesend), findet in diesem Jahr, am Abend des 2. Juli, eine Gedächtnisfeier für Rudolf G. Binding statt, bei der der Dichter Rudolf Alexander Schröder die Gedenkrede hält und die Teilnehmer gemeinsam zwei Lieder singen werden, nämlich ›Alles Leben führt zum Tode‹ und ›Heilig Vaterland‹... Beide Lieder sind von R. A. Schröder gedichtet worden und stehen gewissermaßen an den beiden Polen seines Schaffens: das eine ist im Choralton gehalten und vertritt seine Gemeindedichtung, das andere aber, bereits 1914 geschaffen, ein Preis des Vaterlandes, greift weit und bejahend in die Außenwelt und ist als Bekenntnislied der Hitler-Jugend im ganzen Reich bekannt geworden. Die Vertonung des erstgenannten Liedes stammt von Hans Friedrich Micheelsen und ist als eins der ›Zwölf neuen Gemeindelieder‹ im Bärenreiter-Verlag zu Kassel erschienen. Das zweite ist von Heinrich Spitta vertont worden und wird in diesem Heft der ›Neuen Schau‹ mit freundlicher Erlaubnis des Verlages C.P. Peters, Leipzig, wiedergegeben, es ist der Kantate ›Heilig Vaterland‹ entnommen.« (S. 122)

Verwies das Juli-Heft der *Neuen Schau* auf die erst noch stattfindende Dichtertagung in Lippoldsberg, so berichtet *Die neue Schau* in ihrem Heft 5 vom August 1939 ausführlich über den Lippoldsberger Tag. Autor ist wie im Vorjahr Ernst Schieber, und sein Bericht ist mit Bezug auf Schröders Lied überschrieben mit »Heilig Vaterland« (S. 154). Der Beitrag ist nicht mehr an so prononcierter Stelle zu finden, wie die Beiträge in den beiden Jahren vorher. Er findet sich jetzt unter der Rubrik »Das Gespräch«. Der Beitrag verweist ausführlich auf den soldatischen Zusammenhang solch eines Dichtertages. Dies wird besonders deutlich, wenn Schieber auf den Beginn des Ersten Weltkrieges im August 1914 zu sprechen kommt; denn immerhin galt es im August 1939 des Kriegsbeginns 1914 vor 25 Jahren zu gedenken, nur einen Monat bevor der Zweite Weltkrieg beginnt. Man kann deshalb den Beitrag vom August 1939 durchaus als eine Art geistiger Mobilmachung für den in Aussicht stehenden Krieg ansehen.

Interessant ist, daß die Zeitschrift *Die neue Schau* jetzt den Untertitel »Monatszeitschrift für das kulturelle Leben im deutschen Haus« trägt. Das »ganze Haus« des Mittelalters wird hier reaktiviert: Das Leben und Weben eines Hauses als Paradigma für staatliche und gesellschaftliche Einrichtungen. Der Begriff vom deutschen Haus ist besonders wichtig im Zusammenhang mit den Expansionsbestrebungen Hitlers. Immerhin ist Österreich bereits dem Deutschen Reich wieder zugeschlagen worden, und die Großmachtträume des Hitler-Faschismus gehen weit darüber hinaus.

Heft 4, 1939, der musik-kulturellen Zeitschrift *Die neue Schau* enthält weitere literarische Zeugnisse aus dem Umkreis der Dichtertage, so z.B. einen Brief an August Winnig, geschrieben von Rudolf Alexander Schröder. Außerdem einen Beitrag von Bernhard Martin zum Lebenswerk August Winnigs. Winnig ist ständiger Gast in Lippoldsberg wie Rudolf Alexander Schröder. Beide werden jedoch in Artikeln anderer Publikationen über die Lippoldsberger Dichtertage zunehmend kritisiert, weil sie allzusehr christliche Argumentationen in ihr Werk hineinbringen und sich somit in Konkurrenz zu der Weltanschauung des Nationalsozialismus begeben. August Winnig soll auch für die bekennende Kirche eingetreten sein.[32]

Die weiteren Hefte der *Neuen Schau* stellen Autoren vor, die bei Hans Grimm zu Gast waren. So Hans Carossa (H. 8, 1939), Benno von Mechow (H. 3/4, 1942), Karl Brandi, der 1939 den letzten Dichtertag eröffnete, mit zwei neuen Büchern (H. 11/12, 1942).

Bernhard Martin, Autor der *Neuen Schau* und von *Lied und Volk* (etwa 1938, H. 8, zum Dichtertag), schreibt nach Ende des Zweiten Weltkrieges im 1. Heft der *Neuen Schau* von 1946 einen »Offenen Brief an Hermann Hesse«, der eine Ehrenrettung der im Reich Gebliebenen versucht. Der Gedanke der inneren Emigration verbunden mit christlich-existentialistischer Argumentation (und Entschuldung!) taucht hier schon auf: »... führe uns nicht in Versuchung... Denn Dein ist das Reich...« (S. 25).

Bernhard Martin ist ab 1946 Schriftleiter der Zeitschrift, die sich im Untertitel weiter »Monatszeitschrift für das kulturelle Leben im deutschen Haus« nennt. Als Mitarbeiter des Heftes wird er so vorgestellt:

»..., geb. 3.6.1900 in Frankfurt am Main, besuchte das Friedrichsgeymnasium in Kassel bis zur Reifeprüfung, war dann landwirtschaftlich und kaufmännisch tätig und beschloß das germanistische Studium 1930 in München mit dem Dr. phil. Nach verschiedenen vorübergehenden Tätigkeiten wurde er 1937 Mitarbeiter des Bärenreiter-Verlages in Kassel.« (S. 31)

1938 schrieb er in *Lied und Volk* (H. 8) einen umfangreichen Aufsatz: »Hans Grimm – der Dichter von Volk ohne Raum«:

Grimm »hat die Lippoldsberger Dichtertreffen ins Leben gerufen und damit in einer in mancher Hinsicht zersplitterten Zeit einen Weg geistiger gemeinsamer Gestaltung nicht bloß gezeigt, sondern beschritten und Andere für ihn gewonnen«. (S. 104)

Er hofft in einem Wort »An unsere Leser« »das ewige Reich der Deutschen (nunmehr) stärker bezeugen zu können als zuvor«. (S. 3): »Wir wollen auch in Zukunft *dem* Reich der Deutschen dienen, das allein den Anspruch erheben *darf*, ein ewiges zu sein, nämlich dem Reich des Geistes.« (S. 3) Da die Zeitschrift nun – nach 1939 – »abermals neu begründet werden kann« (S. 3), heißt es auch »Rechenschaft« ablegen:

> »In den vergangenen Jahren haben wir allen entgegenstehenden Behinderungen zum Trotz versucht, in jeder sich bietenden Form und so gut, wie wir es vermochten, dasjenige zu bezeugen, was, einer höheren Ordnung zufolge dauern darf und unzerstörbare Werte aufruft, aber freilich konnten auch wir, um das Überzeitliche *überhaupt* vermitteln zu können, nicht *ganz* an der Zeit und an dem Tage vorübergehen. Andererseits sind wir zu sehr von der Unzulänglichkeit *alles* Irdischen überzeugt und wissen zuviel von der ›Schusterhaftigkeit *alles* menschlichen Tuns‹.« (S. 3)

Diese Erkenntnisse bzw. Bekenntnisse berühren sich mit Bernhard Martins Überlegungen im Offenen Brief an Hermann Hesse. »Es gibt«, heißt es da, »ein Übernationales, in das man vor dem Nationalen *ausweicht*, und ein Übernationales, das die Kraft gibt, gerade in der Verderbnis in der Sphäre der Nation zu *bleiben*.« (S. 24) Der Glaubende stehe »an seinem Ort, nicht weil er von ihm den Sinn oder die Kraft zu empfangen gedenkt, sondern weil der Ort es ist, an dem er selbst wirken soll...« (S. 24). Und so habe man sich im »Dritten Reich« verstanden: »Viele, ja sehr viele Menschen haben die ›kaum mehr atembare Atmosphäre von Gift und Lüge‹ [hier zitiert Martin Hermann Hesse, Anm. G. K.] ohne *jeden* inneren Schaden überlebt.« (S. 24)

Thomas Mann hatte im Oktober 1945 geschrieben, und Schriftleitung und Verlag zitieren ihn im Editorial: »In meinen Augen sind Dichter, die von 1933 bis 1945 in Deutschland überhaupt gedruckt werden konnten, weniger als wertlos und nicht gut in die Hand zu nehmen. Ein Geruch von Blut und Schande haftet ihnen an.« (S. 3) Nach dem bisher von Schriftleitung, Verlag und Bernhard Martin Geäußerten, ist eine Entgegnung auf den von ihnen zitierten Thomas Mann zu erwarten, und sie fällt überdeutlich (fast lügenhaft bis zur Kenntlichkeit) aus:

> »Aus diesen Sätzen [Thomas Manns, Anm. G. K.] spricht aber denn doch die völlige Unkenntnis der deutschen Lage und die völlige Unfähigkeit, dem gerecht zu werden, was in Deutschland unter einer Diktatur ohnegleichen vielfältig und mit mutigem Einsatz zur Rettung des Geisteslebens geschehen ist. Auch die Neue Schau hat dieser Rettung zu dienen gesucht, und zwar, wie unsere Leser hundertfach bezeugt haben, nicht vergeblich.« (S. 3)

Dieses Selbstverständnis kann auch als Bilanz der Lippoldsberger Dichtertage und der Mitwirkung der Akademischen Orchestervereinigung verstanden werden.

Die »Monatszeitschrift für das kulturelle Leben im deutschen Haus« zeigt dies neben den schon zitierten Beiträgen noch durch folgendes: Themenschwerpunkt des Heftes 1, 1946, S. 6 ff. ist in Wort und Bild Stalingrad (einschließlich »russischer Gefangenschaft«). Weiter aus dem Inhalt des Heftes: Hermann Hesses Gedicht »Späte Prüfung«: »Scherbenberg und Trümmerstätte/Ward die Welt und ward mein Leben« findet sich nach dem Abdruck eines Briefes aus der Gefangenschaft; Willibald Gurlitt (1937 verlor er wegen der Nürnberger Rassengesetze sein Amt als Ordinarius für Musikwissenschaft in Freiburg i. Br., »wurde aber (!) 1946 wieder in die frühere Stellung eingesetzt« (S. 31)) darf »Paul Hindemith – de(n) Meister der modernen Musik« vorstellen; Gottfried Wilhelm Leibniz wird »(z)ur 300. Wiederkehr seines Geburtstages« (S. 26) geehrt; eine erste »Werk- und Aufbauwoche« des Arbeitskreises für Hausmusik wird erwähnt (S. 29f.); im »Aufruf des Arbeitskreises für Hausmusik, Kassel-Wilhelmshöhe« heißt es: »Wir... erstreben durch die Musik ein Leben aus dem Ursprung, auf das Ewige gerichtet, – natürliche Bindung in ewiger Ordnung. Deshalb sind und bleiben *Volkslied und Choral* Quelle und Heimat unserer Arbeit.« (S. 30) (Wie sich die (Sprach-)Bilder gleichen!); Ernamarie Schmidt-Brücken, dieselbe(?), die 1937 in *Lied und Volk* ausführlich und begeistert über das Lippoldsberger Dichtertreffen berichtet hat, schreibt nun einfühlsam (»innere Not... der Mütter und Frauen«) zum Tode von Käthe Kollwitz (S. 30) – und es wird berichtet: »Nach einer durch den Krieg erzwungenen Pause veranstaltete die Göttinger Händel-Gesellschaft – die einzige, die heute noch in Deutschland tätig ist – in diesem Sommer zum ersten Male wieder Händel-Opern-Festspiele« (S. 30) – nicht nur wegen der »starke(n) seelische(n) Kräfte« der Musik, sondern es war »auch der Wunsch, durch ihn [Händel, Anm. G. K.], dessen Wesen Deutschland, dessen Wirken England zugehört, das Band geistiger Gemeinschaft zwischen den Nationen neu zu knüpfen.« (S. 30)

1943 und 1946 gleichen sich zwei redaktionelle Aktivitäten. 1943 heißt es: »Eine neue Aufgabe der *Neuen Schau*«, d.h. die Redaktion bittet die Leserschaft, sich an einer »Lebenshilfe« (1943, S. 92) zu beteiligen. Es werden »Aussprüche, Prägungen, Gedichte oder Formeln« (S. 92) gesucht, die »vom Sinn des Leides« handeln (vorher wurden schon »gewichtige Grabsprüche«, Todes- statt Lebenshilfe gesucht). 1946 nun: »Friede – Eine neue Aufgabe der Neuen Schau« (S. 31). 1943 wandte sich die Redaktion an den »inneren Menschen« (S. 92); der Aufruf 1946 soll »nicht zu einem nur äußeren Raten und Sammeln anregen, sondern vielmehr dem Gemüt, dem Geiste dienen und ein Schöpferisches im Leser selbst wecken helfen... Der Inhalt und die Kraft entscheidet hier allein. Frieden in diesem Sinne wird man außerhalb der christlichen Welt im *tiefsten* Sinne kaum finden können. Die Stoa etwa, die

Wahrheit Chinas, der achtgliedrige Pfad Buddhas, sie führen zu erstaunlichen Graden der Wesensreife, der Gelassenheit, der Entsagung, aber doch nicht eigentlich zu dem Frieden, ›der höher ist als die Vernunft‹.« (S. 31) Christentum wird hier verstanden als Legitimationsverfahren jenseits von Vernunft und Trauer – wären aber nicht gerade diese 1946 angemessen gewesen, um eine wirklich neue Schau, eine neue Sichtweise zu beginnen?

Und 1949: wieder ein Dichtertag bei Hans Grimm

Vier Jahre nach Ende des Zweiten Weltkrieges am 14. August 1949 findet wieder ein Dichtertag in Lippoldsberg statt: »...im Rahmen einer Goethefeier (werden) die Lippoldsberger-Dichtersonntage wieder zu einer ständigen Einrichtung« (Vervielfältigte Einladung zum »Lippoldsberger-Dichtersonntag am 16. Juli 1950«). Die Nachrichtenagentur DENA nennt als Veranstalter die Vereinigung »Niedersächsische Landschaft«. *Der Tagesspiegel,* 21.8.1949, weist mit einer kritischen Karikatur von Paul Labowsky – Hans Grimm, Will Vesper, Agnes Miegel neben dem Denkmal Goethes mit Hitlergruß – auf die Veranstaltung hin. Die Karikatur trägt den Titel »Die Landschafts-Gratulanten«: Aus den Zweigen des Baumes über den dargestellten Dichtern fallen Blätter mit Hakenkreuzen.

Auch 1949 kein erneuerter Blick, statt dessen wiederholt sich eine Begründungsfigur: 1934 war es der Blick auf das Kriegserlebnis und die »Schmach« von Versailles, 1949 ist es der »Zusammenbruch« und das »Diktat« der Sieger, verbunden mit der Not eines geteilten Landes. 1950 heißt es in einem Bericht vom »Tag von Lippoldsberg«:

> »Daß Grimm den Nationalsozialisten von jeher ein Dorn im Auge war, daß er der ›Partei‹ nie angehörte, und daß außer der Parole der ›Raumnot‹ die Propaganda des ›Dritten Reiches‹ seine Werke nicht einmal zum Mißbrauch geeignet fand..., ist bekannt.« (Wilhelm Fischdick, Der Tag von Lippoldsberg, *Deister- und Weserzeitung,* 17.7. 1950)

Der Verfasser bekundet seine politische Meinung, Hans Grimm in Schutz nehmend, mit folgenden Worten:

> »Der vielgelästerte, künstlerisch meisterhafte Roman ›Volk ohne Raum‹ hat seinerzeit nichts getan als eine vorhandene Not auf eine heute noch gültige Formel zu bringen. Wären wir nicht ›Volk ohne Raum‹ gewesen, so wäre es schon zu den weltpolitischen Spannungen vor 1914 nicht gekommen, und daß sich der Nationalsozialismus dieses Stichwort zu verbrecherischer Politik aneignete, ändert nichts an dem Tatbestande, den es bezeichnete, und der auch heute noch besteht, ob nun eine zukünftige Europapolitik einen Ausweg aus dem Dilemma findet oder nicht findet. Wer diesen Tatbestand leugnet, ist politisch blind, und wer den künstlerischen

Wert dieser tragischen Erzählung nicht anerkennt, dem fehlen eben notwendige Organe des literarischen Urteils.«

Diese und andere »Sorgen wenigstens für die Dauer einer Stunde vergessen zu machen, gelang vorerst nur der musikalischen Gewalt der Göttinger *Akademischen Orchestervereinigung* während ihres Konzerts in der Klosterkirche. Die vorgetragene Buxtehude-Kantate ›Singet dem Herrn ein neues Lied‹ hatte zwar nicht den gebührenden vollen Sopranglanz, aber alles Instrumentale atmete den ungetrübten Zauber Händels und Bachs und schuf unter den Scharen junger und alter Menschen, die hier versammelt waren, eine aus göttlicher Gewalt für alles Gut-Menschliche aufgeschlossene Gemeinschaft. Die unsterblichen Hausgeister des Klosterbaues wurden lebendig und hielten nun ihre Hände segnend über den angebrochenen Tag.«

Anmerkungen

[1] Vgl. Elisabeth Blochmann: *Herman Nohl in der pädagogischen Bewegung seiner Zeit 1879-1960*, Göttingen 1969, S. 146 ff., Karl Sauer: *Begegnung und Erlebnis*, Lüneburg 1988, S. 14 f. und: *Das Haus der Freunde. Dem Hausvater, unserem verehrten Lehrer, Professor Herman Nohl zu seinem 70. Geburtstag von der pädagogischen Arbeitsgruppe, 1949*, Weinheim 1963.

[2] Die Beiträge der 1936 begründeten Zeitschrift *German Life and Letters* lesen sich wie ein englisches Abbild der Lippoldsberger Dichtertage. Nicht nur, daß über sie 1936 und 1937 berichtet wird (1936 vom Herausgeber selbst, der in Lippoldsberg dabei war); es finden sich auch Beiträge von oder zu Autoren, die bei Hans Grimm lasen (Binding, Carossa, Schröder, Schumann). Der emigrierte Richard Samuel steuert einen Beitrag »Hans Grimm und Thomas Mann« bei, der weit mehr von Hans Grimm handelt (1936/37, S. 110 ff.). Hans Grimm ist neben einigen Erwähnungen (z.B. »Dr. Hans Grimm will give readings from his own works« (1937/38, S. 75) mit einem eigenen Beitrag vertreten: »Contemporary Anglo-German Problems« (1937/38, S. 1 ff.). Auf deutsch erschien der Beitrag in der von Hans Grimm gestützten und von seinem Verlag Langen/Müller (München) herausgegebenen Zeitschrift *Das Innere Reich* im Juni 1937 unter dem Titel »Englischdeutsche Probleme im Wandel unserer Zeit«.

[3] Paul de Lagarde (1827 – 1891) gedachte, eine »deutsche Religion« zu stiften. Vgl. etwa sein *Deutscher Glaube. Deutsches Vaterland. Deutsche Bildung. Das Wesentliche aus seinen Schriften ausgewählt und eingeleitet von Friedrich Daab* (Jena 1914) und Lagardes *Deutsche Schriften* (Göttingen 1920, 5. Aufl.), die dem »verborgenen Deutschland« die Stimme geben wollen – ganz ähnlich dem Grimmschen Ansatz. Fritz Stern nennt Lagarde im

Zusammenhang mit Moeller van den Bruck und Langbehn einen Exponenten des deutschen Kulturpessimismus an der Wende vom 19. zum 20. Jahrhundert, vgl. F. Stern: *Kulturpessimismus als politische Gefahr*, Bern/Stuttgart 1961, S. 25 ff. – Aus der Ehrenpromotions-Urkunde für Hans Grimm: »Anläßlich der Feier des hundertsten Geburtstags Paul de Lagardes und in Erinnerung an den kühnen Willen dieses prophetischen Geistes, der in Unabhängigkeit von allen Parteien aber im Glauben an die geschichtliche Sendung unseres Volkes... *ernennt* die Philosophische Fakultät... den Schriftsteller *Hans Grimm*... ehrenhalber zum Doktor der Philosophie.« (Zit. nach *Hochschullehrer-Zeitung. Mitteilungen des Verbandes der nicht-amtierenden (amtsverdrängten) Hochschullehrer*, 3. Jg. (1955), H. 7/12)

[4] Vgl. ausführlich Werner Mittenzwei: *Der Untergang einer Akademie oder Die Mentalität des ewigen Deutschen*, Berlin/Weimar 1992, der die Integrität Hans Grimms hervorhebt.

[5] Vgl. exemplarisch Gerd Koch: 1936: Dichtertag bei Hans Grimm in Lippoldsberg, in: *Zeitschrift für Germanistik*, Neue Folge, H. 2, 1994, S. 337 ff., besonders den Abschnitt zum »Wahlbetrug in Lippoldsberg« (S. 344 ff.).

[6] Briefstellen und Zeitungsberichte werden im Fließtext nachgewiesen. Es wird der Schreibweise des Originals gefolgt. Der Nachlaß von Hans Grimm befindet sich im Deutschen Literaturarchiv in Marbach am Neckar. Ich danke Dr. Holle Grimm und Dr. Wernt Grimm, Gerhard Rehkopf und Werner Rehkopf sowie dem Deutschen Literaturarchiv in Marbach am Neckar, Handschriftenabteilung, für die gewährte Publikationsgenehmigung.

[7] Für den Kontext, in dem diese kulturelle Strömung steht, vgl. Johannes Hodek: *Musikalisch-pädagogische Bewegung zwischen Demokratie und Faschismus*, Weinheim/Basel 1977.

[8] Den Dichtertag, der mit dem 10jährigen Jahrestag des Ersterscheinens von *Volk ohne Raum* zusammenfiel, stellte ich bereits ausführlich vor (vgl. Anm. 5). Die Veröffentlichungen von Lothar Baier (*Volk ohne Zeit*, Berlin 1990, S. 30 ff.), Klaus von Delft (*Der verkannte Hans Grimm*, Lippoldsberg 1975), Günther Hartung (»Volk ohne Raum« von Hans Grimm. In: Hubert Orlowski/ders.: *Tradition und Traditionssuche des deutschen Faschismus*, Poznan 1992, S. 107 ff.), Marian Fratczak (Zum Problem des Rassismus im Werk von Hans Grimm. In: Orlowski/Hartung, a.a.O., S. 127 ff.) und Hanno Loewy (*Literatur unterm Hakenkreuz*, Frankfurt a.M. 1983) zeigen literarhistorische und kulturpolitische Hintergründe des Grimmschen Schaffens. – In 1995 veröffentlichten Reden und Gesprächen stellt der Schriftsteller Stephan Hermlin Hans Grimm in den folgenden literaturpolitischen Kontext: In der Bibliothek eines (ehemaligen) mittleren Funktionärs »der Nazipartei ... stand der *Mythos* [eigentlich Mythus, Anm. G.K.] von Alfred Rosenberg und *Mein Kampf*, natürlich fand man Löns, Hans Grimm und ... *Und ewig singen die Wälder* ...« (S. 17). Hermlin betont: »Gegen das Deutschland der

Treitschke und Houston Stewart Chamberlain, der Hans Grimm und Anacker, der Hindenburg und Rosenberg hatten wir das Deutschland der Marx und Bebel, der Büchner und Heine, der Luxemburg und Liebknecht gewählt.« (S. 73) In: Stephan Hermlin: *In den Kämpfen dieser Zeit*, Berlin 1995.

[9] Hans Grimm: *Suchen und Hoffen*, Lippoldsberg 1972, S. 319 f.

[10] Ebenda.

[11] Vgl., a.a.O., S. 320.

[12] a.a.O., S. 320 f.

[13] a.a.O., S. 321 ff.

[14] a.a.O., S. 323.

[15] a.a.O., S. 321-325.

[16] Vgl. Gerd Koch: Rezension von Raimund Neuss: Anmerkungen zu Walter Flex. In: *Zeitschrift für Germanistik*, Neue Folge, H. 2, 1994, S. 444 f.

[17] Rudolf G. Binding: Sankt Georgs Stellvertreter. Legende. In: Ders.: *Gesammeltes Werk*, Bd. 1, Hamburg 1954, S. 323 ff.

[18] Der Bericht stammt aus einer Göttinger (evtl. Braunschweiger) Zeitung. Der hier berichtende Th. Engelmann ist vermutlich derjenige, der Fotos von Hans Grimms Farm in Südafrika angefertigt hat, die in den mit Genehmigung des Kolonialpolitischen Amtes der Reichsleitung der NSDAP von Dr. H. W. Bauer herausgegebenen 2 Bänden: *Kolonien im Dritten Reich*, Köln-Deutz 1936, aufgenommen wurden. Hans Grimm wird als Verkörperung eines nachahmenswerten Modells für die Aufrechterhaltung der Kolonial-Idee vorgestellt. Rudolf Alexander Schröder: *Homers Ilias*. In: Ders.: *Gesammelte Werke in fünf Bänden*, Bd. 4, Berlin/Frankfurt a.M. 1952, S. 9-590.

[19] Zur Ortsgeschichte vgl. Thorsten Quest/Uta Schäfer-Richter: *Dorfleben. Die Geschichte der Dörfer Lippoldsberg und Vernawahlhausen*, Göttingen 1989.

[20] Rudolf Alexander Schröder: *Homers Ilias*. In: Ders.: *Gesammelte Werke in fünf Bänden*, Bd. 4, Berlin/Frankfurt a.M. 1952, S. 9-590

[21] August Winnig: Warum Simon Finke ein stiller Mann wurde. In: Ders.: *Morgenstunde. Gesammelte Erzählungen*, Hamburg 1958 (2. Aufl. 1959), S. 67 ff.

[22] Friedrich Bischoff: *Schlesische Psalter. Ein Dank- und Lobgesang mit einem Epilog: Werkstatt zwischen Himmel und Erde*, Berlin 1936 (2. Aufl. 1937).

[23] Rudolf G. Binding: Gespräche mit dem Tod (1909). In: Ders.: *Gesammeltes Werk*, Bd. 1 (s. Anm. 17), S. 422-427.

[24] Zur literarischen Geselligkeit vgl. Gundel Mattenklott: *Literarische Gesel-ligkeit*, Stuttgart 1979, und Klaus Mollenhauer: Zur pädagogischen Theorie der Geselligkeit. In: Ders.: *Erziehung und Emanzipation*, München 1968, S, 119 ff.

[25] Hans Carossa: Das Mädchen von Dobrowlany. Eine Epistel. In: Ders.: *Sämtliche Werke*, Bd. 1, Frankfurt a.M./Leipzig 1993, S. 54-56.

[26] Im Original heißt es bei Binding: »Ich sprach: Das Leben war mein Herr-scher immerdar ...« (s. Anm. 23, S. 423). Ludwig Friedrich Barthel schreibt in seiner Einleitung zum Band »Briefe« des Bindingschen *Gesammelten Werks*: »Die Religion der Wehrhaftigkeit ist das Bekenntnis des *Heiden* Binding. Wenig bedeuten christliche Demut und christlicher Verzicht ...« (S. 13). Am 31.8.1935 schreibt Binding an Bruno Brehm: »Dort [in Lippolds-berg, Anm. G. K.] tat es mir so leid – es schmerzte mich fast – daß ich in der Nacht im Garten Ihrem Wunsche nicht entsprach, ich möchte ein paar Ge-dichte aufsagen. Ich hätte das schön gefunden: als Beginn und sozusagen Herausforderung für anderes, für Mehr. Aber als ich mich gerade anschickte, trat Grimm zu uns, der sich aus Gedichten nichts macht, (was meiner Vereh-rung für ihn kein Gran nimmt) – und es unterblieb. Ich konnte Ihnen das da-mals nicht erklären.« (Ebd. S. 303).

[27] Rudolf Binding: Erlebtes Leben. In: Ders.: *Gesammeltes Werk*, Bd. 2 (s. Anm. 17), S. 269-491. Darin zum Tod des Vaters (aus »Viertes Buch. Denkmal«) S. 479-491.

[28] Rudolf Alexander Schröder: Der Dichter und der Tod. Rudolf G. Binding zum Gedächtnis 1939. In: Ders.: *Gesammelte Werke in fünf Bänden*, Bd. 2, Berlin/Frankfurt a.M. 1952, S. 1058. Schröder hielt auch die »Rede am Sarge« (1938): »Es hätte ein anderer heut an dieser Stelle stehen und reden sollen. Hans Grimm, der Freund und Weggenosse vieler entscheidungsvoller Jahre, hätte von den Tagen und Taten reden sollen, über deren abgeschlosse-ner Summe nun seit wenigen Stunden das endgültige hohe Rätselwort steht, das von jeder Seite her, von der man ihm gegenübertritt, anderen Sinn zu bergen und anderes Gewand zu tragen scheint und das doch das eine und gleiche bleibt, das Wort, das von der einen Seite her zu lauten scheint: Gewe-sen, von der anderen Seite her: Bleibend; wieder von einer anderen Seite her: Unwiederbringlich; und schließlich doch, alle anderen Klänge und Deutun-gen in sich aufhebend und erfüllend: Unvergänglich. – Reden hätte der überlebende Freund uns sollen von den Hoffnungen, die jeder von uns mit dem Verstorbenen zu Grabe trägt, reden auch von dem Dank... Ein Dichter ist von uns gegangen. – Von uns? Von einem Volk, seinem Volk... Ein Füh-rer ist von seinem Volk gegangen.« (Ebd. S. 1054).

[29] Vgl. die Untersuchung von Johannes Hodek (s. Anm. 7), S. 120 ff.

[30] Vgl. Gerd Koch: Differenz & Anerkennung. Eine Skizze zum Kommuni-tarismus und Lehrstück-Praxis. In: *KORRESPONDENZEN. Zeitschrift für Theaterpädagogik*, H. 19-21, 1994, S. 68 ff.

[31] Der in der *Neuen Schau* erschienene Beitrag beruht auf einem wenig veränderten Brief, den der Heeresoberpfarrer Schieber am 5.7.1938 an einen General geschickt hat.

[32] Vgl. Ernst Fraenkel: *Der Doppelstaat*, Frankfurt a.M. 1974: Er sieht den Totalitarismus, den totalen Anspruch des Nationalismus gerade darin, daß er darüber bestimmen kann, was er zulassen will. Opportunitätsgesichtspunkte und das Beherrschen des Ausnahmezustands (Carl Schmitt) charakterisieren das Verfahren. Auf weltanschaulichem Gebiet dürfen sich keine mit der nationalsozialistischen Anschauung konkurrierenden Weltbilder etablieren und als möglich erscheinen (vgl. das Verbot christlicher Lebensformen, auch das Verbot nicht-öffentlicher Gottesdienste der Zeugen Jehovas und überdeutlich der Umgang mit Ideen und Praktiken des Kommunismus). Aus taktischen Gründen kann der totale Staat auch davon abweichen, ohne sich zu schwächen: *das* macht gerade seine Totalität aus. »In diesem politischen Sektor fehlen die Normen und herrschen die Maßnahmen.« (S. 26)

Gesa Koch-Wagner

Wie konnte das passieren?
Die Bedeutung des kulturellen Raumes für die Entstehung und Verarbeitung des Nationalsozialismus*

Für meinen Vater Peter Koch,
für meinen Lehrer Karl-Heinz Strohmeyer
und natürlich für Paul Parin

Die Bedeutung des kulturellen Raumes: Faschismus in Italien und Deutschland – Annäherung an das Fremde durch Vergleich

Die vergleichende Untersuchung der Bedeutung des kulturellen Raumes im italienischen und deutschen Faschismus bedient sich der ethnopsychoanalytischen Methode. Auf diese Weise wird Ungleiches erkannt, Verschiedenartigkeiten, Fixierungen und Widersprüche fallen auf und werden der Interpretation zugänglich.

Paul Parin, der politisch wache und engagierte Psychoanalytiker, untersucht mit dieser Methode das Zusammenspiel psychischer und gesellschaftlicher Prozesse. Er beschäftigt sich mit den Zusammenhängen zwischen spezifischen frühkindlichen Erlebnisformen unter dem Einfluß einer besonderen individuellen und/oder kulturell vorgegebenen Erziehung und den späteren Ausformungen des Ichs und Überichs.

Damit geht er den vielfältigen politischen, ökonomischen und gesellschaftlichen Faktoren, denen jedes Individuum ausgesetzt ist und an denen es aktiv teilhat, »dort nach, wo sie sich jedenfalls manifestieren: in den Widersprüchen zwischen den sich entfaltenden Bedürfnissen und Fähigkeiten des

---

* Kurzfassung der unveröffentlichen Diplomarbeit »Die Bedeutung des kulturellen Raums: Paul Parins ethnopsychoanalytischer Ansatz zum Verständnis des Nationalsozialismus«, Universität Bremen 1992

153

Individuums und den Kräften, die von außen und als verinnerlichte Instanzen im Subjekt wirken.« (Parin 1980b, S. 27)

Er wendet dazu die Erkenntnisse der Ethnopsychoanalyse an, die sich von der Erkundung fremder Ethnien und dem Vergleich der Psychoanalyse der Untersucher mit der der Untersuchten zurückgewendet hat auf Erscheinungen in der eigenen Kultur und hier Zusammenhänge zwischen Erziehungsgewohnheiten, Traditionen und Lebensumständen einerseits und individuellen psychischen Eigenschaften, Charakterzügen und Verhaltensmustern andererseits erforscht.

Dieser »Blick des Fremden«, durch vorausgegangene ethnologische Arbeit in fremden überschaubaren Kulturen entstanden, erkennt in ganz neuer Weise die kulturelle Bedingtheit menschlicher Eigenschaften in der eigenen Kultur, »verfremdet« sie und ermöglicht damit die notwendige Distanz, um »neue« Zusammenhänge zu sehen.

Der Vergleich der deutschen und italienischen Kultur hat Parin gereizt, weil die zwei Nationen, die langjährige totalitäre Traditionen haben, mit diesen analogen Problemen sehr unterschiedlich umgehen. Er, als in der Schweiz Lebender, hat auch das moralische Versagen der offiziellen Schweizer Politik in der Zeit der Diktaturen in den Anrainerstaaten Italien und Deutschland im Blick, will aber hier »den Vorteil einer relativen Distanz ausnützen, die es dem Ethnologen erlaubt, kulturelle Phänomene anderswo schärfer zu sehen als in seiner gewohnten Umgebung, wo der Blick durch mitgebrachte Ideologien, durch unvermeidliche Stereotypien und Vorurteile stärker getrübt ist als in der Fremde.« (Parin 1990a, S. 122)

Parin will mit seinem Ansatz weniger zur Deutung der kollektiven Verdrängung und Verleugnung[1] beitragen, als Prozesse untersuchen, die der Verleugnung des Gewesenen im Seelenleben des einzelnen entgegenwirken bzw. sie dauerhaft verhindern und die den *Beitrag der Kultur am Rückgängigmachen des »Vergessens«* beinhalten.

Vergleichbare soziopolitische Ausgangsbedingungen

In fast allen europäischen Staaten gab es in den zwanziger und dreißiger Jahren dieses Jahrhunderts faschistische Bewegungen, deren Wurzeln in das 19. Jahrhundert zurückreichen (Arendt 1951, Mosse 1964, 1978). Aktuelle Auslöser waren die sozialen und politischen Veränderungen nach dem Ersten Weltkrieg und die Furcht vor einem sozialistischen Umsturz nach dem Vorbild der Oktoberrevolution 1917. Die Anhänger extrem nationalistischer Tendenzen stammten vorrangig aus dem breiten mittelständischen Raum (Angestellte, Beamte, Bauern, Handwerker, Kaufleute), der sich durch die fortschreitende Industrialisierung und das Anwachsen der Arbeiterbewegung in seiner materiellen Existenz und im Status bedroht fühlte. Die jeweiligen nationalen Ideologien beinhalteten übergreifend Antikommunismus, Antiliberalismus, übersteigerten Nationalismus und Militarismus. Organisationsformen wurden hierarchisch aufgebaute, von einem »Führer« geleitete Einparteiensysteme.

Diese Entwicklung betraf auch Italien und Deutschland.

Im folgenden wird kurz die Entwicklung in Italien aufgezeigt. Die deutsche Entwicklung wird weitgehend als bekannt vorausgesetzt, zum Teil ergibt sie sich aus dem Vergleich.

In Italien wurde 1921 die faschistische Partei gegründet. Nach dem »Marsch auf Rom« 1922 wurde Mussolini Regierungschef. Er bildete einen autoritären Einparteienstaat unter Ausschaltung aller übrigen Parteien und des formell weiterbestehenden Parlaments.

Die faschistische Idee des »stato totalitario« bedeutete Unterordnung des einzelnen unter die Zwecke des Staats zur machtpolitischen Entfaltung der Nation. Mussolini, der »Duce«, erhielt umfangreiche Vollmachten. Durch die Aufhebung der Pressefreiheit, die Errichtung eines politischen Sondergerichts und der Geheimpolizei gewann er Instrumente zur Ausübung von Terror und Unterdrückung.

»Totalitäre Regierungen pflegen die Propaganda der Bewegung durch Indoktrination zu ersetzen, und ihr Terror richtet sich sehr bald (sobald nämlich die Anfangsstadien einer organisierten Opposition überwunden sind) nicht so sehr gegen die Gegner, die man durch Propaganda nicht hat überzeugen können, als gegen jedermann. Sobald totalitäre Diktaturen fest im Sattel sitzen, benutzen sie Terror, um ihre ideologischen Doktrinen und die aus ihnen folgenden praktischen Lügen mit Gewalt in die Wirklichkeit umzusetzen: Terror wird zu der spezifisch totalen Regierungsform.« (Arendt [1951] 1986, S. 546)

Ein Netz von Berufs-, Frauen-, Jugend- und Freizeitorganisationen wurde aufgebaut, um alle Altersstufen und Lebensbereiche zu erfassen. Zur Festigung seiner Macht bediente sich Mussolini auch der Unterstützung durch die Kirche, die zum Teil willig mit den neuen Machthabern zusammenarbeitete, was sich z. B. in der folgenden Indoktrination von Kindern durch das Gebet ausdrückt:

»Und bald sprachen die italienischen Kinder folgendes, von der Kirche verfaßtes Gebet: ›Duce (= Führer), ich danke dir, daß du es mir ermöglicht hast, gesund und kräftig aufzuwachsen. O lieber Gott, behüte den Duce, damit er dem faschistischen Italien lang erhalten bleibt.‹« (Deschner 1980, S. 526f.)

Das Verhältnis des Duce zu seinen Mitarbeitern beruhte auf Unterordnung, Gehorsam und Gefolgschaftstreue. Mussolini wurde damit zum Prototyp des neuzeitlichen, mit bisher unbekannten Propaganda- und Organisationsmethoden die Massen begeisternden und indoktrinierenden Diktators.

Außenpolitisch suchte er nach der Eroberung Abessiniens und der Intervention im Spanischen Bürgerkrieg eine Annäherung an Deutschland. Beide Staaten bildeten die »Achsenmächte«. 1937 kam Mussolini zu einem pompösen Staatsbesuch nach Deutschland, den Hitler ein halbes Jahr später erwiderte. 1940 trat Italien auf der Seite Deutschlands in den Zweiten Weltkrieg ein. Nach raschen militärischen Niederlagen (1943 Verlust aller Kolonien, Landung der Alliierten auf Sizilien) sprach der konservativ-monarchistische Flügel im Faschistischen Großrat Mussolini das Mißtrauen aus. Er wurde verhaftet, aber bald darauf von den inzwischen in Italien einmarschierten Deutschen wieder befreit. Unter deutschem Protektorat bildete er 1943 in Norditalien die Republik von Salò. 1945 wurde er bei der Flucht in die Schweiz von italienischen Partisanen ergriffen und erschossen.

Parin charakterisiert die politische Entwicklung in Italien und Deutschland in folgender Weise:

»Der Faschismus in Italien war fast doppelt so lange an der Macht wie der Nationalsozialismus. Nicht nur die imperial-spätkapitalistische Basis und die politische Struktur, auch die ideologische Ausrichtung beider Staaten waren ähnlich. Antikommunismus, Populismus, die historisierende Größenphantasie eines riesigen Römischen bzw. eines Germanischen Reiches, die Entfesselung grausamer Eroberungskriege als Stimulans für die Massen, der Führerkult in einer mediterranen und einer nördlicheren Ausgabe. Sogar der lähmende Terror im Innern und die kollektivierende Indoktrination der Kinder und Jugendlichen mit der Absicht, die hochgelobten familiären Bindungen ›von innen‹ zu sprengen, muten ähnlich an.« (Parin 1990a, S. 127)

Das Ende der Diktaturen kam allerdings in beiden Staaten unterschiedlich zustande: Mussolini wurde von Landsleuten erschossen, nachdem er zwei Jahre vorher schon abgewählt worden war – Hitler blieb ohne nennenswerten kollektiven Widerstand an der Macht und beging bei Kriegsende Selbstmord. Italien wurde von den Alliierten weitgehend schon 1943 eingenommen unter der Mitwirkung einer aktiven, breit gestreuten Widerstandsbewegung – Deutschland beschwor noch den Endsieg, als die Alliierten schon im Land waren. Der Historiker Schieder, der den deutschen und italienischen Faschismus untersuchte (1983), hebt hervor, daß Mussolinis Republik von Salò in hohem Maße von einer militärischen *italienischen* Widerstandsbewegung beseitigt wurde:

»Diese militärische ›Resistenza‹ wurde politisch schon im Untergrund von sechs Parteien getragen, die sich im ›Comitato di Liberazione Nazionale« (CLN) zu einer politischen Allianz zusammenschlossen. Das eigentlich Bedeutsame an diesem Bündnis war seine politische Bandbreite. Diese reichte nämlich von dem rechtsgerichteten ›Partito Liberale Italiano‹ (PLI) über die ›Democracia Cristiana‹ (DC) bis zum ›Partito Comunista Italiano‹ (PCI). Die gemeinsame Frontstellung des CLN war der ›Antifacismo‹ Sie überdauerte den Widerstand und bildete die politische und moralische Basis der republikanischen Verfassungsschöpfung Italiens von 1947.« (Schieder 1990, S. 136)

Die Abhängigkeit von Hitler-Deutschland und dem wider Erwarten langen, raummäßig immer ausgedehnteren, von Deutschland diktierten Krieg hatte zur Abwendung breiter Bevölkerungsschichten vom faschistischen Ideal geführt.

Dazu kam, daß das Führerprinzip in Italien nie so durchgängig verwirklicht worden war wie in Deutschland. Italien hatte die Monarchie behalten, die Existenz der Kirche blieb durch die Lateranverträge unangetastet, und Mussolini hatte keine Verfügungsgewalt über das Heer gewonnen. In Italien hatte es neben dem Führer noch von ihm relativ unabhängige Institutionen gegeben, die den Menschen wieder mehr in den Blick kamen, als die Niederlagen sich häuften.

Obwohl für die Italiener das Ende des Faschismus nicht so überraschend kam, mußten sich die Menschen in beiden Ländern ihrem »Erbe« stellen.

»Nach der militärischen Niederlage und dem inneren Zusammenbruch beider Diktaturen wurden die politischen und militärischen Taten, ja sogar die alltäglichen Verkehrsformen mit einem neuen Bewußtsein konfrontiert. Zum Teil waren es die von den Siegern vertretenen und propagierten, wenn auch nicht immer tatsächlich befolgten Prinzipien, die vieles, was die beiden Völker getan hatten, als verbrecherisch brandmarkten. Zum anderen Teil wirkte sich der Zerfall der faschistischen Ideologien nach dem Niedergang ihrer Machtbasis so aus, daß ältere, traditionelle, anerzogene und bei der Überichbildung unbewußt verinnerlichte Gebote und Verbote intensive Scham- und Schuldgefühle auslösten, nachdem andere, die ›faschistischen‹ Wertsysteme von der äußeren von Partei und Staat gebotenen Legitimation entblößt worden waren. Es war für die meisten Angehörigen der beiden Nationen nicht ausschlaggebend, ob sie sich an Greueltaten beteiligt oder sich nur widerwillig dem totalitären Regime unterworfen und angepaßt hatten. Über die identifikatorische Brücke nationaler Zugehörigkeit gab es nach den Jahren der Duldung faschistischer Herrschaft bei allen, außer denen, die aktiv Widerstand geleistet hatten, eine Neigung zur Abwendung von der Vergangenheit, zur Vermeidung der Erinnerung, die sich in Deutschland zur affektiven Seelenblindheit für die gemachten Erfahrungen und zum totalen Vergessen, zur Amnesie verdichtet hat. Aufklärung darüber, was »wirklich« gewesen war, verstärkte zumeist die aufkommende Scham, die bald auch die nächste Generation erfaßte.« (Parin 1990a, S. 123f.)

Ich teile Parins Ansicht »zum totalen Vergessen, zur Amnesie« nur zum Teil. Ich erlebe in Deutschland heute eher eine Polarisierung von Davon-nichts-wissen-Wollen *oder* lebhaftem Interesse und zeige in den folgenden Kapiteln die Gründe dafür auf.

Die Brandmarkung des bisher idealisierten Staatssystems als verbrecherisch, die Bekanntmachung der Nazigreuel in Wort und Bild wirkten zutiefst verstörend und unannehmbar. Zwei literarische Beispiele für Deutschland mögen als Belege gelten: Renate Finckh erlebt sich rückblickend als »Tärres«, neunzehnjährige BDM-Führerin, die ihre Identität im großen »Wir« gefunden hatte. Sie sieht »die Plakate, die überall an verkohlten Wänden und Bretterzäunen klebten und die man nicht anschauen konnte, ohne vor Grausen zu erstarren. Nur der böse Feind konnte so etwas ersinnen, um damit die letzten erhabenen Gefühle aus den Herzen der Getreuen auszubrennen. Tärres sah nicht hin. Und sie hielt sich die Ohren zu vor dem verstörten Geraune in den Straßen.« (Finckh 1987, S. 60). Das richtige Gefühl ist zwar da, aber es kann nicht integriert werden, weil es dem bisherigen Ideal gänzlich widerspricht. Die Aufklärung kann nur als Feindpropaganda abgetan werden.

Es entstand eine schwere Gefühlslähmung, ein Trancezustand, den Christa Wolf als »Dämmerzustand« beschreibt, in dem das Gefühl der Unverwundbarkeit zur Abwehr des Chaos gepflegt wurde. Das Katastrophische des Kriegsendes konnte nicht erlebt werden. Christa Wolfs Protagonistin Nelly ist 1945 sechzehnjährig auf der Flucht vor der näher kommenden russischen Front: »Sie glaubte sicher zu wissen, daß sie nicht mehr nach Hause zurückkehren würde, gleichzeitig aber hielt sie den Endsieg noch immer für möglich. Lieber in absurdes Denken flüchten als Undenkbares zulassen.« (Wolf [1976] 1979, S. 398) In diesem »zusammengebrochenen Ereignishorizont« bleibt die Realität, nämlich das Ausmaß des endgültig Verlorenen, seine Bedeutung für den einzelnen und vor allen Dingen die Dimension des Ausgeklammerten – von den Siegern schlicht als Völkermord und verabscheuenswürdiges Verbrechen bezeichnet – unintegrierbar im Außen.

Was darf gedacht und gefühlt werden?
Vergleich des kulturellen Raumes in Italien und Deutschland

Parin stellt die These auf, daß die *Aufklärung* über den Faschismus, die in beiden Staaten ähnlich verlaufen ist, und auch der *Protest* der jüngeren Generation gegen die mit dem Faschismus identifizierten Eltern nicht ausreichten, um die Fixierung an das faschistische Ideal infragezustellen; denn die Infragestellung der bisher für wertvoll erachteten Ideale erfordert ein Ausmaß psychischer Stärke, das beim »Zusammenbruch« nicht vorhanden sein konnte. Stattdessen war gerade die Beibehaltung des Ideals psychisch dringend nötig, um Schutz zu bieten vor den Gefühlen der Ohnmacht, Beschämung und Schuld, die nach dem Zusammenbruch der faschistischen Systeme so quälend wurden. Für Parin hat der *kulturelle Spielraum*, den eine Kultur ihren Institutionen und ihren Individuen läßt, eine große Bedeutung für die Verarbeitung von Gefährdungen und Verführungen. Dieser kulturelle Raum, in dem erst einmal unbewertet und in der Phantasie kulturelle Erfahrungen gemacht werden, manifestiert sich in der Kindheitserfahrung des Spiels, in der Kunst und Literatur, in der Politik, also in allen menschlichen Bezügen in der jeweiligen Kultur. Parin bezieht sich hier auf Winnicotts Ausführungen zum Spiel und zum Erleben von Kultur (1971). Im Spiel unter dem Schutz einer verläßlichen, zu starke Reize abschirmenden Mutter kann das Kind probeweise über die persönliche Erfahrung hinaus mit der weiteren Umwelt in Beziehung treten. Winnicott leitet die Kulturerfahrungen des Kindes direkt aus seinen Spielerfahrungen ab:

»Kulturelles Erleben ist lokalisiert in einem schöpferischen *Spannungsbereich* [im Original ›potential space‹] zwischen Individuum und Umwelt (anfänglich: dem Objekt). Dasselbe gilt für das Spielen. Kulturelles Erleben beginnt mit dem kreativen Leben, das sich zuerst als Spiel manifestiert.« (Winnicott [1971] 1992, S. 116)

Das Kind ist *vertieft* ins Spiel, der Konzentration älterer Kinder und Erwachsener vergleichbar. Während dieses Vertieftseins macht und verarbeitet es soziale und kreative Erfahrungen. »In diesen Spielbereich bezieht das Kind Objekte und Phänomene aus der äußeren Realität ein und verwendet sie für Vorstellungen aus der inneren, persönlichen Realität.« (S. 63) Winnicott sieht eine direkte Entwicklungsfolge von Übergangsphänomenen, die gleichzeitig zum »Ich« und »Nicht-Ich« gehören, zum Spiel, von dort zum gemeinsamen Spielen mit anderen Personen und zum Erfahren von Kultur. Dieses Erfahren von Kultur findet im kulturellen Raum statt, im Spielraum, der im einzelnen in den Familien, im allgemeinen in den Kulturen unterschiedlich geartet ist. Das spätere Umgehen der Erwachsenen miteinander wird von diesen frühen Spielerfahrungen und diesem ersten Erleben von Kultur beeinflußt.

Parin mutmaßt, daß sich deutsche und italienische Erziehungsziele und Erziehungsmethoden unterscheiden:

»Wenn die deutsche Mutter zu viel Leistung verlangen und in den Jahren der Individuation zu wenig verläßliche Zuwendung bieten würde, könnte sich wohl erklären lassen, daß sich zwar ein großes Bedürfnis nach Kultur entwickelt, ein spielerischer Umgang, ein identifikatorisches Mitmachen und sich wieder Zurücknehmen kaum entwickeln konnte. Das prekäre Selbstgefühl müßte starr festhalten, an der geforderten Leistung, an unverrückbaren kulturellen Werten und schließlich am machtvollen und erfolgreichen Ideal des Herrschenden.

Demgegenüber müßte man dem Kind, das in Italien aufwächst, eine zuverlässigere Mutter zuschreiben, die sein Selbstgefühl stützt, auch wenn es sich im Spiel von ihr entfernt. Das Hin und Her des Mitmachens und sich Zurücknehmens würde sein Selbstgefühl nicht erschüttern.« (Parin 1990a, S. 151f.)

An anderer Stelle betont er, daß in manchen romanischen Bevölkerungsteilen die Mütter sich in den entwicklungsbedingten Trennungsphasen ihren Kindern gegenüber gewährender verhalten, ihnen mehr Raum geben und daß dadurch bei ihnen keine Autoritätshörigkeit entsteht.[2]

Das Fehlen von Autoritätshörigkeit in Italien fiel auch Lea Rosh 1987 auf, als sie italienische Bauern aus der Umgebung von Fossoli interviewte. Fossoli war unter Mussolini ein Internierungslager für englische Kriegsgefangene, 1944 übernahmen es die Deutschen und machten es zum Auffanglager für Juden.

Die Bauern von Fossoli hatten sich am Widerstand beteiligt. Rosh kommentiert:

>Unsere Widerstandskämpfer stellten sich in Positur. Nichts ist angenehmer, als Italiener zu interviewen. Sie stellen sich richtig hin, reden unverkrampft, benehmen sich völlig selbstverständlich.

Unsere Bauern fangen einfach an:

Sie wollten eines klipp und klar sagen, nämlich, daß sie, bevor sie den Juden geholfen haben, auch den englischen Kriegsgefangenen geholfen haben.

Gefangener gleich Gefangener?

So ungefähr. In Italien hilft man einem Verfolgten.« (Rosh, Jäckel [1990] 1992, S. 246)

Die gleiche, diesmal begründete Aussage trifft die Vorsitzende der jüdischen Gemeinde Italiens:

>Ich würde sagen, daß der Charakter der Italiener ein in der Substanz anarchischer Charakter ist. Der Italiener fühlt sich nicht verpflichtet, der Autorität zu gehorchen. In Italien herrscht vor einer Autorität, deren Schlechtigkeit man spürt, das heilige Gesetz des Ungehorsams. Die Italiener verstehen es, nicht zu gehorchen angesichts ungerechter oder perverser Befehle.« (S. 254f.)

Der kulturelle Raum kann Widerstand ermöglichen, zur Selbstverständlichkeit oder zur Pflicht machen, aber er kann ihn auch erschweren oder sogar unmöglich werden lassen. Dieser kulturelle Raum, der den Individuen einen Handlungsspielraum einräumt, ist in den Gesellschaften sehr verschieden groß und auch verschieden verläßlich und sicher.

Das faschistische System in Italien bot Spiel- und Handlungsraum: Mussolini war nur scheinbar »allmächtig«. 1922 bis 1925 geschlossene »Fundamentalkompromisse« ließen die Macht des Heeres, der Krone, der Kirche und auch Bereiche von Justiz und Verwaltung in der Hand traditioneller Führungsschichten. Nach der Ermordung des Sozialisten Matteotti 1924 etablierte sich eine wachsende Oppositionsbewegung.

Als Mussolinis Macht zerfiel, hatte die Nation *Zeit und den Anstoß* zur Infragestellung ihres Ideals: Die Verbündeten wurden zu Feinden, gegen die zu kämpfen ein Akt der Selbsterhaltung war.

Im Widerstand verstellte allerdings das faschistische Ideal nicht länger den Blick auf die unter seinem Schutz begangenen Untaten. Parin erlebte italienische und jugoslawische Soldaten, die in Lazaretten der jugoslawischen Befreiungsarmee vom Krieg erzählten.

»Von Geiselerschießungen wurde erzählt und von Orgien der Grausamkeit. Die Partisanen erinnerten sich, die Italiener auch. Niemandem war es leicht, sich an schreckliche Untaten zu erinnern, man wollte lieber schweigen. Kam es aber einmal dazu, gab es nie, bei keinem Italiener, das seltsame Skotom, das ›*ich habe es nicht gewußt, nicht wissen können, das waren die anderen, die Faschisten*‹. Mitunter erfaßten Schuld und Scham die Italiener, ebenso die Jugoslawen. Wegschauen, verdrängen, vergessen – es wäre gut, wenn man das könnte. Nichts von allem wissen? Das ging nicht. Was man erlebt hatte, war die Grausamkeit des Krieges und nicht die kalte, dem Miterleben entzogene Todesmaschine des Hitlerreiches.« (S. 132f.)

Die Untaten wurden als *eigene Taten erlebt*, die Soldaten verstanden sich als *aktiv Beteiligte* an der Grausamkeit des Krieges.

Bei der »leichteren« Verarbeitung der Faschismuserfahrung in Italien scheint auch eine Rolle zu spielen, daß der italienische Faschismus eine etwas anders geartete Ideologie zum Inhalt hatte als der Nationalsozialismus. Die italienische Ideologie war zukunftsgewandt, »heller«, weniger festgelegt auf »ewige Werte« wie der Nationalsozialismus, sie bot Wandel und Verwandlung geradezu an.

»Der neue ›deutsche Mann‹ (wie wir ihn zum Beispiel in Arno Brekers Jünglingen vor uns sehen) symbolisierte den ›reinen‹ Ursprung der Rasse, ›unbeschmutzt‹ von der modernen Geschichte. Der vielerörterte ›neue Mensch‹ des italienischen Faschismus sah über seine eigenen Schultern in die Antike, aber auch in die Zukunft: ein Zeitalter, das noch nicht genau erfaßt werden konnte; der ›neue Mensch‹ war nicht auf alle Ewigkeit festgelegt, dazu war seine Entwicklung zu dynamisch. Der italienische Faschismus blieb häufig vage, wo der Nationalsozialismus stets ein eindeutiges Bild vom Menschen erstrebte.« (Mosse [1964] 1991, S. VI)

Der italienische Duce unterstützte die Kunstrichtung des Futurismus, der die Bewegung, das Handeln, die Veränderung in den Mittelpunkt stellte und Dadaismus und Surrealismus beeinflußte. Hitler lehnte diese Kunstrichtungen kategorisch ab. Wandel war mit dem Gefühl »deutscher Wahrheiten, die für alle Zeiten gesetzt waren«, nicht vereinbar.

Da die äußeren Verhältnisse auf die inneren wirken (s. Parin 1980b), erleichtert eine von der Idee her Entwicklung und Wandlung beinhaltende Ideologie den ihr anhängenden Menschen die Veränderung – auch wenn diese sich im Endeffekt gegen die Ideologie selbst richtet.

In Italien wurde das faschistische Ideal von innen heraus aufgelöst, in

Deutschland bestand es auch nach dem Zusammenbruch weiter, wie es Christa Wolf bei ihrer Protagonistin Nelly beschreibt, die 1945 auf der Flucht in ihrem Tagebuch feierlich den Entschluß notiert, »dem Führer auch in schweren Zeiten unverbrüchliche Treue zu bewahren«. (Wolf 1979, S. 408)

Parin schreibt den Deutschen Amnesie und Seelenblindheit aufgrund der Terroreinwirkung zu, die im Überich eine »tyrannische Instanz« etablierte und die nicht zuläßt, nach der eigenen Beteiligung an den aufgedeckten Untaten zu suchen.

»Das partielle Skotom, die teilweise Blindheit, die von der Aufrichtung der tyrannischen Instanz erzeugt und unterhalten wurde, hatte die Machthaber vor durchdringenden Blicken geschützt. Jetzt bewahrte sie die Mehrheit der Deutschen davor, sich in der Rückblende als unmenschliche Mittäter zu erblicken. Jeder Film mit Konzentrationslagerleichen, den die Alliierten zum Zweck demokratischer Nacherziehung den Besiegten vor die starrenden Augen projizierten, mußte zur Folge haben, daß sich die im Nazireich erzeugte Seelenblindheit vertiefte. Man war doch ein Mensch, man litt, war gewiß kein Unmensch. In der wahrhaftig nicht menschlichen Tötungsmaschine konnte man sich selber nicht sehen.« (Parin 1990a, S. 131)

Das eingepflanzte Ideal blieb tauglich und nötig zum eigenen psychischen Überleben. In dieser »wahrhaftig nicht menschlichen Tötungsmaschine« sich verwickelt zu sehen, hätte zu intensiver Beschämung geführt und erforderte die Bereitschaft, sich mit bisher »Menschenunmöglichem« auseinanderzusetzen, die nirgendwo groß ist, weil dieses Menschenunmögliche dem Bild des Menschen diametral entgegensteht. Mir scheint, daß die Alliierten, als sie nach der Entdeckung der Vernichtungsanlagen und ihrer Greuel Bilder daraus plakatierten, neben dem Erziehungsziel auch im Auge hatten, klarzustellen, zu welcher Ideologie die Untaten gehörten. Daß solches Tun menschenmöglich ist, also zur eigenen Art gehört, ist schwer erträglich. Als Ausweg bietet sich an, es zu »vergessen« oder bei den anderen, den Nazis, einer eng umgrenzten Tätergruppe zu lassen.

Es hat, als der perfektionierte Völkermord in Deutschland begann, vereinzelte waghalsige Versuche gegeben, die ausländische Öffentlichkeit zu informieren, z. B. von Kurt Gerstein, einem überzeugten SS-Offizier, der sich aber vom menschlichen Leiden berühren ließ.[3] Ihm wurde nicht geglaubt. Die Hemmung, dem eigenen Menschsein dies kaltblütig, bürokratisch Mörderische zuzutrauen, überwog den möglichen Schaden für die Opfer – abgesehen von den eingeschränkten Handlungsmöglichkeiten durch die Kriegslage. Dazu kam, daß Greuelpropaganda und die Verteufelung des Feindes zu jedem Krieg gehören. Durchsickernde Informationen konnten als solche Propaganda zurückgewiesen werden.

Christa Wolf fragt: »Brauchen wir Schutz vor den Abgründen der Erinnerung?« (1979, S. 99), denn die persönliche Infragestellung durch das Aufheben des Denkverbots kann verstörend wirken. So zeigt Finckh auf, in welch hohem Maß ihre Protagonistin Tärres das Wegsehen gebraucht hat, um vor dem Vater und sich selber das »Prachtsmädel« zu sein und zu bleiben:

»Doch was sie auch immer gewußt haben mochte aus dem Geflüster der *Ungläubigen*, aus eigenem Hinschauen, ehe sie sich zum Wegsehen gezwungen hatte – denn schon nach der Kristallnacht war genaues Hinsehen verboten gewesen –: sie hatte sich aufs Ausklammern verstanden. Denn Hinschauen hätte sie schwach und traurig gemacht. Es hätte das Prachtsmädel vernichtet.

Aus den Bildern des Schreckens sprang nun ihr verstreutes und verdrängtes Wissen sie an, und da wußte sie auch dies: daß sie sich jedesmal, wenn sie hätte aufwachen können, verzweifelt an den schillernden Traum geklammert hatte, damit die Schale, die Tärres hieß, keinen Schaden erlitte.« (1987, S. 63f.)

Wie hätte die Infragestellung inszeniert werden können, ohne den Zerfall der Persönlichkeitsstruktur zu riskieren?

Hinschauen ermöglicht Trauer, Verarbeitung und Weiterentwicklung, aber bedeutet auch eine so starke persönliche Infragestellung, daß ein kultureller Raum gebraucht wird, der einerseits Schutz gibt und andererseits Vorbilder hervorbringt, die den Umgang mit diesen erschreckenden Phänomenen vorleben.

Der kulturelle Raum bildet sich im Spiel der Erwachsenen, in der Kunst, der Literatur und dem Theater ab. Hier kann ein Vorbild für den persönlichen Umgang mit den beängstigenden Herrschaftserfahrungen entstehen.

»Wo es der Kunst und Literatur gelingt, die Menschen spielerisch zu ergreifen, das heißt, am Leben der Protagonisten des Theaters, der Literatur zu beteiligen, können Erfahrungen erst einmal probeweise gemacht werden, die unerträgliche Gefühle (Ohnmacht, Angst, Scham, Schuld) hervorrufen würden, wären sie einem selbst oder nahen Angehörigen passiert.« (Parin 1990a, S. 126)

In Deutschland erlegte sich die bald nach Kriegsende gegründete literarische Gemeinschaft »Gruppe 47« politische Enthaltsamkeit auf. Sie nutzte ihren kulturellen Raum nicht zur Auseinandersetzung mit der Vergangenheit. Das tat dann die 68er-Studentenbewegung. Aber auch ihr gelang es nicht, »jene tief verinnerlichte Ideologie der Nazijahre durch ›cultural experience‹ durch die Teilnahme am kulturellen Geschehen zum Tanzen zu bringen und damit aufzulösen.« (S. 138) Meines Erachtens erschütterte sie zwar durchaus die alten Strukturen, wirkte sich z. B. auf das Erziehungssystem aus, angefangen bei den Kindergärten, erreichte aber nicht alle Gesellschaftsschichten. Sie war ein Baustein, um den kulturellen Raum zu erweitern, gerade durch die Veränderung von eingeschliffenen Erziehungsmustern. Der »Spielraum« für Kinder vergrößerte sich und damit ihr kulturelles Erleben. Diese Kinder konnten sich im weiteren Leben mehr Freiraum und Beweglichkeit schaffen, bzw. dieser Raum wurde ihnen von der Kultur zugebilligt, je nachdem, ob der Vorgang vom Individuum oder von der Gesellschaft, von den inneren oder äußeren Verhältnissen aus betrachtet wird.

Zurück zur Literatur: In der deutschen Literatur blieb der Hang zu »geschlossenen Gedankengebäuden« (Wolf 1988) erhalten, durch Welterklärungen entfernte sich die Literatur vom Leben, vom Menschen und damit von der persönlichen Beteiligung an den erschreckenden Geschehnissen. Die italienische Literatur dagegen hat den »Hang zur Ein- und Unterordnung ..., die Gewohnheit zu funktionieren, Autoritätsgläubigkeit, Übereinstimmungssucht, vor allem aber die Angst vor Widerspruch und Widerstand, vor Konflikten mit der Mehrheit und vor dem Ausgeschlossenwerden aus der Gruppe«[4] früh überwunden. Sie ist aus dem ideologischen Gefängnis lange vor dem politischen Zusammenbruch der Diktatur ausgebrochen und hat sich zur »Lust auf Widerstand« verständigt.

Parin skizziert am Werk von Elio Vittorini den Unterschied zu Deutschland. In dessen Romanen leiden die Protagonisten an den schlimmen Verhältnissen, fühlen sich aber nicht als *Opfer übermächtiger Herrschaft*, sondern übernehmen die Verantwortung für sich, suchen die Solidarität mit anderen und einen Weg zur Veränderung. Diese Art der Auseinandersetzung mit den umgebenden Kräften, in denen sich der Protagonist als *Subjekt* fühlt, sich in der Isolation mit dem »sozialen Tod« auseinandersetzen muß, sein Handeln aber als *sein ureigenstes Anliegen* begreifen lernt, spiegelt sich auch in Parins Erzählung »Noch ein Leben« (1990), die die Entwicklung eines Menschen durch den Widerstand gegen das faschistische Regime in Italien schildert.

In Italien blieb die literarische Auseinandersetzung mit dem »Unmenschen« Thema.

»Dieser konnnte nicht zum Verschwinden gebracht werden, weil der Mensch mit seinen Ängsten, Schwächen und Schicksalen nur mehr als handelnde Figur seiner Geschichte, als *homo politicus* im Konflikt mit den Mächten geschildert werden konnte. Nachdem einmal erkannt war, daß die Tragik Folge eines Konflikts war, konnte sie nicht mehr als blindes Verhängnis beschrieben werden.

Scheinbar paradox könnte man sagen: Die deutsche Literatur ging von der Geschichte, vom ›unbegreiflichen‹ politischen Geschehen aus, einem Schicksal, das dem Menschen passiert. Es bleibt ihm unbewußt, daß er selber Geschichte macht. Die Literatur, die ihre Zeit befragen wollte, trifft auf den unpolitisch gemachten Menschen.« (S. 146f)

Parin vermißt in der deutschen Literatur den *Erwachsenen, der sich der Geschichte als seiner Geschichte stellt, in dem Bewußtsein, daß er sie selbst herstellt und für sie verantwortlich ist.*

Inzwischen gibt es in Deutschland eine beträchtliche Anzahl literarischer

Auseinandersetzungen mit dem Nationalsozialismus und der Tätergeneration. Aber bei der Auseinandersetzung, die die jüngere Dichtergeneration jetzt mit ihren Vätern führt – das, was die Studentenbewegung politisch ausfocht, findet nun literarisch statt –, fehlt weitgehend der Erwachsene, der sich mit seiner Geschichte auseinandersetzt. Unter den leidenschaftlich aufbegehrenden Söhnen ist einer nicht zu finden:»Aber *einen* Sohn gibt es nicht: den Sohn, der zur Kenntnis nimmt, so ist's gewesen, ob der Vater nun schweigt oder lügt oder weint. Den Sohn, der erwachsen geworden ist und selber seinen Weg sucht, den scheint es nicht oder noch nicht zu geben.« (S. 137)

In der Literatur spiegelt sich das, was in der Psychoanalyse seit einigen Jahren erforscht wird. Die Traumatisierung durch die Folgen deutscher Vernichtungspolitik betrifft nicht nur die Verfolgtengeneration und deren Nachkommen,[5] sondern auch die Tätergeneration und deren Kinder:[6] Die Kinder, auch als Erwachsene, bleiben an die Bedürfnisse der Eltern gebunden. Eine eigenständige Entwicklung und die Ablösung von den Eltern finden nicht oder nicht ausreichend statt. Reinke berichtet aus ihrer psychoanalytischen Praxis:

>»Das Familienmilieu in der frühen Kindheit meiner Patientinnen war durch außerordentliche Tendenzen zur Bindung der Kinder an die (psychischen und emotionalen) *Bedürfnisse der Eltern* geprägt. Die meisten Elternpaare waren unfähig, ihre Bedürftigkeit bei sich zu behalten und ihren Kindern eine eigene, von dieser Bedürftigkeit unabhängige Entwicklung einzuräumen. Stattdessen kam es meist zu einem mehr oder weniger radikalen Beziehungsabbruch zwischen den Töchtern und der Familie durch ein sich ›Losreißen aus der Familie‹.« (Reinke 1992, S. 127)

Die Eltern »brauchten« für ihr eigenes psychisches Gleichgewicht oder sogar für ihr psychisches Überleben die ungeteilte Aufmerksamkeit ihrer Kinder und hintertrieben deren Ablösungstendenzen. Gelang den Adoleszenten die äußere Trennung, intensivierten und reaktivierten sich die unbewußten Schuldgefühle aus der frühen Kindheit und festigten die unbewußte Bindung. (S. 133)

In der Literatur finden sich beide Modelle: Die unreflektierte Identifizierung mit den Eltern und die Entschuldigung ihres Tuns oder die vehemente Anklage an sie, verbunden mit der scheinbaren Ablösung, exemplarisch von Sichrowsky im Streitgespräch zweier Geschwister dargestellt, von denen jedes eines dieser Modelle verkörpert und damit die Ablösung von den Eltern und die Verständigung unter den Geschwistern verhindert.[7]

Auch das, was sich als Aufarbeitung versteht, kann unbewußt zur Entschuldung des Vaters dienen (v. Westernhagen 1987). Scheinbar setzt sich von Westernhagen mit ihrem Nazierbe in Gestalt des Vaters und Großvaters auseinander. Tatsächlich aber »erklärt« sie die Geschichte des Vaters durch die Geschichte des Großvaters als geradezu zwangsläufiges Geschehen, baut einen Entschuldungsmythos auf und vermeidet damit die lebendige Auseinandersetzung und die Frage nach der Verantwortlichkeit. Die Geschichte der

Vorfahren hat mit ihr nichts mehr zu tun und kann am Schluß ihrer Betrachtung einfach abgelegt werden. Daß die Geschichte des Vaters Persönlichkeitsanteile der Tochter beeinflußt und geformt hat, die Autorin also auch mit der Geschichte des Vaters identifiziert ist, wird nicht erkannt und reflektiert. (Vgl. Reinke 1989)

Auch hinter der leidenschaftlichen Anklage der Eltern kann sich die unbewußte Identifizierung verbergen, deutlich erkennbar in Bernward Vespers Buch *Die Reise* (1977): Der Sohn lärmt gegen seine nationalsozialistischen Eltern an, gleichzeitig legt er ihre Normen an sich selbst an und entwertet sich als deren nichtsnutziger, unwürdiger Sohn.

Das Den-Vater-nicht-loslassen-Können, der permanente Vergleich mit ihm, seine Entwertung und gleichzeitig tiefe Einfühlung in ihn charakterisiert auch Meckels *Suchbild* (1980), von Moser als »ödipale Leichenschändung« bezeichnet: »Es ist erstaunlich und ohne Zweifel ein Vorzug des Buches, wie tief es eigene Identifikationen anspricht. Daß es fast nur gegensätzliche Urteile gefunden hat, also meist wütende Parteinahmen für Vater *oder* Sohn, spricht dafür, daß es ein vulkanischer Ausbruch war.« (Moser 1985, S. 76) Dieser Ausbruch führt aus der unreflektierten Identifikation mit der Geschichte des Vaters heraus, führt aber noch nicht zum *Eigen*sein. Durch den wütenden Angriff entsteht ein Entweder-Oder, eine Polarisierung, die die Gegenseite ausschließt und keine Ambivalenz zuläßt. Dadurch werden die *Trauer über das Erbe* und die *eigene* Auseinandersetzung damit vermieden. Die Abrechnung mit dem Vater wird zu einer Privatabrechnung und zu einer Ausstoßung des nationalsozialistischen Erbes. Es fehlt die Hineinnahme der gesellschaftlichen Verhältnisse, in denen der Vater lebte, die Einfühlung in ihn als eigenständige Person, die dann auch die *Abgrenzung des Sohnes und dessen Verantwortlichkeit für sein eigenes Leben* beinhalten würde.

Am intensivsten scheint mir die Suche nach der eigenen Verantwortlichkeit, das, was Parin als typisch für die italienische Literatur bezeichnet, bei Wolf (1976) und Finckh (1987) zu sein, in Ansätzen auch bei Krüger (1966). Bei ihnen wird die eigene Verstrickung in die nationalsozialistische Ideologie deutlich, die Auseinandersetzung mit der Schuld an den Untaten, auch die eigene Bedürftigkeit, die für die nationalsozialistische Aufwertung so empfänglich gemacht hat.

Gerade an Christa Wolfs Buch ist aber auch zu spüren, z. B. durch die überaus sachlich distanzierte Sprache und die verschiedenen Zeitebenen, auf denen die Geschehen angesiedelt sind, wieviel Widerstände die Protagonistin zu überwinden hat, um sich dem tabuisierten Thema der eigenen (und nationalen) Verführung zu nähern, und welch schamvolles Erleben dahintersteht.

Eine Ebene des Verständnisses arbeitet Waldeck (1990, 1992) in ihrer tiefenhermeneutischen Interpretation des Buches heraus: »Der Wunsch, die mörderische Realität des Nationalsozialismus zu verleugnen, hat den Blick auf die je eigene wutschäumende Lust verstellt, auf die Lust an der Grausamkeit, die auch in Frauen und auch in der zweiten Generation vorhanden ist.« (1990, S. 307) Lustvolle aggressive Phantasien zuzugeben, erscheint vor dem Hintergrund des »unglaublichen« realen Ausagierens im Nationalsozialismus zu beschämend.

Aus anderen Textstellen läßt sich der abgewehrte Wunsch nach Geborgenheit, Einklang, Konfliktfreiheit, die Sehnsucht nach symbiotischer Verschmelzung ableiten. Die Erfüllung dieser Wünsche bot der Nationalsozialismus mit seiner Eindeutigkeit und klaren Einteilung aller Erscheinungen in Gut und Böse vorgeblich an. Auch diese Wünsche einzugestehen, fällt vor dem Hintergrund des Massenmordes schwer.

Es ist kein Zufall, daß in Deutschland die Auseinandersetzung mit dem Nationalsozialismus und der Versuch, die Geschehnisse in die eigene Verantwortung zu bekommen und nicht beim Entschulden der Vergangenheit oder der Rebellion gegen sie stehenzubleiben, auch in der Literatur so vereinzelt und verspätet einsetzt. Es sind in Deutschland viel stärker als in Italien in der Persönlichkeitsstruktur verankerte und – da die inneren Verhältnisse die äußeren spiegeln und wiederum auf sie einwirken – gesellschaftlich vorgegebene Muster zu erkennen und zu verändern.

Allerdings steht außer einer zur Autoritätshörigkeit und Verführbarkeit führenden Sozialisation die Monstrosität der in Deutschland begangenen Verbrechen einem Hinsehen und Verstehen im Wege.

»In Italien hilft man Verfolgten« – Die Auswirkung der Judenvernichtung auf die Verarbeitung des Faschismus

Auffallend und in Deutschland wenig bekannt ist, daß der italienische Faschismus von seiner Grundidee her nicht antisemitisch war.

Viele italienische Juden sahen im Nationalismus die Möglichkeit, ihre unerträglichen ökonomischen Verhältnisse zu verbessern. Als im 19. Jahrhundert Einigungsbestrebungen einsetzten und das aufkommende italienische Nationalbewußtsein zunehmend Gestalt annahm, erfaßte es ganz selbstverständlich auch die jüdischen Bewohner und brachte auch ihnen die Emanzipation aus feudalen Strukturen. Italiens Juden machten allerdings nur einen sehr geringen Bevölkerungsanteil aus (1938 0,09%). Sie waren integriert in die Gesamtbevölkerung und wohnten zum Teil seit der Antike in Italien.

In der faschistischen Bewegung kämpften Juden mit, Juden hatten in der faschistischen Regierung Minister- und Admiralsposten inne (Hausmann 1992). 1933 intervenierte der italienische Botschafter im Auftrag Mussolinis bei Hitler, die Verfolgung der Juden aufzugeben (Mosse [1964] 1991, S. 320). Nach 1933 nahm Italien jüdische Flüchtlinge aus Deutschland auf. 1938 waren es etwa 10.000. Damals zählten die italienischen Juden etwa 57.000 Personen (Rosh, Jäckel 1992, S. 235).

Der italienische Faschismus war allerdings nicht frei von *Rassismus*:

»Der abessinische Krieg von 1935 ebnete seinem prinzipienlosen Rassismus den Weg. Hier wurde das Rassenkonzept auf die Beziehungen zwischen Italienern und Äthiopiern angewandt. Fraternisation mit den Eingeborenen zeige einen Mangel an ›rassischer Würde‹. Dieser Krieg hatte das Rassekonzept ins italienische Bewußtsein gebracht, aber gegen die Schwarzen, nicht gegen die Juden. Zunächst hoffte Mussolini, die Zionisten würden ihn unterstützen, um die weltweiten Sanktionen gegen Italien zu brechen. Als sich die Zionisten nun, trotz einiger Bemühungen, die Briten von ihrem Boykott abzubringen, als unfähig erwiesen, glaubte Mussolini, die internationalen jüdischen Organisationen hätten sich gegen ihn verschworen.« (Mosse [1978] 1990, S. 234f.)

Nun näherte sich Mussolini Hitlers Rassenpolitik an. Er erließ 1938 Rassengesetze, schränkte sie allerdings durch viele Ausnahmeregelungen ein. Gegenüber den Juden propagierte er »Diskriminierung und keine Verfolgung« (S. 234). Anders sah die Situation gegenüber den Afrikanern aus. Es ist inzwischen bekannt, daß Mussolini in den italienischen Kolonien Tripolitanien und Abessinien eine äußerst aggressive Unterdrückungspolitik betrieb. Im Abessinienkrieg 1935/36 wurde »auf Mussolinis persönliches Geheiß hin in größeren Mengen Giftgas eingesetzt« (Schieder 1990, S. 150).

Arendt sieht in der faschistischen Diktatur Mussolinis von 1922 bis 1938 eine Parteidiktatur, die erst unter dem Einfluß der Naziherrschaft totalitäre Züge annahm:

»So haben die antiparlamentarischen und halbfaschistischen, halbtotalitären Bewegungen, die nach dem ersten Weltkrieg ganz Zentral-, Süd- und Osteuropa überfluteten, doch nur in Deutschland und Rußland, den bevölkerungsstärksten Ländern des Kontinents, zu totalitären Regimen geführt, und selbst Mussolini, der das Wort ›totaler Staat‹ zum ersten Mal gebrauchte, mußte sich mit der Diktatur eines Einparteienstaates begnügen.« (Arendt [1951] 1986, S. 499f.)

Zur Begründung führt sie an, daß es in Italien nur relativ wenige politische Verhaftungen und ein mildes Strafmaß für politische Vergehen gab, z. B. fällten die Sondergerichte zwischen 1926 und 1932, als der italienische Faschismus im Innern besonders aggressiv war, nur sieben Todesurteile (S. 500 Anmerkung). Das ist für Arendt ein wichtiges Indiz dafür, daß Mussolinis Regime kein totalitärer Staat war und nicht – oder relativ wenig – die Menschen durch Terror veränderte.

Wie sah die Verwirklichung von Mussolinis Idee »Diskriminierung und keine Verfolgung« an der Basis, durch die Menschen aus?

Italien schützte nicht nur seine italienischen Juden, sondern die italienische Besatzungsarmee lieferte auch aus den von ihr besetzten Gebieten auf dem Balkan, in Griechenland (Rosh, Jäckel 1992, S. 80) und besonders auffällig in Südfrankreich keine Juden an die allgegenwärtige deutsche Tötungsbürokratie aus. »Die italienische Armee verhinderte praktisch jede Deportation aus ihrem Gebiet, und selbst dort, wo die französischen Behörden – auf deutsches Geheiß oder auch ihrer eigenen Präfekturen – bereits Juden verhaftet und interniert hatten, griff die italienische Armee ein. Sie umstellte die Polizeikasernen und erzwang die Freilassung der Juden.« (Hausmann 1992, vgl. auch Rosh, Jäckel 1992, S. 137)

Mussolini setzte auf Intervention von Ribbentrop und Himmler eine ihm unterstellte Rassenpolizei ein, die aber gegen die Widerstandspolitik der italienischen Soldaten und der Bevölkerung nichts ausrichtete. Erst als im Herbst 1943 die Deutschen nach dem Waffenstillstandsabkommen der Regierung Badoglio mit den Alliierten einen großen Teil Italiens besetzten, kam die totale Erfassung und Deportation der Juden in dem von den Deutschen besetzten Teil Italiens in Gang, durch die z. B. auch der junge Doktor der Chemie Primo Levi nach Auschwitz deportiert wurde. Er dokumentiert in seinen Büchern (1958, 1963, 1986) sehr eindrücklich und erschütternd die Entmenschlichung der Opfer im Arbeits- und Vernichtungslager Auschwitz.

Das italienische Verhaltensmuster »In Italien hilft man Verfolgten« scheint durchgängig von den italienischen Soldaten befolgt worden zu sein und auch weitgehend von den italienischen Polizisten, die ab dem 30. November 1943 Juden zur Internierung abholen sollten (Rosh, Jäckel 1992, S. 243).

Nach 1943 wurden 6746 Menschen unter deutscher Besetzung aus Italien deportiert. Davon gelang ungefähr tausend Personen die Flucht, was nicht ohne Hilfe der Bevölkerung geschehen konnte, fünftausend Menschen überlebten in Verstecken.[8]

Im Widerstand, dem »*Eigensein*«, manifestiert sich ein kultureller Raum, der Anderssein, Autonomie zuläßt und den *Menschen* sieht. Wer das tut, läßt Mitleidsregungen eher zu und spürt die persönliche Verantwortung. Parin fragt an einer Stelle: »Beruht ›*cultural experience*‹ auf der Tugend des Herzens?« (Parin 1990a, S. 152)

Für die Verarbeitung der Faschismuserfahrungen in Italien hatte dieser Widerstand zur Folge, daß die Tatsache der *Vernichtung der Juden draußen, außerhalb des Selbst und außerhalb der Nation bleiben konnte, bei den Deutschen.* »Über die identifikatorische Brücke nationaler Zugehörigkeit« (S. 124) mußten all die Facetten diktatorischer Herrschaft und die eigene Involviertheit thematisiert werden, aber nicht mit dem schlimmsten Stigma, der kalten Vernichtungsbürokratie und sechs Millionen Opfern – *das* waren die anderen, die Eroberer, die Feinde, *die* Deutschen.

Dieser gravierende Unterschied trägt erheblich zu der ungenügenden Verarbeitung in Deutschland bei. In Deutschland stehen ausgesprochen oder unausgesprochen im Hintergrund jedes Reflektionsversuchs die monströse Judenvernichtung und die Schuldfrage.

Dementsprechend nennt Reichel, 1945 als »Friedenskind« geboren, ihre literarische Vergangenheitssuche im Untertitel »Aufgewachsen im Schatten der Schuld« (1989). Sie schreibt in ihrer Einleitung, womit sie aufzuwachsen hatte: »»Here ends the civilized world. You are entering Germany. Fraternizing prohibited‹ stand auf den Schildern, die die Alliierten 1945 überall in Deutschland aufstellten.« (1991, S. 8) Deutschland war zum ausgestoßenen, möglicherweise ansteckenden Land geworden, das mit all seinen Bewohnern unter strenger Quarantäne stand. Wolf faßt die Schuldthematik sehr eindrücklich in folgendes Bild: Nelly kann sich rückblickend an keine Gesichter bei den Aufmärschen von Jungmädeln und Pimpfen erinnern:

> »Wo Nelly am tiefsten beteiligt war, Hingabe einsetzte, Selbstaufgabe, sind die Einzelheiten, auf die es ankäme, gelöscht. Allmählich, muß man anehmen, und es ist auch nicht schwer zu erraten, wodurch, der Schwund muß einem tief verunsicherten Bewußtsein gelegen gekommen sein, das, wie man weiß, hinter seinem eigenen Rücken dem Gedächtnis wirksame Weisungen erteilen kann, zum Beispiel die: Nicht mehr daran denken. ... Weil es nämlich unerträglich ist, bei dem Wort ›Auschwitz‹ das kleine Wort ›ich‹ mitdenken zu müssen: ›Ich‹ im Konjunktiv Imperfekt: Ich hätte. Ich könnte. Ich würde. Getan haben. Gehorcht haben.
>
> Dann schon lieber: keine Gesichter. Aufgabe von Teilen des Erinnerungsvermögens durch Nichtbenutzung.« (Wolf 1979, S. 312)

Bezogen auf die Verhältnisse in Italien und Deutschland, läßt sich die These aufstellen, daß in Deutschland frühe Einengungen des Kindes seinen »Spielraum« unangemessen klein hielten, sich auf den kulturellen Raum, die individuellen und gesellschaftlichen Möglichkeiten zum Eigensein und zum Widerstand auswirkten, und damit auf die Autonomie des Individuums, das in Zeiten der Verunsicherung Feindprojektionen benötigt, um sich *ganz* zu fühlen.

»Als hätten sie verschluckt den Stock womit man sie einst geprügelt« – Psychische Bereitschaft zur Annahme totalitärer Herrschaft in Deutschland

»Der neue Mensch nach uraltem Muster«: Der konservative Kulturanteil

Für die Entwicklung des Kindes ist die Eltern-Kind-Beziehung von existentieller Bedeutung. Grundvoraussetzung für die Aufnahme von Anregungen und Forderungen durch das Kind ist neben der Atmosphäre elterlicher Liebe und Zuwendung die haltgebende elterliche Strukturierung, durch die auch Versagungen und Verbote gegenüber Trieb- und Gefühlsregungen vom Kind angenommen werden können.

In jeder Entwicklungsstufe, die das Kind durchläuft, werden die Eltern an ihre eigene Sozialisation, an ihr eigenes Erleben gerade dieser Phase erinnert. Hat die Grundvoraussetzung elterlicher Liebe und Zuwendung und die Bereitstellung von »Spielraum« in der Erziehung der Eltern gefehlt, werden auch dieser Mangel und diese Einschränkungen weitergegeben. Die Erziehung der Großeltern ragt also über die Erziehung der Eltern in die des Kindes hinein:

> »Hinsichtlich der Individuation des Kindes ist es wirklich wichtig, sich das Wechselspiel dieser doppelten Identifizierungen in den Einstellungen der Eltern zu vergegenwärtigen und ihre unterschiedlichen Funktionen und ihre unterschiedliche Beschaffenheit ins Auge zu fassen. Die Identifizierungen der Eltern mit ihren eigenen Eltern haben eine lange Geschichte. Diese Identifizierungen haben ihr Ich und ihr Überich geformt und bleiben das Fundament ihrer Einstellung dem Kind gegenüber, wenn auch durch die aufeinanderfolgenden Entwicklungsphasen des Kindes unterschiedliche Aspekte an ihnen wiederbelebt und zum Bewußtsein gebracht werden. Die Identifizierungen der Eltern mit dem Kind sind von anderer Art. Aus Erinnerungen an die eigene infantile Vergangenheit geboren, beschränken sie sich lediglich auf vorübergehende und sich verändernde Identifizierungen in Phantasie und Gefühl, die dem empathischen Verstehen des Kindes dienen und sich in Grenzen halten müssen, um nicht die elterliche Einstellung zu unterminieren.« (Jacobsen 1978, S. 68)

Durch diese Identifizierungen der Eltern mit ihren eigenen Eltern werden die Kulturgebote und geforderten Einschränkungen, die Wertvorstellungen und Normen an die Kinder weitergegeben. Das ist der Grund, warum Kulturen mit ihren spezifischen Eigenheiten und vorherrschenden Erziehungsmustern sich nur sehr langsam ändern. Sie »widerstehen historischen Veränderungen in der Regel länger als die Herrschaftsverhältnisse. Oft überdauern sie politische und ökonomische Veränderungen, pflanzen sich über Generationen mit dem Überich fort, das bekanntlich Traditionen und Ideale der Großeltern an die Enkel weitergibt.« (Parin, Parin-Matthèy 1988, S. 7)

Parin gibt in seinen Erinnerungen an seine Kindheit ein plastisches Beispiel für diesen konservativen Kulturanteil (1980a): Mica Cede, die Haushälterin auf dem Gut seines Vaters, war die allseits verehrte »gute Seele«. Sie widerstand allen Neuerungen und wirkte wohltätig, an ewige Werte erinnernd, gerade auf all das ein, was »rebellische Jugend« hätte repräsentieren können. Damit verkörperte sie die Kultur des Landes, »das katholische Wissen darum, wie man eine Seele in den Besitz bringt, sie klug verwaltet, sie lehrt, eine höhere Herrschaft zu respektieren (die doch nur das beste für sie will und das, wenn nicht täglich, so doch am Ende der Tage auch unter Beweis stellt), daß hier und nirgends anders der neue Mensch nach uraltem Muster hervortritt.« (1992, S. 108)

Ein Beispiel aus meiner eigenen Familiengeschichte mag den Vorgang verdeutlichen und weiterführen: 1969, als mein erstes Kind geboren wurde und ich als unsichere »neue« Mutter sehr empfänglich für Erziehungsratschläge war, wurde ich sowohl mit dem eingeengten kulturellen Raum als auch mit der Art der Weitergabe traditioneller Erziehungsmuster konfrontiert. Mein Sohn war anfangs recht unruhig und schrie viel. Da er der erste Repräsentant der neuen Generation war, wurden wir bald von den Großeltern und Urgroßeltern besucht. All diese Mutter und Kind liebevoll zugewandten Elternfiguren beharrten darauf, daß ich einen Tyrannen erzöge, wenn ich die Gefühlsregungen des Kindes berücksichtigen würde und das Kind häufiger als zu den festgelegten Mahlzeiten aufnähme. Die traditionellen Erziehungsformeln wurden angewandt: Schreien stärkt die Lungen! Er ist doch ein Junge! Er tanzt dir sonst auf der Nase herum! Uns hat das auch nicht geschadet!

An den zum Teil schmerzlich verzogenen Lippen war die Einfühlung in die Not von Mutter und Kind abzulesen, aber die verinnerlichte Tradition war stärker. Unsere frischgegründete Familie beugte sich dem kulturellen Erbe, die Identifizierungen mit den Eltern begannen zu wirken – aber in der schlichten Übernahme doch nur sehr kurzfristig.

Die Studentenbewegung der 68er Jahre hatte die antiautoritäre Erziehung im Gefolge, die die Bindung an die alten Muster durch die Umkehrung ins Laisser-Faire zwar nur scheinbar hinter sich ließ, auf jeden Fall aber ein Veränderungspotential entwickelte, das die Identifizierung mit den Erziehungsidealen der eigenen Eltern zur Disposition stellte. Hier kam der immer auch vorhandene innovative Kulturanteil zum Tragen.

An diesem Beispiel wird deutlich, daß Geschichte nicht einfach nur tradiert wird, sondern daß die heranwachsende neue Generation auf die überlieferten Verhältnisse einwirkt und sie auch verändern kann. Die gesellschaftliche Aufgabe der Adoleszenzkultur besteht gerade in der Auseinandersetzung mit den elterlichen und gesellschaftlichen Werten und der reflektierten *selbstbestimmten* Anpassung an die äußeren Verhältnisse.[9]

Dies ist allerdings nur in einem kulturellen Raum möglich, der unterschiedliche Einflüsse nebeneinander bestehen läßt, Anderssein, Widerspruch, Kritik, Verspätung, Eigensein, Trennung zuläßt und auf Selbstbestimmung abzielt. Kritikfähigkeit kann nur durch Vorbild in einem kulturellen Raum, der *Eigensinn und Eigenständigkeit zuläßt und als Wert versteht,* erworben werden.

Parin faßt das Zusammenspiel von konservativem Kulturanteil und vom Subjekt bestimmter Innovation in folgender Weise zusammen:

»Die unstillbare Sehnsucht, die Unruhe, die wir in ihrer gereinigten Form Utopie nennen, greift auf die Überlieferung, auf die Traditionen von Heimat, Glaube, Familie zurück, die doch nie wirklich Zufriedenheit und Glück gebracht haben, unterliegt dem Wiederholungszwang der Geschichte. Gleichzeitig setzt diese Sehnsucht neue Möglichkeiten frei, emanzipiert sich von Herrschaft, und das geschieht auch, wenn sie durch den Zwang einer nie ganz lückenlosen Sozialisation im Unbewußten der Menschen verankert ist.« (Parin 1991, S. 232)

Progressive Faktoren wie Veränderungen in den Produktionsverhältnissen, politische und soziale Richtungsänderungen in den Nachbarstaaten oder neuartige kulturelle Strömungen sind Anstöße für Um- und Einbrüche in die Weitergabe der Tradition und verändern unter Umständen die bestehenden eingeengten kulturellen Räume auf Dauer.

Das Konzept der »Autoritären Persönlichkeit« und Parins Weiterführung

Parin stützt sich in seinen Überlegungen zur Genese der Persönlichkeitsstruktur, die anfällig für die Unterordnung unter totalitäre Systeme ist, auf die großangelegte Untersuchung, die 1945/46 in den USA unter dem Eindruck des Faschismus durchgeführt wurde und deren Ergebnisse 1949 – 1950 von Max Horkheimer und Samual H. Flowerman in der Reihe »Studies of Prejudice« herausgegeben wurden. Darin ist die grundlegende Studie zum autoritätsgebundenen Charakter *The Authoritarian Personality* enthalten, die von Adorno, Frenkel-Brunswick, Levinson und Sanford erarbeitet wurde. Andere Mitarbeiter der Untersuchung, z. B. Bettelheim, Janowitz, Ackerman und Jahoda gingen von Fallstudien aus und arbeiteten zu enger umrissenen Themen anhand des klinischen Materials. Vorausgegangen waren die Untersuchungen von Horkheimer, Fromm und Marcuse am Institut für Sozialforschung (1936), die erstmalig das Konzept des »Autoritären Charakters« entwickelten.

Die Intention der amerikanischen Studie nach Kriegsende war, das Bevölkerungspotential der USA zu ermitteln, das in Krisenzeiten von einer totalitären Bewegung wie dem Nationalsozialismus angezogen und als Anhänger oder Mitläufer mitgerissen würde.

Als leitende Hypothese galt, daß die Anfälligkeit für den Faschismus weniger von den politischen, wirtschaftlichen und sozialen Vorstellungen abhängig, sondern Ausdruck einer bestimmten Charakterstruktur, eben des autoritätsgebundenen Charakters sei. Als psychologische Bedingungen wurden die Sozialisations- und Erziehungspraktiken in der mittelständischen patriarchalen Familie zu einer Zeit – zwanziger Jahre des 20. Jahrhunderts – zugrundegelegt, in der die väterliche Autorität nicht mehr eindeutig durch die äußeren Verhältnisse gestützt wurde.

Adorno arbeitet in seinem Anteil an der Studie das »autoritäre Syndrom« heraus, in dem durch äußere gesellschaftliche Repressionen und Verdrängung von Triebregungen der potentiell faschistische Charakter mit Konventionalismus, autoritärer Unterwürfigkeit, Aggressivität, Neigung zu Projektion und Manipulation entsteht. (Adorno 1973, S. 312ff.) Der Gewissensbildung kommt besondere Bedeutung zu: Das Überich der einzelnen Individuen ist äußerst rigide, es verfolgt das Ich mit schärfsten Strafen. Gleichzeitig ist es von äußeren Konventionen abhängig und manipulierbar; d. h. Verbotenes bleibt verführerisch. Ihm kann nachgegangen werden, wenn es nur nicht entdeckt wird und zu sozialen Konflikten führt. Das kann bedeuten, daß unter dem Schutz der Mächtigen mit gutem Gewissen gelogen und auch gemordet werden darf. »Das allzu starre Über-Ich ist nicht wirklich integriert worden, es bleibt äußerlich.« (S. 325) Dazu kommt, daß durch die Identifizierung mit der Macht (einer Ideologie und/oder einer machtvollen äußeren Führerfigur) die Aufwertung der eigenen, während der Unterwerfungszeit verletzten Persönlichkeit erreicht wird. Es entsteht unter Aufbietung seelischer Energie ein – wenn auch labiles – psychisches Gleichgewicht.

Kritisch ist anzumerken, daß es sich bei dieser Untersuchung um eine sozialpsychologische Studie handelt, die auf Fragebogen und Interviews beruht und Annahmen aus der Psychoanalyse zur Erklärung heranzieht. Sie basiert nicht auf Erkenntnissen, die in der Psychoanalyse direkt am Individuum gewonnen wurden.

Parin bezieht sich auf diese Untersuchung und hebt hervor:

»Wenn die geschilderte Erziehung in einer patriarchalen Kleinfamilie vor sich geht, in der der Vater befiehlt und herrscht, die Mutter sich ihm unterordnet und der Vater als Ernährer starken ökonomischen und anderen Pressionen ausgesetzt ist, erzeugen die entstehenden dauerhaften Abwehrsysteme ein strenges Überich, das sich leicht mit dem herrschenden Stärkeren und seiner Gewalt identifiziert, seine Aggressionen gegen den Schwächeren entlädt. Das größte Gewicht liegt bei dieser Annahme auf der Sozialisation. In der analen Entwicklungsphase werden Traumen gesetzt. Das Kind kann in der nächsten, der Phase des ödipalen Konflikts und der Rivalität mit dem gleichgeschlechtlichen Elternteil seine Entwicklung nur erfolgreich fortsetzen, wenn es sich mit der gewalttätig eingreifenden und nicht ausweichbaren Gewalt des Erziehers, oder wie die Analyse es nennt, mit dem Aggressor identifiziert.« (Parin 1980b, S. 21f.)

Die Weichen für das autoritäre Syndrom werden – psychoanalytisch gesehen – also schon sehr früh in der kindlichen Entwicklung gestellt. Allerdings *muß* eine so geartete Sozialisation nicht die spätere Entwicklung bestimmen, sondern gibt nur die Möglichkeit dazu. Die Begründung aus der Familienstruktur und der Sozialisation in den frühen Phasen reicht nicht aus, um die Verführbarkeit für totalitäre Systeme zu erklären.

Hinzukommen muß nach Parin das erschütterte und ungenügend besetzte Selbst des Kindes, das in der frühen Kindheit entsteht, wenn die ersten Beziehungspersonen – im allgemeinen die Mutter – das Kind nicht vor Reizüberflutung abschirmen und ihm nicht genügend Bestätigung und Selbstvertrauen geben. Hier ist die narzißtische Dimension angesprochen, deren gesunde Entwicklung ein kohärentes Selbst mit gesunden Ichgrenzen impliziert.

In der folgenden Zusammenfassung der auslösenden Faktoren greift Parin auf seine Psychoanalysen von Männern und Frauen aus der Schweiz und den umgebenden Staaten zurück, deren Familienhintergrund und soziale Verhältnisse den Untersuchten aus der Studie zur *Autoritären Persönlichkeit*/zum *Autoritären Charakter* (1950/1973) entsprachen und die nur zum Teil autoritätsgebundene Persönlichkeitsstrukturen entwickelten:

>»Ein Faktor vor allem schien dafür verantwortlich zu sein. Da, wo die narzißtische Besetzung des Selbst während der Kindheit und Adoleszenz mangelhaft und schweren Störungen unterworfen war, hatten sich regelmäßig sekundäre Identifikationen mit autoritätsgebundenen Strukturen, insbesondere sekundäre Identifikationen mit einem aggressiv-repressiven Über-Ich eingestellt und konnten nicht rückgängig gemacht werden, ohne die Funktionstüchtigkeit des Ichs und die psychische Homöostase aufs schwerste zu erschüttern. Diese Personen wiesen eine ›authoritarian personality‹ auf. Andere, deren Selbstgefühl relativ gut war – als Zeichen einer mehr oder weniger ungestörten narzißtischen Besetzung des Selbst – hatten trotz scheinbar gleicher Voraussetzungen keine ›authoritarian personality‹ ausgebildet oder konnten zumindest das dafür typische Verhalten leicht aufgeben. Im Verhältnis und innerpsychischen Kräftespiel zwischen der Besetzung des Selbst und der Identifikation mit aggressiv besetzten Introjekten (ursprünglich Identifikationen mit dem Aggressor) scheint die Entscheidung darüber zu fallen, ob ein autoritär strukturiertes Milieu eine ›authoritarian personality‹ hervorbringt oder nicht. Oft war es möglich, zu rekonstruieren, auf welche Erziehungsfaktoren und Entwicklungsschritte die Schädigung der narzißtischen Entwicklung zurückzuführen war. Es sind, stichwortartig, nach ihrer Bedeutsamkeit geordnet, folgende: Erstens die ungenügende Fähigkeit der Mutter, ihr Kind ohne erzieherische Einschränkung zu lieben und zu bewundern, besonders während der Individuationszeit, den zweiten 18 Monaten nach Mahler; zweitens das Fehlen eines mit positiven Gefühlen zugewandten gleichgeschlechtlichen Vorbilds zu Beginn der Latenzzeit, also sogleich nach dem Untergang des ödipalen Konflikts; drittens ein Ungleichgewicht zwischen der emotionellen Bindung an Personen horizontaler und vertikaler sozialer Strukturen während der Jahre der psychischen Entwicklung, besonders während und nach der Pubertät.« (Parin 1976, S. 19f.)

In diesem Zitat deutet sich Parins Ansatz zum Verstehen der Verführungsbereitschaft in Deutschland an, auf dem ich mit meinen Überlegungen aufbaue.

Es muß allerdings betont werden, daß die Entwicklung aus der Kindheit und Adoleszenz nie zwingend ist, da der Mensch ein konflikthaftes Wesen bleibt und mit den sozialen Kräften – den äußeren Verhältnissen – interagiert. Kindheitsmuster allein genügen nicht, um das soziale Verhalten in seiner Gänze vorauszusagen (Parin 1980b, S. 24f.). Das Erkenntnisinteresse der

Psychoanalyse ist auch nicht die Vorhersage zukünftiger Entwicklungen, sondern eher die »Aufklärung« über das Vergangene, soweit es das Gegenwärtige beherrscht und das Zukünftige einschränkt.

Paul Parins ethnopsychoanalytischer Ansatz zum Verständnis des Nationalsozialismus

Erziehung zur Autoritätshörigkeit in einer autoritätsgebundenen Gesellschaft, autoritär strukturiertes Überich und erschüttertes Selbst wirken zusammen und lassen die Verführungsbereitschaft für totalitäre Systeme wahrscheinlich werden. Die im folgenden vorgenommene Behandlung der ursächlichen Faktoren in getrennten Kapiteln ist künstlich, aber zweckmäßig, um je einen Faktor besser herausarbeiten zu können. In der Realität bedingen und durchdringen sich die einzelnen Faktoren. Die gleiche Persönlichkeitsstruktur wird also in den drei folgenden Abschnitten unter dem Blickwinkel je eines verursachenden Faktors gesehen.

Die Darstellung der Erziehungsfaktoren steht in diesem Gesamtabschnitt bewußt an erster Stelle; denn die »herrschenden« Erziehungsziele und -methoden sind die Vorbedingung für die Erzeugung derjenigen Persönlichkeitsstruktur, die durch eine ungenügende Besetzung des Selbst und ein autoritär strukturiertes Überich zur Delegation der Verantwortung an eine äußere Führerfigur neigt.

Sitz still, paß auf! – Erziehung in Elternhaus und Schule unter dem Primat der herrschenden Ideologie

Parin geht vom eingeengten kulturellen Raum in Deutschland aus, der sich auf die Mutter-Kind-Beziehung in der Weise auswirkt, daß in den Jahren der Individuation zuviel fremdbestimmte Anpassungsleistung verlangt und zuwenig verläßliche Zuwendung gegeben wird und daß dies Erziehungsmuster von den Eltern an die Kinder weitergegeben wird. Er verweist dabei auf den ethnotypischen Zwangscharakter, den analen Charakter mit seiner Sparsamkeit und Ordnungsliebe, auch im Gefühlsbereich, und auf den Zusammenhang zwischen den Erziehungszielen in der Leistungsgesellschaft und den strikten, frühzeitig kontrollierenden und oft mit drakonischen Strafen einhergehenden Erziehungsmethoden.

Mit einem elementaren Beispiel belegt Parin seine Thesen. Dazu arbeitet er mit der ethnopsychoanalytischen Methode des Vergleichs die Bedeutung des *Sitzens* für die Erziehungsziele in unserer Kultur heraus: Die Erziehung in unserer Gesellschaft unterscheidet sich erheblich von den Erziehungsge-

Abb. 5   *Geradhalter* mit Kopfriemen

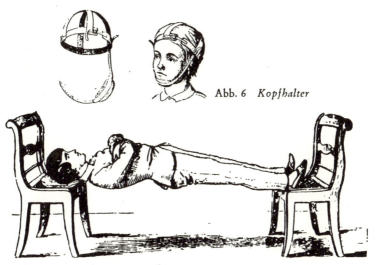

Abb. 6   *Kopfhalter*

Abb. 7   Körperübung *Die Brücke*

Geradehalter, Kopfhalter, Körperübung (aus Dr. Schrebers gedruckten Schriften)

wohnheiten und -ergebnissen der westafrikanischen Völkergemeinschaften, in deren Kultur das Sitzen keine Bedeutung hat und von den Kindern nicht erlernt wird. (Die Menschen hocken beim Arbeiten, Frauen stehen beim Urinieren, Männer hocken auch hier.)

»Ohne unsere früh vermittelten Sitzgewohnheiten ließen sich Kinder gar nicht ebenso zähmen, würden sie im schulmäßigen Lernen auch bei größtem Zwang nicht zu einer solchen Verinnerlichung des Leistungsprinzips gelangen, würden sie die Verdrängungs- und Abstraktionsprozesse der Phantasie nicht so weitgehend zustande bringen. Die Sitzerziehung dient zwar verschiedenen kulturell und materiell relevanten Leistungen, ist aber auch die Voraussetzung für die Ausformung von Zwangscharakteren. Die Feststellung des Körpers im Sitzen, die wir beim Essen und auf dem Abort frühzeitig lernen, ergänzt unsere Sozialisation: Hände und Gedanken bleiben im Sitzen – mit festgestellter Basis – vorerst frei.« (Parin 1980b, S. 21)

Die Verbindung von Sitzen und Leistungsbereitschaft ist in unserer Kultur allgegenwärtig. Ein schlichtes Beispiel dafür ist das »Nachsitzen« in der Schule. Das Sitzen wird Tieren, sogar ausgesprochenen Bewegungstieren wie den Hunden, adressiert. Bei ihrer Abrichtung bedeutet der Befehl »Sitz!« genau wie bei der Erziehung des Kindes angespannte Aufmerksamkeit mit gespitzten Ohren und festgestelltem Körper und bereitet die Befehlsentgegennahme vor. Die traditionelle Erziehung in unserer Gesellschaft erzieht zur Selbstbeherrschung und Anpassung an die bestehenden Systeme und zur frühzeitigen Leistung.

Ein Beispiel ist die vorschnelle, ungeprüfte Anpassung an das neue System des Nationalsozialismus, die innere Gleichschaltung.

»Diese Gleichschaltung war keine von der Angst genährte Heuchelei, sondern der sehr früh an den Tag gelegte Eifer, ja nicht den Zug der Geschichte zu verpassen. Über Nacht wandelten sich sozusagen aufrichtig die Ansichten, ein Wandel, von dem die große Mehrheit der öffentlichen Personen quer durch alle Schichten und Berufe erfaßt wurde, und welcher damals einherging mit einer unglaublichen Leichtigkeit, mit der lebenslange Freundschaften aufgekündigt und abgebrochen wurden. Kurz gesagt, was uns verstörte, war nicht das Verhalten unserer Feinde, sondern das Verhalten unserer Freunde, und dabei hatten diese nichts dazu getan, daß alles so war; sie waren nicht verantwortlich für die Nazis, sie waren nur von deren Erfolg beeindruckt, und sie waren unfähig, ihr eigenes Urteil gegen den, wie sie es sahen, Urteilsspruch der Geschichte zu setzen.« (Arendt 1991, S. 15)

Wer die Macht hatte, dem wurde unkritisch geglaubt. Der mit dieser Haltung einhergehende Opportunismus bot Lebenssicherheit und Gewinnchancen. Parin sagt, daß die Gleichschaltung »mit tiefreichenden Umschichtungen der

178

Persönlichkeit« einherging (1983, S. 222). Die beschriebene autoritätsgebundene Persönlichkeit mit ihren Selbstwertmängeln hat diese Anpassung allerdings schon sehr früh vollzogen. Sie gehört zu ihrer Persönlichkeitsstruktur.

Bei der Darstellung der Sozialisationsbedingungen in unserer westlichen Gesellschaft verweist Parin gern auf Heinrich Heines literarische Beurteilung der Preußen, die dichterisch verkürzt die dargelegte Erziehung wiedergibt. Hier wird in kurzen, prägnanten Bildern das autoritär strukturierte Überich und das mangelnde Selbstwertgefühl mit der Kompensation im »Dünkel« vorgeführt, die sich im Körperbild »niederschlagen« und verinnerlicht werden, um so den »neuen Menschen nach uraltem Muster« zu erzeugen:

> Noch immer das hölzern pedantische Volk,
> Noch immer ein rechter Winkel
> In jeder Bewegung, und im Gesicht
> Der eingefrorene Dünkel.

> Sie stehen noch immer so steif herum,
> So kerzengerade geschniegelt,
> Als hätten sie verschluckt den Stock
> Womit man sie einst geprügelt.

> Ja, ganz verschwand die Fuchtel nie,
> Sie tragen sie jetzt im Innern;
> Das trauliche Du wird immer noch
> an das alte Er erinnern.

> Heine 1844: Deutschland.
> Ein Wintermärchen, Kaput III, S. 99

Jawohl! Zu Befehl! – Überich und Ich-Ideal

Brav oder kuschend? – Das autoritär strukturierte Überich

Das äußerst strenge, verurteilende, von äußeren Führerfiguren abhängige Überich der »Autoritären Persönlichkeit« ist eine bestimmende Komponente der Verführbarkeit von Menschen für totalitäre Bewegungen.

Die Überichbildung hat als erste Voraussetzung »die lange Abhängigkeit des Menschenkindes von seinen Eltern und den Ödipuskomplex, die beide wieder innig miteinander verknüpft sind.« (Freud 1933, S. 73) In der langen Abhängigkeit von den Eltern wirken die äußeren Verhältnisse auf die frühe Überichbildung ein. Freud leitet sie aus den Identifizierungen der Eltern mit deren Eltern ab:

> »Das Über-Ich ist für uns die Vertretung aller moralischen Beschränkungen, der Anwalt des Strebens nach Vervollkommnung, kurz das, was uns von dem sogenannt Höheren im Menschenleben psychologisch greifbar

179

geworden ist. Da es selbst auf den Einfluß der Eltern, Erzieher und dergleichen zurückgeht, erfahren wir noch mehr von seiner Bedeutung, wenn wir uns zu diesen seinen Quellen wenden. In der Regel folgen die Eltern und die ihnen analogen Autoritäten in der Erziehung des Kindes den Vorschriften des eigenen Über-Ichs. Wie immer sich ihr Ich mit ihrem Über-Ich auseinandergesetzt haben mag, in der Erziehung des Kindes sind sie streng und anspruchsvoll. Sie haben die Schwierigkeiten ihrer eigenen Kindheit vergessen, sind zufrieden, sich nun voll mit den eigenen Eltern identifizieren zu können, die ihnen seinerzeit die schweren Einschränkungen auferlegt haben. So wird das Über-Ich des Kindes eigentlich nicht nach dem Vorbild der Eltern, sondern des elterlichen Über-Ichs aufgebaut; es erfüllt sich mit dem gleichen Inhalt, es wird zum Träger der Tradition, all der zeitbeständigen Wertungen, die sich auf diesem Wege über Generationen fortgepflanzt haben.« (S. 73f.)

Parin fügt in der Auseinandersetzung mit dieser Textstelle hinzu, »daß auch Eltern, die ihre Kinder nicht ›streng und anspruchsvoll‹ erziehen, das gleiche Ergebnis erzielen: Nicht die Güte und Toleranz, die sie ihren Kindern erweisen, sondern ihr strenges Über-Ich geben sie weiter. Mit dem Signal des Schuldgefühls sorgt das Über-Ich der Kinder dafür, daß auch sie sich nur dann ›richtig‹ fühlen, wenn sie sich mit den ›schweren Einschränkungen‹ nach dem Vorbild des elterlichen Über-Ichs identifizieren und dementsprechend verhalten.« (Parin 1991, S. 208) Die Strenge des Überichs des Kindes *muß* also nicht mit der Strenge seiner Erziehung korrelieren (vgl. Freud 1930, S. 489), auch gütige und freundliche Eltern geben ihr strenges Überich, die schnelle Selbstverurteilung, an ihre Kinder weiter.

Die frühe Überichbildung des Menschen scheint also unausweichlich an die kulturell überlieferten, im Seelenleben des einzelnen verankerten Normen der Kultur gebunden zu sein. Bei genauer Betrachtung der sich fast über Jahrzehnte erstreckenden individuellen Überichbildung – sie reicht von präödipalen Anfängen bis in die späte Adoleszenz – verändert sich dieser Eindruck.

Gerade in der zweiten Chance der Pubertät spielen die »äußeren Verhältnisse« als Möglichkeit und Gefährdung eine große Rolle. Gesellschaftliche Gruppierungen und ihre Normen bieten die Möglichkeit, die im Laufe der Sozialisation erworbenen Wertmaßstäbe, deren Anfänge aus der präödipalen Phase stammen, einer kritischen Prüfung zu unterziehen. Wenn diese Gruppen aber keine Freiräume zu selbstbestimmten, das Selbst ausprobierenden Infragestellungen des gesellschaftlichen und familiären Drucks lassen, werden sie zur Gefährdung. Wenn sie die Jugend in vorgefertigte Denkschablonen pressen, wie die HJ es mit ihrer hierarchischen Gliederung und ihren »Befehlen ohne Wenn und Aber« tat, gelangen die darin gefangenen Jugendlichen nicht zu einer Neuorientierung. Die Chance zur Überprüfung des frühkindlichen Überichs und des von den idealisierten Eltern abgeleiteten Ich-

Ideals kann nicht genutzt werden. Die Wandlung der präödipalen Über-ichvorläufer in ein selbstbestimmtes Überich und dessen Integration finden nicht statt.

Dazu kommt, daß der Triebschub der Pubertät zur Entdeckung und normalerweise zur Wertschätzung der eigenen genitalen Sexualität führt. Dadurch werden Energien aus der Beziehung zu den Eltern abgezogen und die Neugier auf Körpererlebnisse und Kontakte mit Gleichaltrigen gefördert. Totalitäre Regime, die nationalsozialistischen Jugendorganisationen waren keine Ausnahme, bestehen deshalb konsequent auf einer prüden Moral; denn die eigene Ausübung der genitalen Sexualität würde »unbeherrschbar« machen.

Durch die »Gleichschaltung« der Jugendkultur wurden die Entwicklung eines »persönlichen« Überichs und Ich-Ideals und das Eigensein, auch in der Sexualität, deutlich erschwert.

Ethnotypische Konstellation in Deutschland: Soldat und Untertan

Um sich selbst genügend sicher und mächtig zu fühlen und vor den quälenden Selbstwertproblemen geschützt zu sein, wird das autoritär strukturierte Überich nach außen in einen Führer oder eine Gruppierung verlegt. Parin schreibt den Deutschen eine ethnotypische Bereitschaft zu, *Macht nicht in eigener Verantwortung auszuüben, sondern an eine Führerfigur zu delegieren.* (1978b, S. 634ff.) Von der psychoanalytischen Theorie her gedacht, wird dadurch die Entlastung vom zu rigiden unintegrierten Überich erreicht und ein kollektives Ich-Ideal aufgebaut. Als spezifisch sieht Parin nicht die Tendenz an, den Sündenbock in einer bestimmten Gruppe zu suchen, sondern das erschütterte Selbstgefühl in der Verbindung mit dem autoritär strukturierten Überich, das nur den Ausweg in der Unterordnung unter die Staatsgewalt, einen mächtigen Führer oder eine gewalttätig operierende Gruppierung zuläßt.

Eine solche ethnische Konstellation wird typisch genannt, auch wenn sie nicht bei der überwiegenden Mehrzahl der Bevölkerung vorkommt. Es reicht aus, daß sie potentiell vorhanden ist und durch weitere Faktoren verstärkt wird. Sie ist grundsätzlich gefährlich, weil sie in Krisenzeiten wie Arbeitslosigkeit, Verlusterfahrungen und Beschämungen sofort abrufbereit ist und die unreflektierte Verführungsbereitschaft beinhaltet.

Das gefühlsferne Haltung-Bewahren, dessen Wurzeln schon in der präödipalen Zeit liegen, findet in der soldatischen Erziehung – deutsches Erziehungsideal vom preußischen Militärstaat über die wilhelminische Epoche bis zum »politischen« Soldaten des Nationalsozialismus – exemplarisch Ausdruck. In der soldatischen Erziehung ist die Externalisierung des Überichs unter fremde ungeprüfte Befehle, die die verabsolutierte Staatsgewalt verkörpern, ein vorrangiges Ziel, das erst die Verfügbarkeit des Soldaten ausmacht. Dieses Ideal der soldatischen Erziehung beeinflußte, gerade weil es ein Ideal war, die häusliche und schulische Erziehung in Deutschland.

Parin geht am Beispiel des amerikanischen Leutnants Calley, der im Vietnamkrieg mit seiner Mannschaft das Massaker von My Lai beging, dieser Externalisierung des Überichs nach, die hier nicht allein aus präödipalen Überichvorläufern erwachsen muß, sondern von dem »außerordentlich starken, unausweichlichen und psychologisch lückenlos geplanten Druck« (1980b, S. 7) der Ausbildungszeit herrührt.

Die von Parin am Beispiel des Leutnant Calley geschilderten psychischen Veränderungen des Überichs belege ich mit einem Beispiel aus der deutschen Literatur, das zwar ein Extrem darstellt, dessen zugrundeliegenden Ideale aber kulturell tief verankert waren und in diesem Beispiel sinnlich erfahrbar werden.

Von Salomon, der selbst seit dem 11. Lebensjahr in einer kaiserlichen Kadettenanstalt erzogen wurde, veröffentlichte 1933 einen sehr bekannt gewordenen und auf eigenen Erlebnissen beruhenden, unkritischen, die Verhältnisse in der Anstalt idealisierenden Roman. In diesem Roman schildert er die Erziehung im Elternhaus nur kurz. Die Erschütterung seines Selbstgefühls, aber auch Reste von Selbstachtung sind deutlich zu spüren. Als die Mutter im Gymnasium von Unterschriftsfälschungen des Sohnes hört, bestraft sie ihn öffentlich auf dem Pausenflur:

> »Es war nur eine einzige Ohrfeige, doch genügte sie vollauf, mich außer Gefecht zu setzen. Ich fand mich in der Ecke beim Spucknapf wieder, indes die große Halle vom Gebrause eines wilden und begeisterten Beifallklatschens widertönte, an dem sich Lehrer und Schüler einig beteiligten. Sogleich beschloß ich, mit der Schule auch das väterliche Heim zu verlassen. Zwar war ich Hiebe gewohnt. Meine Mutter fackelte niemals lange, und als ich, jünger noch, einmal entsetzlich schrie, während sie mit sachlichem Eifer und einem Riemen meine Hinterbacken bediente, sagte mein Vater, ein rechter Junge schreie nicht, wenn er mal Hiebe bekäme. Das traf mich tief, und so verhielt ich mich in Zukunft schweigend und mit zusammengebissenen Zähnen, was anfangs freilich meine Mutter veranlaßte, ob dieser scheinbar neuen Unbotmäßigkeit noch derber zuzuschlagen. Doch hier, im vollen Lichte der Öffentlichkeit gezüchtigt zu werden, ertrug ich nicht. Ich wischte mir also das Blut von der Nase und ging erhobenen Hauptes davon.« (v. Salomon 1933, S. 7f.)

Scheinbar unbeschadet, wird der Sohn in die Kadettenanstalt umgeschult. Hier beginnt der eigentliche Drill in neue unbekannte Regeln, die nicht erklärt werden, sondern die über demütigende Körperstrafen sinnlich erfahren, körperlich eingeschrieben, zukünftig »gewußt« werden müssen. Die wichtigste Regel ist die Beachtung der Rangordnung. Der neue Kadett rangiert als »unterster Sack« und muß allen anderen Rängen gehorchen, wie schikanös und unsinnig die Befehle auch sind. *Gehorsam wird wichtiger als das persönliche Gewissen.*

Noch ist er »der letzte Sack unter den Säcken«, aber Entlastung winkt:

> »Langsam würde auch ich auf dieser Leiter von Namen emporsteigen: jetzt war ich noch Schnappsack, in einem Jahr würde ich Ruppsack sein

und in zweien ›Mensch‹; denn ich mußte erst Mensch sein, um mich bis zum Range eines ›Alten Kadetten‹ erheben zu können, und von da an hatte ich es nicht weit zum ›Halbgott‹.« (S. 42)

Nur die uneingeschränkte Anpassung sichert die »Menschwerdung«, den Aufstieg. Daß die permanente Entwürdigung Folgen im neu erschaffenen Menschen zeitigt, wird nicht gesehen. Auflehnung und eine *innere* Instanz für das, was gut und böse ist, gibt es nicht mehr und soll es nicht mehr geben. Beim Antreten wird die erfolgte Identifizierung mit den äußeren Überich-repräsentanten deutlich:

»..., da war nichts, was wundernahm, außer diesem einen Gefühl, welches den jungen Kadetten, den elfjährigen überfiel, plötzlich einer Gemeinschaft anzugehören, die ihresgleichen nicht kannte. Wie er so im Gliede stand, hatte er eine Bedeutung, hatte Platz und Rang, er war etwas, das offensichtlich ernst genommen wurde. Der Hauptmann war kein Erwachsener mehr, sondern ein Mann in Uniform, der zu anderen Männern in Uniform sprach, von Dingen, die ihn und die Kadetten in gleicher Weise angingen. Er fragte nach Verantwortungen, die er selber nicht setzte, sondern denen er, nur auf einer höheren Basis, ebenso unterworfen war.

Sicherlich hätte der kleine Kadett, Sack am linken Flügel der Stube fünf, nichts von dem, was ihn, in der Front stehend, so dunkel an Gedanken und Gefühlen bewegte, zu artikulieren gewußt. Eins aber war ihm ganz nahe und ganz stark: Daß er zum ersten Male in seinem Leben hier unter einem Gesetze stand, und nicht unter einer Willkür. Und er blickte die Reihen der Kameraden entlang, rechts und links, und er war sehr stolz, und wenn es etwas gab, was ihn völlig ausfüllte, diesmal und sehr oft noch, dann war es Glück. Zum ersten Male überkam ihn die Ahnung seines Wertes, und vor ihr verblaßte jeder Abscheu, den der Zwang je ausstrahlen konnte, mehr noch, jegliche Bitternis mußte dazu beitragen, das rauschhafte Bewußtsein zu steigern, zur Kraft noch Kraft hinzutun.« (S. 57f.)

In der sekundären Identifizierung mit dem äußeren Überich wird ihm endlich Bestätigung, Wert und Sicherheit gewährt. Aber zu welchem Preis! Das, was der Kadett als »Gesetz« empfindet, ist auch hier Willkür. Erst durch unvorhersehbare, willkürliche, äußerst schmerzhafte und demütigende Prügelrituale und Schikanen muß er lernen, daß Heuchelei und durch das Schweigen der Kameraden gedeckte Lüge einen höheren Wert in der Truppe besitzen als die Wahrheit (S. 69ff.). Das ist das körperlich erfahrene »Gesetz«, das ihm die nötige Struktur gibt und von dem er abhängig wird.[10] (Das in dem Zitat auch angesprochene Rauschhafte der narzißtischen Erweiterung als Kompensation erlittener Kränkungen wird Gegenstand des folgenden Abschnitts sein.)

Der elfjährige Kadett ist in der Vorpubertät und auf der Suche nach neuen Werten. Stattdessen und statt einer selbstbestimmten Überprüfung der alten

Werte findet eine erneute Dressur mit bleibender Abhängigkeit von äußeren Überichrepräsentanten statt.

»Wenn ein solches Abwehrverhalten – die Identifizierung mit dem Überich – in einer Gesellschaft dominant wird, dann müssen wir mit zwei Folgen rechnen:

1. Die Verbündung mit dem Überich verleiht dem Ich eine Stärke und Härte, die es im Kampf mit den Trieben unnachgiebig, unangreifbar und für künftige Revisionen und Anpassungsleistungen unzugänglich macht (vgl. A. Freud 1936, 117). 2. Das mit dem Überich identifizierte Ich verhält sich der Umwelt gegenüber genauso grausam und selbstherrlich wie das Überich ursprünglich gegenüber dem Ich.« (Lincke 1970, S. 383)

Als Beleg für die zweite Annahme mag gelten, daß in Untersuchungen von nationalsozialistischen Verbrechen regelmäßig von ganz selbstverständlichen Lügen der Täter gegenüber den Opfern und später gegenüber den Anklägern berichtet wird. Ein Beispiel dafür bietet Lifton, der in diesem Zusammenhang auf die »ungeheuerliche Scheinheiligkeit« hinweist, mit der KZ-Ärzte in Auschwitz die Menschen behandelten (1988, S. 247), auf die den Tätern unzugänglichen Schuld- und Schamreste (S. 8) und das Sprechen von den Taten als nahezu »unbeteiligte Dritte. Die Erzähler waren in moralischer Hinsicht eigentlich nicht dabeigewesen.« (S. 9) Das eigene Gewissen ist systematisch suspendiert worden und auf die Untaten nicht ansprechbar.

In einer zivilen Variante schildert auch Heinrich Mann die Grausamkeit und Selbstherrlichkeit des mit dem autoritär strukturierten Überich identifizierten Ichs in seinem ebenfalls sehr bekannt gewordenen, die Erziehung zur Autoritätshörigkeit allerdings kritisch beleuchtenden Roman *Der Untertan* (1918). Meine Überlegungen zu der in diesem Buch exemplarisch dargetellten Persönlichkeitsstruktur leiten zu dem im folgenden Kapitel behandelten narzißtischen Bereich über.

Der Protagonist Diederich identifiziert sich mit dem schlagenden Vater und bleibt den »scharfen« Lehrern ergeben. »Diederich umwand sogar den Rohrstock.« (1964, S. 8) Anlaß ist der Geburtstag des Lehrers.

Unter größter emotionaler Verunsicherung beginnt er in Berlin sein Studium. Er kann nicht neugierig auf die Stadt werden, traut sich nicht auf die Straße oder in Gesellschaft, bis er in der nationalistischen Verbindung Neuteutonia von neuen äußeren Überichrepräsentanten abhängig wird und sein Selbst aufblähen kann. In der Beziehung zu einem Mädchen und dessen Familie werden die gegenteiligen Strebungen nach Nähe und Gefühlsechtheit deutlich. Als daraus eine Verbindlichkeit entstehen könnte, legt Diederich sie allerdings als Schwäche und Fessel aus und wehrt sie rigide ab. In der Identifizierung mit dem externalisierten Überich weist er den hilflosen Vater des von ihm geschwängerten Mädchens zurück: »Mein moralisches Empfinden verbietet mir, ein Mädchen zu heiraten, das mir seine Reinheit nicht mit in die Ehe bringt.« (S. 75) Er beruft sich auf sein »soziales Gewissen«, was gar nicht so falsch ist; denn das »Gewissen« breiter Kreise war damals so unsozial und unmoralisch.

Das externalisierte Überich treibt ihn zur Gründung einer nationalen Kaiserpartei und spielt auch eine Rolle, als er seiner Frau nach einer langen schweren Geburt erklärt, daß er, vor die Wahl gestellt, sich für das Kind entschieden und sie hätte sterben lassen.»›So peinlich es mir gewesen wäre‹, setzte er hinzu. ›Aber die Rasse ist wichtiger, und für meine Söhne bin ich dem Kaiser verantwortlich.‹« (S. 337) So, wie Diederich das persönliche Leiden seiner Geliebten und später seiner Frau nicht spüren konnte, wird er unter der Prämisse der Weitergabe seiner »hehren Rasse« die Persönlichkeit und spezifische *Eigenart* seines Kindes nicht wahrnehmen können. Es wird nur als Erweiterung des eigenen Selbst gesehen werden, die eigene narzißtische Bedürftigkeit hat Vorrang vor der Befriedigung der Bedürfnisse des Kindes.

Unter diesen Umständen wirkt die emotionale und erzieherische häusliche Atmosphäre verwirrend auf das Kind. Einerseits gehört es zur auserwählten Rasse, muß sich in Wert und Leistung ihrer würdig erweisen, andererseits wird ihm bei kleinsten Verfehlungen körperlich schmerzhaft eingeprägt, daß es seiner Auserwählung nicht würdig, ein Nichts sei. Diese Art der Erziehung kann bei Kindern zu ernsten Identitätsproblemen führen (Jacobsen 1978, S. 153ff.), die sich in der Adoleszenz manifestieren (S. 188ff.). Dieser Bereich wird Thema des folgenden Abschnitts sein.

Schäm dich! – Selbst etwas zu wollen als frühes Banngefühl

Die mangelhafte narzißtische Besetzung des Selbst ist nach Parin der entscheidende Faktor, ob Menschen mit kleinbürgerlichem, patriarchalem Hintergrund sekundäre Identifizierungen mit einem aggressiv-repressiven Überich und daraus resultierenden autoritätsgebundenen Strukturen entwickeln. (1976, S. 19f.)

Erst das erschütterte Selbst braucht die Entlastung durch das nach außen verlegte autoritär strukturierte, sadistische Überich. Gelingt die Externalisierung nicht, richtet es seine Aggressionen gegen das Ich und/oder andere Menschen. So perpetuiert es die Erschütterung des Selbstgefühls. Verbessert sich durch Leistung oder andere äußere Einflüsse das Selbstgefühl, verstärkt sich die Tendenz, das Überich nach außen zu verlegen, um es »loszuwerden« und sich sicher und mächtig zu fühlen. (Parin 1978b, S. 635ff.)

Die Bedeutung des Selbstgefühls für die Persönlichkeitsentwicklung läßt sich an den unterschiedlichen Lebensläufen von Martin Niemöller und Rudolf Höß ansatzweise zeigen. Beide waren »begeisterte Soldaten« und Nationalisten (Niemöller 1934, Höß 1963). Niemöller durchlief sogar die zur Kaiserzeit für Offiziere übliche Kadettenerziehung. Er war Marineoffizier und wählte 1933 die NSDAP. In der Nazizeit aber wurde er ein führendes Mitglied der »Bekennenden Kirche«, widerstand den Verführungen und Drohungen des Nationalsozialismus und kam als Häftling ins KZ. Rudolf Höß dagegen wurde und blieb Mitglied der NSDAP und SS-Offizier. Er avancierte zum Lagerkommandanten des KZ Auschwitz und betrachtete diese Tätigkeit als Lebensaufgabe.[11]

Was befähigte den einen zum Durchschauen der Verführung und zum Widerstand, und was ließ den anderen schlimmste Verbrechen begehen und bei schlimmsten Verbrechen zusehen, »blind« gehorchen?

Niemöller scheint in Verbindung mit einer zwar autoritären, aber das Selbstgefühl nicht beschämenden Herkunftsfamilie ein integriertes Überich entwickelt zu haben. Er selbst stellt sich ausdrücklich in die Tradition seiner Eltern, die ihm nach der »Zeit der inneren Rebellion« den »Rückweg« nicht »verbauten« (Niemöller 1934, S. 209). Theweleit stellt in seinem Buch »Männerphantasien« die Lebensläufe beider Männer dar (1977/1986, Bd. 1, S. 15ff.) und merkt an, daß Niemöller ein konkretes Beispiel dafür zu sein scheint, wie ein die Persönlichkeit achtender Umgang in der Familie, »verbunden mit den Inhalten einer bestimmten religiösen Tradition, dem Individuum eine Begrenzung setzen kann, die es in Abstand hält vom unterwerfenden Ich/Welt-Verhältnis, wie es für den faschistischen Typ kennzeichnend ist.« (1978/1986, Bd. 2, S. 513)

Bei Höß' Autobiographie (1963) – einem seltenen Dokument (nachträglicher) nationalsozialistischer Selbstreflektion – ist an vielen Textstellen ablesbar, daß Höß' Selbst früh erschüttert wurde und er durch den Nationalsozialismus die ersehnte außengeleitete Struktur erhielt (Zeiler 1991).

Die Verpflichtung zum wohlgeratenen Kind

Die Selbstbesetzung, die Abgrenzung des Selbst, seine Weiterentwicklung und die Integration narzißtischer Strebungen sind abhängig von der im Kern uneingeschränkten Liebe der ersten Bezugsperson, im allgemeinen der Mutter (Kohut 1966, 1971a, Kernberg 1975). Wenn die Mutter das Kind als Teil des eigenen Selbst erlebt, es zur Stützung des eigenen mangelhaft besetzten Selbst benutzt und manipulativ mißbraucht, können die Objektbeziehungen des Kindes auf dieser primitiven narzißtischen Stufe fixiert bleiben (Jacobsen 1978, S. 69). Seine Gefühlsbeziehungen, auch zu sich selbst, bleiben gestört. Es weiß nicht, wer es ist, und schwankt zwischen grandioser Selbstüberschätzung und Selbstentwertung.

In unserer Kultur werden an die Kinder frühe Leistungserwartungen und Triebverzichtsforderungen gestellt. Mittlerin hat in höherem Maße als der Vater die Mutter zu sein. Gerade narzißtisch verletzte Mütter erlangen über das perfekt funktionierende Kind Sicherheit für sich selbst und die Verringerung ihrer eigenen Ängste.

Kinder haben ständig vorzeigbar zu sein: »Kinder waren die Visitenkar-

Sterbender Soldat mit Ritterkreuz, Postkarte 1915

tengeschöpfe ihrer Eltern und hatten einwandfrei in Erscheinung zu treten. ...
Die Kindheit der Kinder gehörte den Eltern. Erwachsene Hände drückten die
Kinder zurecht« (Meckel 1980, S. 37); besonders die Mutter definierte sich
über das »wohlgeratene Kind«, das zwar sichtbar, aber nicht hörbar zu sein
hatte (vgl. Bettelheim 1952, S. 343).

   Diese so geartete Beziehung kann noch über den Tod des Kindes hinaus
anhalten. In einem Sammelband (Szepansky 1986) werden die Briefe einer
Mutter an ihren Sohn an der Front dokumentiert. Diese Briefe zeugen von
der narzißtischen Bedürfnisbefriedigung der Mutter an ihren dreiundzwan-
zigjährigen Sohn, der 1941 an der russischen Front stirbt. Scheinbar quellen
die Briefe vor Liebe und Zuneigung über, der ungeheure Anpassungsdruck
auf den Sohn und die Gefühlskälte der »Heldenmutter« sind erst auf den
zweiten Blick erkennbar:

   Nach der Kriegsverwundung und dem Tod des älteren Sohnes wird der
zweite, nunmehr Namensträger, brieflich vom Tod des Bruders in Kenntnis
gesetzt und in die Nachfolge gezwungen:

»Nun bist Du, mein lieber Horst, unser einziger Junge, unsere ganze Hoffnung und Liebe, auf Dir allein ruht nun noch die Zukunft unserer Familie,
auf die wir so stolz waren. Bleibe Du jetzt unser ganzer Stolz und unsere
Hoffnung, erfülle weiter wie bisher treu und fleißig Deine Pflicht, arbeite
an Dir, daß Du das wirst leisten, was Dein Vater und Bruder für unseren
Namen gewesen sind...« (S. 114f.)

In dem langen Brief gibt es keine Sequenz, in der sich die Mutter *in den Sohn* einfühlt, in dessen Trauer um den verlorenen Bruder oder in dessen mögliche Angst vor einem ähnlich gearteten Sterben. Stattdessen besteht die Hälfte des Briefes aus der detaillierten Schilderung des »Heldenbegräbnisses«: »Wenn Wolf das erlebt hätte, dann wäre er stolz und selig gewesen.« (S. 118) Die Identifizierung der Mutter mit dem Stolz und der Seligkeit über den äußeren Pomp des soldatischen Begräbniszeremoniells und die damit verbundene Aufwertung ist als einziges sichtbar, Trauer kaum spürbar.

Der zweite Sohn wünschte sich die Verleihung des Ritterkreuzes. Scheinbar rät die Mutter zur Geduld: »Bloß nicht so was erzwingen wollen.« (S. 124) Durch die Abwertung des Schwiegersohns im vorhergehenden Satz: »Er ist Gefreiter geworden, wenigstens ein Fortschritt«, wird in der unterschwelligen Erwartung der Heldenmutter an den letzten Sohn der Anpassungs- und Leistungsdruck doch wieder spürbar.

Als die Briefe an den Sohn als unzustellbar zurückkommen, wird der unerbittliche Anspruch formuliert: »Wir haben doch solche Freude immer an Dir gehabt, mein Junge, und waren so stolz auf alles, was Du im Kriege schon geleistet und erreicht hast.« (S. 129) Die Psychoanalytikerin Brockhaus spricht in ihrer Interpretation dieser Briefe von einer »Bringschuld« der Söhne: Sie werden als mütterliche Zuwendung empfangende, nie erwachsen werdende »Jungen« hingestellt, von denen im Gegenzug auch viel verlangt werden darf (Brockhaus 1991, S. 58). Angesichts des Todes wird nun die Verpflichtung zum Freude-machen-Müssen zur bitteren und enttäuschten Anklage.

Die Mutter verwandelt das Zimmer des Sohnes in eine Reliquie, gewinnt endgültig die Verfügungsgewalt über sein Territorium, kann beliebig Staub wischen – »bleibe immer und immer unser geliebter, anständiger, sauberer Junge« (S. 116) – und *sich selbst* in ihm huldigen.

Was hätte sie getan, wenn der Sohn lebendig zurückgekommen, aber widerspenstig, widerständig gewesen wäre, sein Zimmer beliebig abgeschlossen oder unaufgeräumt hinterlassen hätte? *Nur das Tote wird verehrt, das Lebendige übergangen.* Das Tote ist brauchbar, weil es total verfügbar ist, genau das ist bei Lebendigem ausgeschlossen.

»Stolz« ist das meistgebrauchte Wort der Mutter für ihren Sohn. – Damit ist sie kein Einzelfall. »Mit stolzer Trauer« war die Standardeingangsfloskel nationalsozialistischer Traueranzeigen. – Der Brief des Kommandeurs gerät in den Augen dieser Mutter zum Heldenlied, an dem sie durch ihre Mutterschaft aktiv teilhat: »Wie stolz sind wir über das schöne Urteil Deines Kommandeurs, wie hätten wir uns unbeschreiblich gefreut, das zu hören, wenn Du noch gelebt hättest. Nun ist es mir wie ein Heldenlied für Dich geworden, und ich bin so stolz auf meinen lieben, tapferen Jungen.« (S. 134) Dieser stolzerregende Sohn kann nun endgültig ein Teil von ihr bleiben: »Sieh, Dicker, mir hast Du doch am meisten gehört, und kein Mensch auf der Welt kann Dich so liebhaben wie Mutti.« (S. 134f.) Der Heldentod des Sohnes und

»Reichsparteitag des Sieges«, September 1933 in Nürnberg

die stolze Heldenmutter erscheinen als konsequenter Endpunkt der mütterlichen Vereinnahmung.

Neben der erschreckenden Gefühlskälte und Härte der Mutter stehen scharf akzentuiert und zusammengehörig die »falschen« Gefühle der Verzückung, die unechten Gefühlswallungen, die sich am »Heldenbegräbnis« und am Nachruf des Kommandanten manifestieren.

Diese »Heldenmutter« war kein Einzelfall fehlgeleiteter mütterlicher Fürsorge. Auch Finckhs Protagonistin Tärres geht nach ihrer BDM-Zeit »in ihren Kindern auf«:

> »Bald schon war sie auch im Privaten wieder Gefühlen erlegen, die ihr von außen befahlen, was sie zu tun habe; sie mißtraute eigener Entfaltung und floh in die Hülle, die sich ihr bot. Die Hülle hieß *Mutter*.
>
> Sich selbst sein zu wollen, ist egoistisch, lernte die Mutter. Du bist nichts, Familie ist alles. Je aufopfernder du lebst, desto besser bist du.« (Finckh 1987, S. 90)

Ihre Kinder müssen sich über Nichtgewünschtes freuen, *sollen wollen*. »Sie wußte nichts von der Freiheit eigener Wahl. Selbst etwas zu wollen, ist ein zu frühes Banngefühl für sie gewesen.« (S. 190)

Die Naziideologie scheint grade für Frauen, die früh entwertet wurden und Verzicht üben mußten (für die »wertvolleren« Brüder?), eine große Verführungskraft besessen zu haben. Objektiv wurde ihre Lage nicht verbessert, aber in der Identifizierung mit Hitler und der großdeutschen Idee fand illusionär die Aufwertung statt.[12]

»Der eingefrorene Dünkel«:
Aufwertung in nationalsozialistischen Gruppierungen

Die Sozialisation durch ideologiegetriebene, von falschen Gefühlen beherrschte Eltern hinterläßt Beschädigungen beim Heranwachsenden, die sich auch auf die Phase der zweiten Chance, die Adoleszenz, auswirken.

Wenn Eltern sich aufgrund ihrer eigenen narzißtischen Defizite ihrer Kinder bemächtigt haben, können sie diese in der Pubertät nicht vertrauensvoll loslassen, können auch die notwendigen Abgrenzungskämpfe der Jugendlichen nicht ertragen.

Nun ist die Sozialisation im allgemeinen nie so lückenlos, daß Jugendliche nicht schon aufgrund neuer Triebempfindungen doch Neues ausprobieren, sich auf unvertraute Pfade wagen. Die Suche nach neuen Bindungen und Weltanschauungen, die die unsicheren Identitätsgefühle des Jugendlichen stützen sollen, führt zu eher zufälligen, ungeplanten Kontakten, die oft schnell wieder aufgegeben werden und neuen Platz machen. Das unentschlossene, nicht zielgerichtete Schweifen, Ausprobieren und Weitersuchen ist charakteristisch für diese Phase. Wenn in dieser Zeit Neues ausprobiert wird und dabei erneut narzißtische Kränkungen auftreten, ist die Versuchung, zum Altbekannten, von den Eltern her Vertrauten zurückzukehren, groß. Als Beispiel dafür kann eine Sequenz in Kipphardts Schauspiel »Bruder Eichmann« (1983) gelten. Als Quelle benutzte Kipphardt die Protokolle der Verhöre 1960/61 in Israel.

Eichmann war Mitglied des Jungfrontkämpfer-Verbandes, einer Jugendabteilung des Deutschösterreichischen Frontkämpferverbandes. Später trat er als junger Vertreter, noch zu Hause bei seinen Eltern lebend, der »Schlaraffia« bei, einer den Freimaurern nahestehenden Vereinigung, die die Verbreitung des Humors und humoristischer Reden zum Ziel hatte. Nach der Sitzung mit einem Heimathumoristen ging die Gemeinschaft in eine Gaststätte, »und, weiß der Teufel, mich jungen Dachs ritt damals etwas, daß ich – ich wurde sicherlich nachher rot bis über beide Ohren vor Scham – daß ich, entgegen meiner Erziehung, nämlich versuchte, die Tischgesellschaft zu einem Wein einzuladen und das als Jüngster.« (1986, S. 17)

Zur Adoleszenz gehört eine ausgedehnte Phase von erhöhtem Narzißmus und der Angst vor dem Verlust des Selbstwertgefühls (Jacobsen 1978, S. 189ff.). In dieser an sich harmlosen, aber für Eichmann offensichtlich äußerst peinlichen Situation fehlte der kulturelle Raum für die selbstverständliche Möglichkeit und Menschlichkeit von Fauxpas' (ganz abgesehen vom Wissen über die Zeit- und Kulturbedingtheit von Umgangsformen) und die »elterliche« Berücksichtigung der Neigung von Adoleszenten zu Minderwertigkeits- und Schamgefühlen. Vielleicht mißverstand der unsichere Eichmann aber auch die Situation als kompromittierend, und die Reaktion der Beteiligten war in der Grundtendenz eher wohlwollend als hämisch. Eichmann, der äußerst streng zur Anpassung an die gesellschaftlich herrschenden Normen erzogen wurde (z. B. wurde das Gradesitzen bei Tisch mit Hilfe eines zwischen den Armen und dem Rücken durchgezogenen Kochlöffels erzwungen, Kipphardt 1986, S. 29), bricht nach dieser Kränkung beschämt und *ohne Bereitschaft zum Sich-Behaupten und zur Durchsetzung* den Kontakt zu dieser Vereinigung ab. Er sucht sich eine »neue« alte Weltanschauung und findet sie durch Kontakte des Vaters zu Kaltenbrunner bei der SS.

In den nationalsozialistischen Verbänden wurde die für die Adoleszenz notwendige Unsicherheit, die allerdings für schon früh im Selbstgefühl erschütterte Menschen kaum auszuhalten ist, aufgehoben. Tärres, die jugendliche BDM-Führerin, »hatte nur noch ihre Jungmädel, die sie führte. Wenn sie alle Kraft einsetzte, sie nach ihrem Bilde zu formen, wäre sie vielleicht nicht mehr so einsam. Zusammen mit ihnen, ausgerichtet in sichtbarer Uniform aber würde sie auch Macht gewinnen.« (Finckh 1987, S. 52) Die *Verführung zur Macht* war in den nationalsozialistischen Jugendverbänden sehr groß. Objektiv überforderte die Jugendlichen die Verantwortung, aber die verliehene Macht kompensierte die typischen pubertären Selbstzweifel. Tärres nationalsozialistischer Kamerad Ralph aus der HJ »erzählte von seinem Jungstamm. Fünfhundert Jungen waren das, und er war doch gerade erst siebzehn geworden. Er ist wie ich, dachte Tärres glücklich. Er lebt nur fürs große Ziel.« (S. 43)

Im Nationalsozialismus konnten Größenphantasien ungehemmt ausgelebt werden. Das war eine äußerst verführerische Möglichkeit zur Kompensation von Kleinheitsgefühlen. In einer Untersuchung der Beteiligung von Dorfbewohnern am Nationalsozialismus wird in Gesprächen mit einem ehemals nationalsozialistischen süddeutschen Bauern und die Reflektion darüber die Verführungskraft des Nationalsozialismus deutlich:

> »Plötzlich stand der ›Baurebub‹ in einer, nein: in *der* weltgeschichtlich-endzeitlichen Bewegung, an der sich das Schicksal der Menschheit entscheiden sollte. Dieser Größenwahn war durch 2 Bestandteile gekennzeichnet, der eine mehr bewußtseins- der andere eher triebmäßiger Art. Er unterschied erstens den gesamten Weltverlauf nach einem grellen Schwarzweißschema, es gab angeblich Menschen, die mit den wahren Menschen nur das Aussehen gemeinsam haben, Personwerdungen des Bösen sind. Dies deutet auch schon das zweite Kennzeichen des Größenwahns an: Er war durch und durch aggressiv, denn er hatte ja die weltgeschichtliche Aufgabe des rücksichtslosen Kampfes gegen die Bösen vor sich.« (Karle 1980, S. 182f.)

Im Kampf gegen das »Böse« fand die eigene Aufwertung statt. Sichtbar wurde die Aufwertung in der großdeutschen Idee durch die »mitreißende, unerhörte, buchstäblich großartige Erfahrung« (S. 183) der Aufmärsche und Demonstrationen, die den »üblichen Alltag, das alltägliche Empfinden und das empfindliche Sichmühen unendlich weit hinter sich« ließ (S. 184). Hier treten wieder die *rauschhafte Selbsterweiterung und -erhöhung* und die Ichregression auf, die auch der junge Kadett v. Salomon erlebte, und die zu dauerhaften Charakerzügen werden können. Die nationalsozialistische Ideologie »hat, was die kindlich erlebte Erwachsenenautorität hatte: Sie braucht sich durch nichts zu legitimieren und ist darum auch durch nichts in Frage zu stellen.« (S. 184) In der Identifizierung mit dieser Macht ist der Nationalsozialist vor seinen nagenden Selbstwertzweifeln geschützt, geradezu »im Stande Gottes«, wie es ein SS-Offizier ausdrückte.[13] Der sakrale Ausdruck benennt das Gefühl der Selbsterhöhung narzißtisch verletzter Menschen in der Identifizierung mit der idealisierten Idee.

Kogon, der selbst im KZ SS-Schergen ausgeliefert war, bezeichnet die Mitglieder der SS als »Tiefunzufriedene, Nichterfolgreiche, durch irgendwelche Umstände Zurückgesetzte« (1945/1974, S. 346). Auch Adorno (1973, S. 328ff.) sucht sich die Beispiele für die Typologie der pathologischen autoritären Strukturen aus den Reihen der SS. Die Ideologie des Nationalsozialismus mit ihrer Idee der Herrenrasse und ihren Welteroberungsplänen bot für alle Menschen mit dieser Persönlichkeitsstruktur die Kompensation des beschädigten Selbst unter der Aufgabe der Autonomiewünsche an.

Wir gegen alle: Die narzißtische Wut

Unzweifelhaft war der Nationalsozialismus eine ausgesprochen aggressive Ideologie. Als letzter Teil in den Ausführungen zur narzißtischen Grundproblematik verdient die hochaggressive Komponente narzißtischer Verletzungen Beachtung. Kohut behandelt sie gesondert in einem eigenen Aufsatz (1971b). Der narzißtischen Wut »begegnet man nicht in Form wilden, regressiven und primitiven Verhaltens, sondern in Form ordnungsgemäßer organisierter Handlungen, bei denen die zerstörerische Aggression des Täters mit der absolutistischen Überzeugung von seiner eigenen Größe und mit seiner Hingabe an archaische allmächtige Figuren verschmolzen ist.« (S. 533)

Charakteristisch ist das Bedürfnis, *ein vermeintliches Unrecht unter allen Umständen verfolgen und auslöschen* zu müssen. Diesem Gefühlssturm vorausgegangen ist eine narzißtische Kränkung, z. B. verächtliche Behandlung, Lächerlichgemachtwerden, öffentliches Erleiden einer Niederlage, die unter allen Umständen heimgezahlt werden muß. Sowohl die narzißtische Kränkung als auch die narzißtische Wut rühren aus der frühen Zeit der archaischen Wahrnehmung der Realität, als Selbst und Objekt noch nicht als getrennt voneinander wahrgenommen wurden. Kohut unterscheidet die reife und die narzißtische Aggression nach der Fähigkeit, den Gegner entweder als ein getrenntes Gegenüber zu erleben oder »als *Fehler in einer narzißtisch wahrgenommenen Realität* – er ist für ihn ein widerspenstiger Teil seines erweiterten Selbst (expanded self)« (S. 540).

»Diese archaische Erlebnisweise erklärt die Tatsache, daß diejenigen, die von narzißtischer Wut besessen sind, nicht das geringste einfühlende Verständnis für ihren Beleidiger aufbringen können. Sie erklärt weiterhin nicht nur die Unabänderlichkeit des Wunsches, die Beleidigung, die dem grandiosen Selbst zugefügt wurde, zu tilgen, sondern auch die Unversöhnlichkeit der Wut, die aufkommt, wenn die Kontrolle über das widerspiegelnde Selbst-Objekt verlorengeht oder wenn das allmächtige Selbst-Objekt nicht verfügbar ist.« (S. 541)

In der Therapie narzißtischer Persönlichkeitsstörungen besteht folgerichtig ein wichtiges Heilungsindiz in der Fähigkeit, sich in die Wut auslösende Person einfühlen zu können, sie also als getrennt von sich zu erleben (S. 548).

Kohut bezieht sich in seinen Ausführungen mehrfach auf den Nationalsozialismus (S. 515, S. 518, S. 533) und postuliert, daß Gruppierungen nicht nur durch ein gemeinsames Ich-Ideal definiert werden können (Freud 1921), »sondern auch durch die von ihnen geteilte subjektgebundene Grandiosität, d.h. dadurch, daß dasselbe grandiose Selbst zum Gemeingut der Gruppe geworden ist.« (Kohut 1971b, S. 552) Alles, was dem grandiosen Selbst entgegensteht, wird gnadenlos verfolgt.

»Die niedergehaltenen, aber nicht modifizierten narzißtischen Strukturen werden jedoch intensiviert, wenn sie daran gehindert werden, sich auszudrücken. Sie durchbrechen dann plötzlich die brüchigen Kontrollen und führen zu ungehemmter Verfolgung grandioser Ziele und zu widerstandsloser Verschmelzung mit omnipotenten Selbst-Objekten – nicht nur bei Individuen, sondern bei ganzen Gruppen. Ich brauche nur auf die erbarmungslos durchgesetzten Ambitionen Nazi-Deutschlands zu verweisen und auf die totale Hingabe der deutschen Bevölkerung an den Willen des Führers, um das, was ich im Sinne habe, durch ein Beispiel zu erläutern.« (S. 518)

Auch der Narzißmus der Gruppe kann regredieren. »Diese Regression führt dann häufig zu offenen oder verhüllten Gruppenaggressionen, die bald mehr und mehr als Ausdruck akuter oder, noch schlimmer, chronischer narzißtischer Wut erkennbar werden.« (S. 553)

Im Nationalsozialismus war das grandiose Gruppenselbst das Ideal »Germanische Hochrasse«, verkörpert in der Figur Adolf Hitler. Daß seine Körperlichkeit diesem Ideal überhaupt nicht entsprach, wurde leicht »über-sehen«, z. B. wurde er in der Zeitschrift *Die Sonne* neben einer eindeutigen Photographie als »blond und blauäugig« beschrieben (Mosse [1964] 1991, S. 118). Die narzißtische Wut dagegen richtete sich auf die Selbstobjekte Kranke, Schwache, »Zigeuner«, »bolschewistische Untermenschen« und ganz besonders gegen die Juden. Gerade das grenzenlose Ausagieren (Verfolgung über die gesamte verfügbare Welt) ist ein Indiz für die narzißtische Wut.

Die Auswirkung totalitärer Herrschaft auf das Individuum

Die Aufrichtung einer »tyrannischen Instanz« im Überich

Kennzeichnende Merkmale totalitärer Herrschaft sind Kontrolle und Gewalt. Die Kontrolle über die Menschen, Institutionen und sozialen Orte ist allgegenwärtig, absolut und entspricht dem Ausmaß der angewendeten Gewalt, die dazu dient, Auflehnung zu unterdrücken und die erreichte Machtfülle zu erhalten.

Das totalitäre Regime bleibt dabei nicht – eindeutig ortbar – im Außenbereich, im »Dritten Reich« z. B. bei der Gestapo, der Partei und den Blockwarten. In diesem Fall wären Abgrenzungen leichter möglich gewesen. Nein, Spitzel und Denunzianten konnten sowohl überall in der Öffentlichkeit unsichtbar vorhanden sein mit der möglichen Folge einer Verurteilung zum Tode (Schubert 1990), als auch in die Intimität und den Rückzugsort der Familie eindringen. Der Nationalsozialismus hob zwar die Bedeutung der Familie als »heiligen Ort« hervor, betonte die formale Vatermacht und die mütterlichen Aufgaben, z. B. durch die Verleihung des »Mutterkreuzes« an vielfache Mütter, und schützte damit scheinbar die Familie. Doch der Schein trog. Die Familie wurde gnadenlos instrumentalisiert:

> »Aber das Erziehungsrecht haben sie ihr letztlich entzogen und die Kinder in ihren Jugendorganisationen HJ und BDM *direkt* dem Gehorsam zum Führer verpflichtet. Im Konfliktfall zwischen Führer und Familienanspruch wurde das Kind angehalten, Spitzel im Dienst des Führers gegen die Eltern zu sein. ...
> Indem der Familie so genommen wurde, was allein ihre menschliche Substanz ausmachen könnte, Ort von Beziehungen, Ort einer Kommunikation, Ort eines Schutzes zu sein, wurde sie zur Terrororganisation formaler Herrschaft.« (Theweleit 1986, Bd. 2, S. 288f.)

Das »offene Wort« zur Entlastung vom äußeren Druck konnte selbst im Kreis der Familie nicht mehr risikolos gewagt werden. Selbst »harmlose« Tätigkeiten wie das Hören von Auslandsnachrichten mußten aus Selbstschutz vor der Familie verborgen werden und auch, um Kinder und Jugendliche vor nicht lösbaren Loyalitätskonflikten zu bewahren.

Ein einfaches, aber äußerst wirkungsvolles Kontrollinstrument im Nationalsozialismus war der vielfach am Tag zu übende Hitlergruß. Der Psychoanalytiker Bettelheim zeigt die für das Ich und das Überich verhängnisvollen Folgen dieses Grußes auf, der dem überzeugten Nazi den eigenen Wert und den Einklang mit der Staatsgewalt bestätigte, dem Regimegegner aber jedes Mal, »wenn er jemanden in aller Öffentlichkeit auf diese Weise begrüßte, die Erfahrung, daß sein Ich erschüttert und seine Integration geschwächt« war, vor Augen führte. (Bettelheim 1952, S. 332)

Der Haß auf das Regime, das das Ich so demütigte und in die permanente Zwangslage brachte, zu gehorchen und die eigene Überzeugung zu verraten oder öffentliche Stigmatisierung und Strafe bis zum Tod zu riskieren, blieb ohne eine Gruppe Gleichgesinnter und konkreten Widerstand ziellos, einsam, ohnmächtig und wandelte sich in Selbsthaß, der die Selbstachtung angriff und zu zerstören drohte (S. 337). Um diesem identitätsgefährdenden Mechanismus zu entgehen, nahm das Ich Kontakt zu den gehaßten Normen auf, sah Vorteile in ihnen und arrangierte sich. Schließlich bekannte sich der Betroffene zum totalitären Regime und stellte seine Identität im Einklang mit der Umgebung wieder her (S. 341). Der Nationalsozialismus benutzte nicht nur das Machtmittel Hitlergruß, sondern griff mit seinem politischen Instrumentarium allumfassend in die inneren Verhältnisse des Menschen ein und demonstrierte ihm seine Abhängigkeit.

Durch totalitäre Regime werden frühkindliche Konflikte im Individuum reaktiviert. In dem Maße, in dem die verhaßte, Gewalt ausübende Herrschaft es dem Individuum unmöglich macht, sich gegen sie zur Wehr zu setzen, wird die nach außen nicht abführbare Aggression nach innen genommen und durch den Abwehrmechanismus der Identifizierung mit dem Aggressor neutralisiert. Dieses unbewußt gemachte Aggressionspotential ist eine wichtige Quelle für die Faszination der Gewalt, die zusätzlich verführbar macht für die Unterordnung.

»All die verdrängte Wut, die die vielen, uns von der Herrschaft zugefügten Kränkungen hinterlassen haben; all die verdrängte Scham über die Kompromisse, die wir eingehen mußten, um von der Herrschaft anerkannt zu werden oder um auch nur von ihr in Ruhe gelassen zu werden – all das kehrt (entsprechend verändert) in der Faszination der Gewalt zurück. Das unbewußt Gewordene ist ja nichts Unwirksames, es bedrängt immer von neuem das Bewußtsein und wird schließlich, vermittelt über die Identifikation mit dem Stärkeren, als Faszination von dessen Gewalt durchgelassen. Wir möchten an der Gewalt, deren Effizienz wir an uns selber erfahren haben, teilhaben, aber nicht als Opfer, sondern als Täter.« (Erdheim 1987, S. 280)

Totalitäre Regime begnügen sich nicht wie autoritäre mit äußeren Pflichtleistungen der Untertanen wie drakonische Abgaben oder Huldigungen, sondern sie fordern den Menschen *total* und beanspruchen auch seine Seele.

Der Nationalsozialismus begann unmittelbar nach Beginn seiner Herrschaft sehr konsequent mit dem Seelenfang bei den für »neue« Ideen empfänglichen Kindern und Jugendlichen. Möglichst umfassend wurden sie unter Ausschaltung aller bisher existierenden Kinder- und Jugendorganisationen in den nationalsozialistischen Verbänden geschult.

Hitler selbst propagierte in einer Rede am 2. Dezember 1938 in Reichenberg die totale Erfassung des Menschen:

»Diese Jugend, die lernt ja nichts anderes als deutsch denken, deutsch handeln. Und wenn nun dieser Knabe und dieses Mädchen mit ihren zehn Jahren in unsere Organisationen hineinkommen und dort nun so oft zum erstenmal überhaupt eine frische Luft bekommen und fühlen, dann kommen sie vier Jahre später vom Jungvolk in die Hitlerjugend, und dort behalten wir sie wieder vier Jahre, und dann geben wir sie erst recht nicht zurück in die Hände unserer alten Klassen- und Standeserzeuger, sondern dann nehmen wir sie sofort in die Partei oder in die Arbeitsfront, in die SA oder in die SS, in das NSKK [= NS-Kraftfahrerkorps] und so weiter. Und wenn sie dort zwei Jahre oder anderthalb Jahre sind und noch nicht ganz Nationalsozialisten geworden sein sollten, dann kommen sie in den Arbeitsdienst und werden dort wieder sechs und sieben Monate geschliffen, alle mit einem Symbol, dem deutschen Spaten. Und was dann nach sechs oder sieben Monaten noch an Klassenbewußtsein oder Standesdünkel da oder da noch vorhanden sein sollte, das übernimmt dann die Wehrmacht zur weiteren Behandlung auf zwei Jahre. Und wenn sie dann nach zwei oder drei oder vier Jahren zurückkehren, dann nehmen wir sie, damit sie auf keinen Fall rückfällig werden, sofort wieder in die SA, SS und so weiter. Und sie werden nicht mehr frei, ihr ganzes Leben.« (zitiert in: v. d. Grün [1979] 1981, S. 101)

196

Diesem grausigen »Und sie werden nicht mehr frei, ihr ganzes Leben«-Anspruch geht Waelder (1967) am Beispiel der Gehirnwäsche nach.

Die Gehirnwäsche erzwingt durch die ständige sprachliche Wiederholung relevanter Dogmen, verbunden mit physischem Zwang, die Anpassung: »Was die Menschen immer und immer wieder sagen müssen, das glauben sie am Ende auch.« (S. 857) Das Ich gehorcht, paßt sich auch innerlich den äußeren Vorgaben an und gibt seine Autonomie auf. Genau diese entindividualisierten »brauchbaren« Menschen sollen erzeugt werden.

Darum bauen totalitäre Systeme als erstes ein ausgeklügeltes Propagandasystem auf und heben sofort die Meinungs- und Pressefreiheit auf. Hitler schrieb 1926 in seinem Programm *Mein Kampf*: »Bei jeder wirklich größeren revolutionären Bewegung muß die Propaganda zuerst deren Ideen verbreiten. So wird sie unermüdlich versuchen, den Anderen die neuen Gedanken klarzumachen, sie zu sich zu ziehen oder zumindest ihre früheren Überzeugungen ins Wanken zu bringen.« (zitiert in: Mosse [1966] 1978, S. 28)

Die Parteiorganisation hatte die Propaganda für die neue Weltsicht zu leisten und sie nach der Machtübernahme den Menschen aufzuzwingen. Hitler hat die Bedeutung der Propaganda und ihrer Verbreitung durch willfährige Parteimitglieder genau gesehen, die Hälfte seines Buches *Mein Kampf* beschäftigt sich mit der Organisation und den Aufgaben der Partei.

Wenn ein totalitäres System seine Machtmittel Propaganda, totale Organisation, Geheimpolizei, Folter, Sondergerichtshöfe und Konzentrationslager einsetzt, kann das Individuum nicht mehr in die »innere Emigration« flüchten und unbeschadet bleiben. Die gewünschte Infantilisierung verändert die Persönlichkeitsstruktur:

»Wenn man – wie Kinder in den Händen ihrer Eltern – sich völlig hilflos in der Hand einer organisierten Staatsmacht befindet und gleichzeitig wie ein widerspenstiges Kind behandelt und bestraft wird, kann leicht eine Regression zu infantilen Verhaltensweisen stattfinden. Die Machthaber werden dann mit der gleichen moralischen Autorität bekleidet werden, die das Kind in seinen Eltern gesehen hatte. Durch die Wiederbelebung kindlicher Verhaltensweisen können Strukturen, die bereits völlig ausgeprägt und festgelegt waren, wieder in Fluß geraten, und so wird eine weitgehende Neu-Prägung des vorhandenen Über-Ichs, den Anforderungen der gegenwärtigen Autorität entsprechend, möglich. Die Neuprägung des Über-Ichs geht wie die ursprüngliche vor sich: damals ist das Leben des Kindes leichter geworden von dem Moment an, in dem es die von den Eltern aufgestellten Normen angenommen und sich zu eigen gemacht hatte.« (Waelder 1967, S. 859)

Mit dem Aufgeben der Gedankenfreiheit nimmt die Ohnmacht ab: Das Individuum ist nicht mehr das vom Starken mißhandelte Schwache, sondern hat seine mißliche Lage durch – nach seinem Empfinden – *eigene* Fehler verursacht und kann sich durch totale Anpassung verbessern.

Die Propagandawirkung reicht weit und dringt tief in die Psyche ein. Selbst in schon aussichtsloser Lage können totalitäre Regime die Realität noch umdeuten. Ein damals Siebzehnjähriger erinnert sich heute an die Zeit nach seiner Einberufung 1945. Die Front der Alliierten zog sich immer enger im Land zusammen, es war klar, daß die Niederlage nicht mehr aufzuhalten war. Neben der Einübung in den Waffengebrauch fanden regelmäßig ideologische Schulungen statt. Ungläubiges Kopfschütteln heute: »Wenn wir da wieder rauskamen, glaubten wir wieder an den Endsieg – und dabei hörten wir doch sozusagen schon von allen Seiten den Gefechtslärm. Wir waren eingekesselt und wußten, daß wir da nicht mehr rauskamen.«[14]

Das Eindringen der Herrschaft ins Innere des Individuums geschieht durch die Aufrichtung einer, von den südamerikanischen Psychoanalytikern Amigorena und Vignar so genannten »tyrannischen Instanz«, die das Überich »als verinnerlichtes System von Kontrollen, Hierarchien und Überwachungen« ergänzt (Amigorena, Vignar 1979, S. 610). Die unterdrückende Umwelt ruft die frühe Kindheit mit »der Angst vor den grausamen primitiven Objekten« zurück, »bemächtigt sich der Innenwelt und bedient sich der archaischsten Mechanismen des psychischen Apparats, um das Selbst zu lähmen« (S. 165f.). Sehr eindrücklich beschreiben die Autoren, wie unter der Folter die Identität eines Menschen zerstört wird, aber auch in einem Beispiel, wie ansatzweise eine Identitätsbewahrung durch die Vorstellung des guten inneren Objekts in der Gestalt der imaginierten Rebellengruppe, zu der das Opfer gehört hatte, möglich war, allerdings um den Preis (zeitweiligen) Wahnsinns.

Das totalitäre Regime läßt den *selbstbestimmten*, *eigenverantwortlichen* Abstand zum System, der auch Ab- und Auflehnung implizieren könnte, nicht mehr zu. In der totalen Abhängigkeit tritt psychisch die Regression mit verschwimmenden Ichgrenzen ein. Das Regime ist nicht mehr *im Außen* eindeutig auszumachen. »In der Regression hingegen verliert die Herrschaft diesen Objektcharakter. Kann man innen und außen nicht mehr unterscheiden, so ist auch Herrschaft nicht mehr ortbar.« (Erdheim [1982] 1984, S. 434)

Damit hat das Regime sein Ziel, seine Ideologie allen Unterworfenen einzupflanzen, erreicht. »Eine festgefügte Instanz wird möglichst haltbar im Unbewußten etabliert und sorgt von innen her dafür, daß die Individuen automatisch das wünschen und tun, was ihre Herrscher wollen, und das fürchten und vermeiden, was den Oberen zuwider ist.« (Parin 1990a, S. 129f.)

Der Anpassungsmechanismus Uniform

Das totalitäre Regime des Nationalsozialismus manifestierte sich auch in der Zunahme der Uniformen. Das Parteiabzeichen am Rockaufschlag und stärker noch die Uniform sicherten die Zugehörigkeit zum allmächtigen System. Kaschuba und Lipp (1980) zeichnen am Beispiel eines fränkischen Dorfs das

Eindringen der nationalsozialistischen Ideologie in die Dorfgemeinschaft nach.

Die Partei bediente sich der vorhandenen Festtage und fügte neue – Sonnwendfeiern, Heldengedenktage, Jahrestage nationalsozialistischer Besonderheiten – hinzu, um ihre Macht zu demonstrieren. Die Vereine wurden der nationalsozialistischen Idee zugeordnet und gleichgeschaltet: »Ständig ist Einsatz, wird Aktivität und Engagement verlangt; allein im März 1935 hat die [SA-]Kapelle des Musikvereins jedes Wochenende ihren Auftritt, beteiligt sich an der Turnvereins-, NSDAP- und Saarfeier, am Heldengedenktag und dem Aufmarsch der Musiker in der Kreisstadt.« (S. 143) Jeder Auftritt findet in Uniform statt, 1934 wird die HJ-Uniform selbst für die Kommunionskinder in der Kommunion zugelassen. Uniformen sind schon zu diesem frühen Zeitpunkt auch in der Kirche zu einem gewohnten Anblick geworden (S. 130).

Die Propaganda nutzte die in der Gesellschaft vorhandene Bereitschaft, Uniformen Respekt zu zollen (Preußens lange Kerls, kaiserliche Garde) für *die* Uniform, die Parteiuniform. Das begann bei den Kindern. Finckh (1987) beschreibt den Initiationsritus beim Bund Deutscher Mädel:

»Sie trug einen dunkelblauen Rock, der schwer an den Knöpfen einer weißen Bluse hing, und sie war darin den andern Mädchen gleich. In dieser Kleidung fühlte sie sich auf betörend einfache Weise sichtbar. Sie gehörte nun einem strahlenden Wir an, das dem Einen, der allein Ich sagen durfte, diente. Der Eine, das war der Mann im Bild an der Wand des Klassenzimmers, der Hitler hieß, den man aber Führer nennen mußte. Tärres fühlte sich stolz und furchtbar wichtig, als die Führerin, die erst stramm neben der Kolonne singender Mädchen hermarschiert war, später beim Fackelschein zu ihnen sprach. Während sie ihr und andern Zehnjährigen das schwarze Halstuch umlegte und durch den engen Lederknoten zog, sagte sie: *Jungmädel, euer Leben gehört fortan dem Führer.*« (S. 31)

Was geschieht innerpsychisch bei diesem Ritus?

Durch das Anlegen der Uniform wird die Person zur Rollenträgerin. Sie verkörpert die Ideale und Ziele der Partei und wird mit ihnen identifiziert. Mehr noch, das Ich identifiziert sich mit der Rolle, es ist von der mühsamen Aufgabe des eigenverantwortlichen Handelns entbunden.

»Man ist nicht mehr allein, Ängsten ausgesetzt, und die Abwehr gegen frühkindliche Wünsche nach Geborgenheit und Zugehörigkeit ist entspannt. Man ist Rollenträger, nimmt teil an einer Institution, einer Gruppe. Was an Autonomie verlorenging, wird wettgemacht durch neue Arten von Befriedigung, die die Rolle bietet. Bevor das Ich sich auf seine ursprünglichen Bedürfnisse besinnen kann, muß es seine Angleichung erst rückgängig machen, die Autonomie zurückgewinnen, mehr Angst aushalten, den Aufwand, den jede Autonomie erfordert, verstärken.« (Parin 1977b, S. 117)

Gerade diese Möglichkeit wird im totalitären System weitgehend einge-schränkt.

Parin (1977a, 1977b) zeigt die Etablierung und Wirkungsweise von *An-passungsmechanismen* auf. Die Anpassung an die soziale Rolle durch die Ich-Identifizierung tritt nur dann ein,»wenn der Rolle in der Vorstellung der Umwelt und des Rollenträgers ein emotionaler Wert zukommt« (1977b, S. 121). Das hinter dem emotionalen Wert stehende zusammengehörige Ganze von Vorstellungen ist die Ideologie. Ich-Identifizierungen finden nur mit Rollen statt, die eine Ideologie verkörpern.

Die Ideologie stellt auch das Ich-Ideal bereit:»Das Streben nach dem Ichideal wird ersetzt durch das nach einem oft leichter erreichbaren Rollen-Ideal; sogar die Forderungen und Verbote des Überich lassen sich zum Teil durch Rollenanforderungen ersetzen, die von der Außenwelt Bestätigung er-fahren.« (S. 125) Der Anpassungsmechanismus wird vom Menschen als ich-synton erlebt und erfordert – anders als die Abwehrmechanismen – keine Be-setzungsenergie. »Die gesellschaftlichen Verhältnisse haben sich mittels identifikatorischer Anpassungsmechanismen in seinem eigenen Ich installiert und manipulieren ihn von innen her.« (S. 133)

Totalitäre Regime fordern die Identifizierung mit der positiv besetzten Rolle immer vor dem Hintergrund einer negativ besetzten. Wer nicht dazuge-hören will oder vom System ausgestoßen wird, kann jederzeit als »Volks-schädling« kenntlich gemacht werden. Das gilt auch für den Anpassungs-mechanismus Uniform.

»Vor dem dunklen Hintergrund zersorgter Einzelner hatte die strahlende Einheit ihrer weißen Blusen sich siegesfroh abzuheben. Sonst hätte ein an-deres Wir: Kriegsgefangene, Sträflinge, Ostsklaven, Juden, das Straßen-bild zu beschämend verdüstert. In immer längeren Zügen schlurften sie dahin, verhärmt und fast verhungert, doch die Formeln auf ihren Rücken, das PW, die Häftlingsnummer, das O oder gar der grellgelbe Davidsstern verboten einem das Mitleid. Obwohl das verordnete Gewissen den Blick auf so viel gezeichnetes Elend verstellte, mußte das weißblusige Wir im-mer angestrengter dagegen ansingen.« (Finckh 1987, S. 42)

Die Identifizierung mit der sozialen Rolle, hier mit dem »Weißblusigen Wir« bietet narzißtische Befriedigung: Frustrationen werden vermieden, Sicher-heit, Aufstieg und Wert garantiert; denn hinter dem Anpassungsmechanismus steht die Macht des totalen Staates.

Gerade Adoleszente sind aufgrund ihres schwankenden Selbstwertgefühls anfällig für narzißtische Gratifikationen und begeistern sich leicht für äußere Erkennungszeichen, die die fehlende stabile Selbstbesetzung ersetzen sollen. Erhöht sich durch die Uniform die gesellschaftliche Achtung, ist die Verführ-barkeit für diese äußere Form besonders groß. Ein Beispiel dafür ist wieder die halbwüchsige Tärres. Wenn der Vater die Uniform bewundert, fühlt Tär-res sich als Person gesehen und bestätigt:

»Was bist du doch für ein Prachtsmädel geworden, rief er aus. Er bewunderte ihre grünglänzende Führerschnur, die vom braunen Lederknoten herab eine kleine Brücke zur Brusttasche schlug. ...

Als er vierzehn Monate später wieder in Urlaub kam und sie nun eine grünweiße Schnur trug, nannte er sie sogar sein tüchtiges Prachtsmädel.« (S. 48)

Die Ausrichtung auf das totalitäre Regime und das Leben über die Uniform und kleine Veränderungen an ihr, wie z.B. die »grünweiße Schnur« oder das Ritterkreuz, sind bedeutsame Ziele im totalen Staat, Folgen des permanenten Anpassungsdrucks und bekommen eine unangemessene Wichtigkeit im Leben des Individuums. Die Ich-Autonomie dagegen stellt nicht nur keinen Wert mehr dar, sondern würde das System bedrohen; sie wird daher mit den Gewaltmöglichkeiten des totalen Herrschaftssystems unterdrückt.

Die Massivität des Gewaltpotentials als auch die in die Persönlichkeitsstruktur vorstoßende »Eindringlichkeit« läßt leicht darüber hinwegsehen, daß sich nicht jeder Mensch vom Nationalsozialismus verführen und vereinnahmen ließ. Beispiele dafür sind die vielen Menschen, die trotz äußerer Bedrohung den Hitlergruß verweigerten und nicht denunziert wurden.[15]

Auch die Ideologie der »Tötung unwerten Lebens«, die Euthanasie, stieß auf vielfache Proteste in der Bevölkerung und kam u.a. aus diesem Grunde fast zum Stillstand (Lifton 1988, S. 102ff.).

Der totalitäre Staat kann den Druck nicht so lückenlos ausüben, daß er jedes Individuum vollständig erfaßt, und auch das menschliche Innovations- und Widerstandspotential läßt sich nicht total unterdrücken. Das Subjekt in seiner Lebendigkeit und Widersprüchlichkeit geht auch unter extremen Belastungen nicht ohne Rest in seinen gesellschaftlichen Bedingungen auf.

Der Hitlerjunge, der vergaß, die Fahne zu grüßen

Am folgenden literarischen Beispiel soll versucht werden, die in den vorangegangenen Kapiteln hergeleiteten Erkenntnisse zusammenfassend darzustellen.

Der Schriftsteller von der Grün berichtet ein Geschehen, das 1939 einem Klassenkameraden zustieß:

»Die Hitlerjugend unserer Kleinstadt zog im Marschtritt durch den Ort, vorweg der Spielmannszug mit Fanfaren und Trommeln, dahinter der Fahnenträger, dann die drei Züge. Mein Schulkamerad, selbst Hitlerjunge, konnte an diesem Tag nicht mitmarschieren, denn seine Mutter war krank, und er mußte für sie einkaufen gehen. Bevor er die Straße überquerte, ließ er die braune Kolonne, in der er nur zufällig nicht mitmarschierte, vorbei.

Es war Pflicht, die Fahne mit erhobenem Arm zu grüßen. Er vergaß es. Daraufhin rannte der Fähnleinführer aus der Kolonne und streckte den Jungen mit zwei Faustschlägen nieder, so daß er aus Mund und Nase blutete. Kein Wunder, denn der Fähnleinführer war achtzehn Jahre und stark, mein Schulkamerad gerade dreizehn und schmächtig.

Nirgendwo konnte er sich darüber beschweren, geschweige denn den Fähnleinführer wegen Körperverletzung anzeigen. Niemand hätte dem Jungen Recht gegeben – nicht umsonst hieß es in einem Lied der HJ: ›...denn die Fahne ist mehr als der Tod.‹ Die Fahne im Dritten Reich nicht zu grüßen war kein Vergehen, es war ein Verbrechen.« (v. d. Grün 1981, S. 141)

Eine Alltagsszene wird geschildert: Ein Junge hat seinen Auftrag im Kopf oder läßt seinen Gedanken freien Lauf, was für seine Altersstufe – Pubertät – sehr typisch wäre. Er achtet nicht auf seine Umgebung bzw. nur insoweit, daß er nicht in das Geschehen auf der Straße hineinläuft. Seine Gedankenverlorenheit kommt ihn teuer zu stehen: Ohne Vorwarnung liegt er blutend am Boden – und das in aller Öffentlichkeit, auch vor den Augen seiner vorbeimarschierenden Kameraden, deren Füße und Beine für den am Boden Liegenden bedrohlich hoch aufragen.

»Reichsparteitag des Sieges«, September 1933 in Nürnberg

Die Beschämung über die ins Körperliche eingedrungene, für alle sichtbare Strafe muß überwältigend gewesen sein und auch die daraus resultierende Wut auf den Angreifer, die nicht ausagiert werden konnte.

Es fehlte – und sollte fehlen – der kulturelle Raum für Mitleid und Mitmenschlichkeit, z. B. hilfsbereites Aufhelfen und Abklopfen der Kleidung, Taschentuchreichen, aufmunternde Worte, Rufe nach Vergeltung, die stellvertretend für das Opfer die Wiedergutmachung fordern, Pfiffe eines Polizisten und die Anklage des Schlägers und Gesetzesbrechers. – Stattdessen Lachen oder hämische Blicke ob der Tölpelhaftigkeit des Jungen, vielleicht auch Verachtung und sich abwendende, wegstrebende Körper.[16]

Der Junge bleibt mit seiner Kränkung und Wut allein und wird beschämt den Ort verlassen haben. Es ist unsicher, ob er in der Familie Trost und Verständnis gefunden hat. Vielleicht überwog die Erleichterung, daß der Fähnleinführer, da er die Strafe schon vollzogen hatte, wohl die Sache auf sich beruhen lassen würde, und der Vorfall wurde heruntergespielt. Vielleicht wurde aber auch in der Identifizierung mit dem Regime die Minderwertigkeit des pflichtvergessenen Sohnes beklagt und die öffentliche Beschämung im Intimitätsbereich der Familie fortgesetzt. Daß die Beschämung und Wut des Jungen – der narzißtische Bereich – Platz gefunden haben, erscheint bei dem Fehlen eines kulturellen Raums für genau diese Gefühle unwahrscheinlich.

Gehen wir davon aus, daß auch dieser Junge in der analen Entwicklungsphase gesamthaft ein geschlossenes, an abstrakte Wertvorstellungen gekoppeltes Introjekt in sich aufgenommen hat, das seine Überichbildung beeinflußte, so wird er sich schärfstens verurteilen und quälende Gewissensbisse wegen seines unaufmerksamen Verhaltens gehabt haben. In Zukunft wird er in der Identifizierung mit dem Aggressor am Straßenrand strammer stehen als bisher, wenn die Fahne vorbeigetragen wird. Die sekundäre Identifizierung mit dem äußeren Überich und die Schwächung des Ichs wären vollzogen.

Gehen wir auch davon aus, daß in seiner Kindheit frühe Beschämungen die genügende Besetzung des Selbst unmöglich gemacht haben, dann wird die öffentliche Demütigung und der Gedanke daran die narzißtische Kränkung wieder wachrufen. Die narzißtische Wut sucht sich ein Ventil. Nach innen genommen würde sie selbstzerstörerisch wirken, nach außen gewendet findet sie dagegen vom totalitären Regime legitimierte Opfer. Die nationalsozialistische Ideologie war eine äußerst verführerische Ideologie für narzißtisch gekränkte Menschen, weil sie die dringend gesuchte Aufwertung *und* die Erlaubnis zum Ausagieren der narzißtischen Wut bot.

In Rechnung gestellt werden muß auch die Bedeutung des äußeren Symbols, der Fahne. Gerade die notwendigerweise in ihrem Selbstwertgefühl schwankenden Jugendlichen entlehnen oft äußere Statussymbole, um sich über sie (zeitweise) zu definieren und sich eine neue Identität aufzubauen. Das Lied »...denn die Fahne ist mehr als der Tod« deutet die narzißtische Selbsterweiterung an, die über das »Wir alle unter dieser Fahne« die Begrenztheit des Selbst aufhebt. Solange die Fahne weht, ist das im Gruppengeist aufgehobene Selbst lebendig, auch wenn der körperliche Tod längst eingetreten ist.[17]

Wenn der Dreizehnjährige sich in dieser Weise über die Fahne die Bestätigung seines Selbst holte, wäre ihre »Mißachtung« für ihn ein unverzeihlicher Fehler gewesen, hätte er doch damit sein Gruppenselbst mißachtet. Und wenn dieser Schüler nicht so empfände, so doch sicher ein Teil der vorbeimarschierenden Mitschüler. Auch die Faustschläge des Fähnleinführers resultierten wahrscheinlich aus der Quelle: Wer die Fahne nicht grüßt, mißachtet mein omnipotentes (auf der unbewußten Ebene: beschädigtes und verletzliches) Selbst.

Dieser Junge identifizierte sich nicht in der Weise mit der Fahne, daß er ihretwegen die körperliche Beeinträchtigung und Demütigung unwidersprochen auf sich nahm.

Die Schulklasse las zum Zeitpunkt des Vorfalls gerade Schillers »Wilhelm Tell« und war an der Stelle angelangt, an der der tyrannische Landvogt Geßler das Grüßen des Hutes befahl.

»Der vom Fähnleinführer niedergeschlagene Junge fragte unseren Lehrer, warum in unserer Schule gelehrt würde, daß es Unterdrückung sei, wenn man den Hut des Herrn Geßler grüßen müsse, und wollte wissen, warum man niedergeschlagen würde, wenn man die Fahne nicht grüße, schließlich sei es doch dasselbe.

Wir saßen alle mucksmäuschenstill. Wir warteten auf Antwort, aber unser Lehrer sagte nur: ›Bestelle deinem Vater, er soll sich morgen Mittag beim Rektor melden.‹« (v. d. Grün 1981, S. 141)

Ethnotypische und gesellschaftliche Sozialisationsbedingungen sind nie so lückenlos, daß sie nicht doch Widerstand ermöglichen, und auch totalitäre Staatsgewalt kann Widerstand nicht völlig unterdrücken. Widerstand ist aber für den totalitären Staat gefährlich. Die Schulklasse ist öffentlicher Raum, und die Schüler spürten mit Sicherheit die Möglichkeit, die Gefahr und gleichzeitig die Gefährdung des Widerstands. Vielleicht ging der Widerstandsgedanke sogar von der gerade behandelten Lektüre aus. Das in Friedrich Schillers »Wilhelm Tell« angelegte Freiheitsstreben konnte die Schüler und den Lehrer sicher nicht ganz unberührt lassen.[18] Gerade in *dieser* Lektüre lag Sprengstoff für das totalitäre Regime, und im »Vergessen« des Fahnengrußes kann der Schüler den in Schillers Drama angelegten Widerstandsgedanken aufgenommen haben. Auch der Lehrer mag den Widerstand geahnt oder wohl eher gefürchtet haben. Zumindest identifizierte er sich sofort mit der Staatsgewalt, hing das Geschehen »an die große Glocke« und ging damit über den Widerstand des Jungen hinweg (was zu dessen erneuter Beschämung führte). Der mögliche Widerstand wurde durch die Drohung mit dem Verweis von der Schule erstickt und konnte dadurch nicht zu einem Vorbild für die Kameraden werden.

Sowohl bei dem betroffenen Schüler als auch bei den die Szene miterlebenden Klassenkameraden kann das drakonische Brechen des zaghaften Widerstands die Aufrichtung der »tyrannischen Instanz« gefördert haben. Wenn das Fahnegrüßen bisher noch kein inneres Muß war, jetzt mußte es wohl zu einem werden. Die Isolierung von den Klassenkameraden und den sozialen Institutionen Schule und Ortsgruppe ist für einen dreizehnjährigen Schüler nicht durchzuhalten. Er wird das Gefühl für das ihm angetane Unrecht aufgegeben und sich mit der Macht arrangiert haben. Nur in der *wirklichen* Unterordnung des Regimegegners oder des mit dem Gedanken an Widerstand spielenden Menschen wird die Sicherheit gewonnen, alle Fehler zu vermeiden und nicht noch einmal in die Gefahr möglichen Ausgestoßenwerdens und möglicher Bestrafung zu geraten. Bettelheim (1952) zieht folgerichtig den Schluß:

> »So aber entdecken wir nun, daß die Korruption durch den Totalitarismus in der Hoffnung besteht, man könne dadurch sowohl seinen inneren wie seinen äußeren Frieden zurückgewinnen – den inneren Frieden, der dadurch entsteht, daß man schwerwiegende innere Konflikte gelöst hat, und den äußeren Frieden, der im Gefühl der eigenen Sicherheit wurzelt. Doch leider bezahlt der Mensch, der ursprünglich ein Gegner des totalitären Regimes war, diesen Frieden mit einem teuren Preis – er verliert seine Autonomie, seine Selbstachtung, seine menschliche Würde. Es ist viel Wahres an der Bemerkung, daß der Friede, der in einer totalitären Gesellschaft herrscht, mit dem Tod der Seele erkauft wird.« (S. 346)

Der Verlust der Autonomie, die Gleichschaltung der Institutionen und der Gedanken – das war die Zielvorstellung des totalitären Regimes. Widerstand erschien zwecklos.

War in meinem Beispiel der Widerstand des Jungen wirklich zwecklos, bzw. diente er nur der Festigung der Staatsgewalt? Mir scheint der Widerstand dieses Schülers trotz der Drohung der Staatsgewalt in der Gestalt des Rektors der Schule nicht umsonst gewesen zu sein. Von der Grün beschreibt die »mucksmäuschenstille« Atmosphäre in der Klasse. Die Schüler hatten begriffen, daß es um Widerstand und Eigensein ging, der Junge erfuhr in den Schulpausen ihr Interesse und ihre Anteilnahme. Eine große Rolle spielt, wie eingeengt der kulturelle Raum für Widerstand und Eigensein in diesem Falle *tatsächlich* war. Der Junge kann Rückhalt in seiner Familie erhalten haben. Es kann auch andere Lehrer gegeben haben, die weniger rigide die Staatsgewalt vertraten und den Widerstandsgedanken lebendig hielten. Auf jeden Fall hatte der Junge Rückhalt erfahren durch die Literatur in der Gestalt von Friedrich Schillers literarischem Aufbegehren gegen die napoleonische Besatzungsmacht. Auch andere Schüler können diesen Widerstandsgedanken aufgenommen und bewahrt haben und wurden durch ihn möglicherweise weniger verführbar für die totalitäre Staatsdoktrin.

Kinder gewinnen in dem frühen Erleben ihres »Spiel«raums eigenen und kulturellen Raum (Winnicott 1971), der sich im Eigensein und im Widerstand manifestiert. Ihre Subjektivität ist auch von einer totalen Staatsgewalt nicht restlos aufzuheben.

In der Zeit des Nationalsozialismus war der kulturelle Raum sowohl innerpsychisch als auch gesellschaftlich, in Paul Parins Ausdrucksweise sowohl von den inneren Verhältnissen als auch von den äußeren Verhältnissen her gesehen, äußerst eingeengt.

Insgesamt weitete sich der Spielraum, der kulturelle Raum, in der Nachkriegszeit. Bezogen auf die nationalsozialistische Vergangenheit blieb er aber eingeengt und beschränkte sich im Gegensatz zum ehemals faschistischen Italien weitgehend auf die Vermeidung der Erinnerung oder die Anklage und Schuldigensuche. Paul Parins Ansatz trägt zur Öffnung eines kulturellen Raums bei, der das Verständnis und die Integration des »eigentlich Unannehmbaren« zum Ziel hat. Diese Prozesse benötigen, gerade weil sie so tiefgehend an »undenkbare Unmenschlichkeit« rühren, einen weiteren Faktor, die Zeit. Der ersten Generation fehlte die relative Distanz zu ihren Taten, und sie nahm sich nicht die Zeit und den Raum zu ihrer Betrachtung. Die zweite und dritte Generation hat eine andere Chance des Zugangs. Sie kann ihren spezifischen kulturellen Raum und die zeitliche Distanz nutzen, um jenseits der verweigerten Erinnerung oder der rituellen Beschwörung der Schuld nach dieser Vergangenheit zu fragen, damit sie als lebendiges Wissen für die Bewältigung der Gegenwart und Zukunft zur eigenen und kulturellen Verfügung steht. Das ist vor dem Hintergrund sich heute ändernder Leitbilder und der damit zusammenhängenden Unsicherheit in der Orientierung besonders wichtig, um weder vorschnell der Angst vor einer erneuten nationalsozialistischen Bedrohung zu erliegen noch die europaweit ansteigende Gewaltbereitschaft und ihre Gefahren zu ignorieren, sondern sich diesen beunruhigenden Phänomenen bewußt und *eigen*verantwortlich zu stellen.

Anmerkungen

[1] s. Mitscherlich 1967, Mitscherlich-Nielsen 1979, Richter 1982, 1986

[2] Parin 1980b, S. 23, vgl. auch das Kap. zum autoritär strukturierten Überich

[3] Hilberg [1961] 1991, S. 1030; 1992, S. 240ff., Lifton 1988, S. 190f. Fußnote, S. 487f.

[4] Wolf 1988, S. 74f., zitiert bei Parin 1990a, S. 140

[5] Keilson 1979, Grubrich-Simitis 1979, Niederland 1980, Ahlheim 1985, Faimberg 1985, Kogon 1990

[6] Rosenkötter 1979, Simenauer 1981, Eckstaedt 1989, Reinke 1989, 1992

[7] Das Geschwisterpaar wird vom Autor als »Die Zertrennlichen« bezeichnet, Sichrowsky 1987, S. 69ff.

[8] Zum Vergleich: Von den 120.000 Juden in Berlin überlebten ca. 1.200 Menschen, also 1%, von der Bevölkerung geschützt in Verstecken, vgl. Gross 1982

[9] vgl. Erdheim: Adoleszenz und Kulturentwicklung, in: Erdheim 1984, S. 271

[10] vgl. dazu Theweleit 1986, Bd. 2, S. 167ff.

[11] Höß: »Meine beste Leistung war: 10.000 Juden pro Tag«, zitiert bei Simenauer 1981, S. 10

[12] s. die differenzierten Ausführungen bei Koonz 1991, vgl. auch Giordano [1987] 1990, S. 229ff.

[13] v. Westernhagen 1987, S. 74, vgl. auch die Bezeichnung »Halbgott« bei den Kadetten.

[14] Mündliche Mitteilung, s. auch den Antikriegsfilm von B. Wicki: Die Brücke, 1959

[15] Es gab auch Menschen, die wegen des verweigerten Hitlergrußes im KZ umgebracht wurden, v. d. Grün 1981, S. 142

[16] vgl. die Rolle der zuschauenden »Unbeteiligten«, Hilberg 1992, S. 215ff.

[17] vgl. die Bedeutung der Fahne im Krieg: Sank die Fahne, wurde der Kampf als verloren betrachtet.

[18] Folgerichtig wurde Schillers »Wilhelm Tell« als Klassenlektüre im Zuge nationalsozialistischer Säuberung von Lehrplänen verboten, Andreas-Friedrich [1947], 1986, S. 172

Literatur

Adorno, Theodor W. (1950): *Studien zum autoritären Charakter*, Frankfurt a.M. 1973

Ahlheim, Ruth (1985): »Bis ins dritte und vierte Glied.« Das Verfolgungstrauma in der Enkelgeneration, *Psyche* 39, S. 330 - 354

Amigorena, Horatio; Vignar, Marcel (1979): Zwischen Außen und Innen: die tyrannische Instanz, *Psyche* 33, S. 610 - 619

Andreas-Friedrich, Ruth (1947): *Der Schattenmann*, Frankfurt a.M. 1986

Arendt, Hannah (1951): *Elemente und Ursprünge totaler Herrschaft*, München 1986

– (1964/65): *Persönliche Verantwortung in der Diktatur*, in: dies. 1991, S. 7-38

- (1991): *Israel, Palästina und der Antisemitismus*, Berlin
Beck, Johannes; Boehncke, Heiner; Heinz, Werner; Vinnai, Gerhard (Hg.) (1980): *Terror und Hoffnung in Deutschland 1933-1945. Leben im Faschismus*, Reinbek
Bettelheim, Bruno (1952): Die psychische Korruption durch den Totalitarismus, in: ders. 1982, S. 331 - 347
- (1979): *Erziehung zum Überleben. Zur Psychologie der Extremsituation*, München 1982
Brockhaus, Gudrun (1991): »Schrecklich lieb ...«. Anmerkungen zu einer deutschen ›Heldenmutter‹, *Die Philosophin 3*, 1991, S. 51 - 71
Deschner, Karlheinz (1980): *Abermals krähte der Hahn. Eine kritische Kirchengeschichte von den Evangelisten bis zu den Faschisten*, Düsseldorf
Eckstaedt, Anita (1989): *Nationalsozialismus in der »zweiten Generation«. Psychoanalyse von Hörigkeitsverhältnissen*, Frankfurt a.M.
Erdheim, Mario (1982): *Die gesellschaftliche Produktion von Unbewußtheit*, Frankfurt a.M. 1984
- (1987): Zum ethnopsychoanalytischen Verständnis der Gewalt. Die Faszination der Gewalt, in: ders. 1988, S. 279 - 283
- (1988): *Die Psychoanalyse und das Unbewußte in der Kultur*, Frankfurt a.M.
Faimberg, Haydee (1985): Die Ineinanderrückung (Telescoping) der Generationen. Zur Genealogie gewisser Identifizierungen, *Jahrbuch der Psychoanalyse 21*, 1987, S. 8 - 17
Finckh, Renate (1987): *Nach-Wuchs*, Gerlingen
Flaake, Karin; King, Vera (Hg.) (1992): *Weibliche Adoleszenz. Zur Sozialisation junger Frauen*, Frankfurt a.M., New York
Freud, Anna (1936): *Das Ich und die Abwehrmechanismen*, München 1978
Freud, Sigmund (1921): *Massenpsychologie und Ich-Analyse*, GW XIII
- (1923): *Das Ich und das Es*, GW XIII
- (1930): *Das Unbehagen in der Kultur*, GW XIV
- (1933): *Neue Folge der Vorlesungen zur Einführung in die Psychoanalyse*, GW XV
Giordano, Ralph (1987): *Die zweite Schuld oder Von der Last, Deutscher zu sein*, München 1990
Gravenhorst, Lerke; Tatschmurat, Carmen (Hg.) (1990): TöchterFragen: NS-Frauengeschichte, *Forum Frauenforschung Bd. 5*, Freiburg i. Br.
Gross, Leonard (1982): *Versteckt. Wie Juden in Berlin die Nazi-Zeit überlebten*, Reinbek 1988
Grubrich-Simitis, Ilse (1979): Extremtraumatisierung als kumulatives Trauma, *Psyche 33*, S. 991 - 1023
von der Grün, Max (1979): *Wie war das eigentlich? Kindheit und Jugend im Dritten Reich*, Frankfurt a.M. 1981
Hausmann, Ulrich (1992): Der Duce und die Geschichte der italienischen Juden. Wie Mussolini auf die deutsche Vernichtungspolitik reagierte. Neue Li-

teratur über Antisemitismus und Widerstand, *Frankfurter Rundschau,* 10. 3. 1992

Heine, Heinrich (1844): Deutschland. Ein Wintermärchen, in: *Heines Werke in fünfzehn Teilen,* Hempels Klassiker-Ausgaben Bd. 1, Berlin, Leipzig, Wien, Stuttgart o. J.

Hilberg, Raul (1961): *Die Vernichtung der europäischen Juden. Die Gesamtgeschichte des Holocaust,* Berlin 1982, 1991

– (1992): *Täter, Opfer, Zuschauer. Die Vernichtung der Juden 1933-1945,* Frankfurt a.M.

Höß, Rudolf (1963): *Kommandant in Auschwitz. Autobiographische Aufzeichnungen,* Stuttgart

Horkheimer, Max; Fromm, Erich; Marcuse, Herbert; Mayer, Hans; Wittvogel, Karl A.; Honigsheim, Paul (1936): *Studien über Autorität und Familie. Forschungsberichte aus dem Institut für Sozialforschung,* Lüneburg 1987

Jacobsen, Edith (1964): *Das Selbst und die Welt der Objekte,* Frankfurt a.M. 1978

Karle, Albert (1980): »Ich war ein großer Nationalsozialist.« Nationalsozialismus eines Dorfbewohners, in: Beck, Boehncke, Heinz, Vinnai 1980, S. 156 - 190

Kaschuba, Wolfgang; Lipp, Carola (1980): Kein Volk steht auf, kein Sturm bricht los. Stationen dörflichen Lebens auf dem Weg in den Faschismus, in: Beck, Boehncke, Heinz, Vinnai 1980, S. 111 - 151

Keilson, Hans (1979): *Sequentielle Traumatisierung bei Kindern,* Stuttgart

Kernberg, Otto F. (1975): *Borderline-Störungen und pathologischer Narzißmus,* Frankfurt a.M. 1983

Kipphardt, Heinar (1983): *Bruder Eichmann. Schauspiel und Materialien,* Reinbek 1986

Kogon, Eugen (1945): *Der SS-Staat. Das System der deutschen Konzentrationslager,* München 1974

Kogon, Ilany (1990): Vermitteltes und reales Trauma in der Psychoanalyse von Holocaust-Überlebenden, *Psyche 44,* S. 533 - 544

Kohut, Heinz (1966): Formen und Umformungen des Narzißmus, *Psyche 20,* S. 561 - 587

– (1971a): *Narzißmus. Eine Theorie der psychoanalytischen Behandlung narzißtischer Persönlichkeitsstörungen,* Frankfurt a.M. 1976

– (1971b): Überlegungen zum Narzißmus und zur narzißtischen Wut, *Psyche 33,* 1973, S. 513- 554

Koonz, Claudia (1986): *Mütter im Vaterland,* Freiburg i.Br. 1991

Krüger, Horst (1966): *Das zerbrochene Haus. Eine Jugend in Deutschland,* München

Levi, Primo (1958, 1963): *Ist das ein Mensch? Die Atempause,* München 1991

– (1986): *Die Untergegangenen und die Geretteten,* München, Wien 1990

Lifton, Robert Jay (1986): *Ärzte im Dritten* Reich, Stuttgart 1988

Lincke, Harold (1970): Das Überich – eine gefährliche Krankheit? *Psyche* 24, S. 375 - 402

Mahler, Margaret S. (1968): *Symbiose und Individuation. Psychosen im frühen Kindesalter*, Stuttgart 1973

–; Pine, Fred; Bergman, Anni (1975): *Die psychische Geburt des Menschen. Symbiose und Individuation*, Frankfurt a.M. 1980

Mann, Heinrich (1918): *Der Untertan*, München 1964

Meckel, Christoph (1980): *Suchbild. Über meinen Vater*, Frankfurt a.M. 1983

Mitscherlich, Alexander und Margarete (1967): *Die Unfähigkeit zu trauern*, München

Mitscherlich-Nielsen, Margarete (1979): Die Notwendigkeit zu trauern, *Psyche* 33, S. 981 - 990

Moser, Tilman (1985): *Romane als Krankengeschichten*, Frankfurt a.M.

– (1985a): Ödipale Leichenschändung. Der Vater im Dritten Reich. Zu Chr. Meckels Roman *Suchbild*, in: ders. 1985, S. 47 - 76

Mosse, George L. (1964): *Die völkische Revolution. Über die geistigen Wurzeln des Nationalsozialismus*, Frankfurt a.M. 1991

– (1966): *Der nationalsozialistische Alltag. So lebte man unter Hitler*, Königstein 1978

– (1978): *Die Geschichte des Rassismus in Europa*, Frankfurt a.M. 1990

Niederland, William G. (1974): *Der Fall Schreber*, Frankfurt a.M. 1978

– (1980): *Folgen der Verfolgung. Das Überlebenden-Syndrom*, Frankfurt a.M.

Niemöller, Martin (1934): *Vom U-Boot zur Kanzel*, Berlin

Parin, Paul (1976): Das Mikroskop der vergleichenden Psychoanalyse und die Makrosozietät, *Psyche* 30, S. 1 - 25

– (1977a): Das Ich und die Anpassungs-Mechanismen, *Psyche* 31, S. 481 - 515

– (1977b): Der Widerspruch im Subjekt. Die Anpassungsmechanismen des Ich und die Psychoanalyse gesellschaftlicher Prozesse, in: ders. 1978a, S. 112-133

– (1978a): *Der Widerspruch im Subjekt, Ethnopsychoanalytische Studien*, Frankfurt a.M.

– (1978b): Zunehmende Intoleranz in der Bundesrepublik, *Psyche* 32, S. 633-642

– (1980a): *Untrügliche Zeichen von Veränderung. Jahre in Slowenien*, Hamburg 1992

– (1980b): Die äußeren und die inneren Verhältnisse. Ethnopsychoanalytische Betrachtungen, auf unsere eigene Ethnie angewandt, *Berliner Hefte* 15, S. 5-34

– (1983): *Die therapeutische Aufgabe und die Verleugnung der Gefahr*, in: Parin, Parin-Matthèy (1986) 1988, S. 219 - 229

– (1990): *Noch ein Leben*, Freiburg i.Br.

– (1990a): Der nationalen Schande zu begegnen. Ein Vergleich der deutschen und italienischen Kultur, in: ders. 1990, S. 119 - 153
– (1991): *Es ist Krieg und wir gehen hin. Bei den jugoslawischen Partisanen*, Berlin
Parin, Paul; Parin Matthèy, Goldy (1986): *Subjekt im Widerspruch*, Frankfurt a.m. 1988
Pehle, Walter H. (Hg.) (1990): *Der historische Ort des Nationalsozialismus*, Frankfurt a.m.
Reichel, Sabine (1989): *Zwischen Trümmern und Träumen. Aufgewachsen im Schatten der Schuld*, Hamburg 1991
Reinke, Ellen, (1989): Begriffsmontage als Gegenaufklärung. Zur Sozio-Pathologie der »Vergangenheitsbewältigung«, Antrittsvorlesung FB Soziologie, Universität Frankfurt a.m. – Neuer Titel: Zwischen Apologetik und Erinnern. Psychoanalyse und Vergangenheitsbewältigung, *Psychosozial* 1992
– (1992): Die Übermittlung von unbearbeiteten Traumen im Zusammenhang mit dem Nationalsozialismus 1933 - 1945. Interaktionsformen zwischen Eltern und Töchtern und deren Bedeutung für die weibliche Adoleszenz, in: Flaake; King 1992
Richter, Horst Eberhard (1982): *Zur Psychologie des Friedens*, Reinbek
– (1986): *Die Chance des Gewissens. Erinnerungen und Assoziationen*, München 1988
Rosenkötter, Lutz (1979): Schatten der Zeitgeschichte auf psychoanalytischen Behandlungen, *Psyche* 33, S. 1024-1038
Rosh, Lea; Jäckel, Eberhard (1990): *»Der Tod ist ein Meister aus Deutschland«. Deportation und Ermordung der Juden. Kollaboration und Verweigerung in Europa*, München 1992
v. Salomon, Ernst (1933): *Die Kadetten*, Berlin
Schieder, Wolfgang (Hg.) (1983): *Faschismus als soziale Bewegung. Deutschland und Italien im Vergleich*, Göttingen
– (1990): Faschismus als Vergangenheit. Streit der Historiker in Italien und Deutschland, in: Pehle 1990, S. 135-154
Schubert, Helga (1990): *Judasfrauen. Zehn Fallgeschichten weiblicher Denunziation im Dritten Reich*, Frankfurt a.M.
Sichrowsky, Peter (1987): *Schuldig geboren. Kinder aus Nazifamilien*, Köln
Simenauer, Erich (1981): Die 2. Generation – danach. Die Wiederkehr der Verfolgermentalität in Psychoanalysen, *Jahrbuch der Psychoanalyse* 12, S. 8-17
Szepansky, Gerda (1986): *»Blitzmädel« »Heldenmutter« »Kriegerwitwe«. Frauenleben im Zweiten Weltkrieg*, Frankfurt a.M.
Theweleit, Klaus (1977, 1978): *Männerphantasien*, Bd. 1 u. 2, Basel, Frankfurt a. M. 1986
Vesper, Bernward (1977): *Die Reise*, Reinbek 1983
Waelder, Robert (1967): Grundzüge des Totalitarismus, *Psyche* 21, S. 853-868

Waldeck, Ruth (1990): »Heikel bis heute.« Frauen und Nationalsozialismus. Überlegungen zur weiblichen Selbstdefinition als Opfer anhand von Christa Wolfs Roman Kindheitsmuster, in: Gravenhorst, *Tatschmurat* 1990, S. 293-308

– (1992): *»Heikel bis heute«: Frauen und Nationalsozialismus. Der Opfermythos in Christa Wolfs »Kindheitsmuster«*, Frankfurt a.M.

v. Westernhagen, Dörte (1987): *Die Kinder der Täter. Das Dritte Reich und die Generation danach*, München

Winnicott, Donald Woods (1971): *Vom Spiel zur Kreativität*, Stuttgart 1992

Wolf, Christa (1976): *Kindheitsmuster*, Frankfurt a.M. 1979

– (1988): *Ansprachen*, Darmstadt

Zeiler, Joachim (1991): Psychogramm des Kommandanten von Auschwitz: Erkenntnis und Begegnung durch Zerstörung. Zur Autobiographie des Rudolf Höss, *Psyche* 45, S. 335-362

Biobibliographie

Ulrike Erhard, geb. 1950, Lehrerin, Lehrbeauftragte an der Freien Universität Berlin.

Marlene de Man-Flechtheim, geb. 1915 in Berlin, Dipl.-Psychologin, lebt in Antwerpen (Belgien). 1993 erschien »Geschiedenis van mijn leven. Een tijds-document« (bei Acco Uitgeverij Leuven). Die Autorin ist Sekretärin der »Vereniging voor de studie van het Werk van Hendrik de Man«.

Gerd Koch, geb. 1941, Hochschullehrer in Berlin, Herausgeber und Autor von Büchern zur Theaterpädagogik bei *Brandes & Apsel* u.a.: *Lach- und Clownstheater* (2. Aufl., 1995; hrsg. mit F. Vaßen); *Lernen mit Bert Brecht* (1988); *Wechselspiel: KörperTheaterErfahrung* (1996; hrsg. mit F. Vaßen und G. Naumann).

Gesa Koch-Wagner, geb. 1943, Dipl.-Psychologin und Therapeutin, lebt in Garbsen

Heiner Studt, geb. 1942, Lehrer, Maler und Musiker; lebt in Hamburg.

Brandes & Apsel